"十二五"职业教育国家规划教材

"十四五"职业教育省级规划教材

校企"双元"合作开发教材

人大芸窗
RENDAYUNCHUANG

国际贸易实务（第3版）数字教材版

International Trade Practice

主 编 刘 珉

副主编 张雪梅 陈 虹

张宗英 程炜杰

中国人民大学出版社

·北京·

前 言
PREFACE

以开放谋发展，以合作创未来。党的二十大报告指出："我们实行更加积极主动的开放战略，构建面向全球的高标准自由贸易区网络，加快推进自由贸易试验区、海南自由贸易港建设，共建"一带一路"成为深受欢迎的国际公共产品和国际合作平台。"2013 年我国对外贸易迈上新台阶，全年进出口总值达 4.16 万亿美元，超越美国成为全球货物贸易第一大国，这是我国外贸发展中的标志性里程碑。面对国内外严峻、复杂的形势和新冠肺炎疫情的严重冲击，2020 年我国货物贸易进出口总值为 32.16 万亿元人民币，比 2019 年增长 1.9%。我国成为全球唯一实现货物贸易正增长的主要经济体，货物贸易第一大国地位进一步巩固。2021 年全年进出口贸易总额超过了 6 万亿美元，而且是在一年之内先后跨越了 5 万亿美元和 6 万亿美元两个门槛，我国成为 140 多个国家和地区的主要贸易伙伴。我国外贸主要运行特点如下：一是规模、份额再创新高；二是结构持续优化，质量效益提升，新兴市场与我国贸易联系更加紧密；三是业态创新发展，平台功能增强，外贸发展新动能不断集聚；四是带动作用增强，支撑国内经济增长和全球复苏。

党的二十大报告指出："教育、科技、人才是全面建设社会主义现代化国家的基础性、战略性支撑。"高等职业教育作为一种类型教育，以培养高素质技术技能人才、能工巧匠、大国工匠为己任，致力于提高学生的职业适应性，服务技能型社会。根据这一指导思想，高职高专教材的编写突出实用性和启发性。为此，我们根据国际贸易发展的实际情况和多年的教学经验，结合学生的特点，对《国际贸易实务》进行全新修订，希望可以为推进开放型经济高质量发展和建设贸易强国贡献力量。本书可供高职高专院校国际经济与贸易专业及相关专业的学生选用，也可以作为其他商务人员的参考用书。

本书设计了5个项目：项目一“分析市场、寻找客户”主要内容有：熟悉产品、选择产品，了解市场，寻找客户。项目二“交易磋商”主要内容有：建立业务联系和询盘、发盘、还盘和接受。项目三“拟定合同条款”主要内容有：拟定合同的品质条款、数量条款、包装条款、运输条款、保险条款、价格条款、支付条款和一般交易条件。项目四“履行出口合同”主要内容有：催证、审证、改证，备货，检验，办理托运，办理出口报关，办理出口保险，装船出运，制单结汇，出口业务善后。项目五“履行进口合同”主要内容有：预付货款与申请开立信用证，办理运输和保险，审单付汇，报关、提货，进口业务善后。

本书具有以下四个特点：

（1）坚持立德树人，注重素养提升。每个项目中都设有“素养园地”模块，挖掘外贸实践中的思政元素，融入工匠精神、诚实守信、防范风险、合作共赢、知法守法、双创意识等，潜移默化地对学生进行职业规范和职业道德等方面的教育。

（2）提高职业适应性，注重技能培养。以培养学生从事外经贸企业的业务、单证和跟单岗位需要的专业能力为主线，融合社会能力、方法能力的培养。知识点的选取以满足转化为职业能力为基准，并进行适当外延。

（3）突出可操作性，注重“岗课赛证融通”。每个项目（合同履行部分每个任务）后都附有思考练习。增加了项目四和项目五的篇幅，突出出口合同和进口合同在履行过程中的业务操作，将职业技能等级证书、职业技能竞赛融入教学内容。

（4）增强可读性，注重学生可持续发展。每个项目中有“资料卡”“拓展阅读”等模块，使内容的可读性更强，开阔学生的视野，培养学生自学能力。

本书由山东外贸职业学院刘珉担任主编，山东外贸职业学院张雪梅、陈虹、张宗英和程炜杰担任副主编，山东外贸职业学院孙智贤、姜丽丽和山东新华锦国际商务集团有限公司总经理王辉道参编。具体分工为：刘珉（项目一）、陈虹（项目三）、张雪梅（项目四）、张宗英（项目五）、程炜杰（导论、项目二），孙智贤负责每个项目“素养园地”模块，姜丽丽负责每个项目“课证融通”相关内容。

在本书的编写过程中，山东新华锦国际商务集团有限公司、青岛瑞祥抽纱进出口有限公司、海程邦达供应链管理股份有限公司等外经贸企业专家提供了丰富的素材和案例，并提供了恰当、中肯的修改建议。同时，本书编者参阅了大量相关文献，在此一并向相关作者表示衷心感谢。由于编写时间仓促，加之编者水平有限，书中不当之处在所难免，欢迎广大读者批评指正。

编　者

目 录
CONTENTS

导　论　认识国际贸易

一、国际贸易与国内贸易的区别

国际贸易是指世界各国或地区之间货物、服务和技术的交换活动，包括货物贸易、服务贸易和技术贸易三大内容。其中，货物贸易是最早、最基本的国际贸易内容，时至今日仍是国际贸易的最主要构成部分，也是各国间经济往来最主要的表现形式。

国际货物贸易属于商品交换范围，与国内贸易在性质上并无不同，但由于它是在不同国家或地区间进行的，因此与国内贸易相比，国际货物贸易具有以下特点：

（1）国际货物贸易涉及不同国家或地区在政策措施、法律体系方面可能存在的差异和冲突，以及语言文化、社会习俗等方面带来的差异，所涉及的问题远比国内贸易复杂。

（2）国际货物贸易的交易数量和金额一般较大，运输距离较远，合同履行时间较长，因此交易双方承担的风险远比国内贸易要大。

（3）国际货物贸易容易受到交易双方所在国家的政治、经济、双边关系及国际局势变化等条件的影响。

（4）国际货物贸易除了交易双方外，还需涉及运输、保险、银行、商检、海关等部门的协作、配合，过程较国内贸易要复杂得多。

二、国际贸易的主要业务流程

国际贸易的主要业务流程包括：

（一）市场调查、客户选择

出口商：通过市场调查、参加展会、网上发布信息、客户介绍、出国推销等多种方式寻找国外买家信息，主动与之联系并建立业务关系。具体流程见图 0-1。

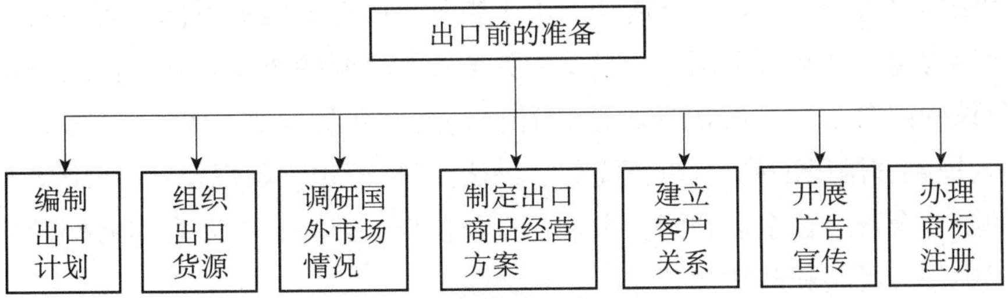

图 0-1　出口前的准备流程

进口商：通过市场调查、接受客户委托等方式明确国内买家；通过浏览供货信息、参加展会等多种方式寻找国外供货商信息，主动与之建立联系或在收到国外供货商来函后积极回应。

（二）交易磋商

询盘（交易一方向另一方询问交易条件）→发盘（交易一方提出达成交易的主要条件）→还盘（交易一方对另一方的交易条件提出变更或修改）→接受（交易一方对另一方的交易条件表示同意）。具体流程见图0-2。

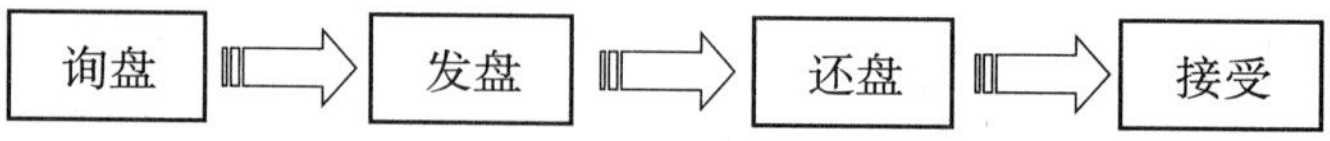

图0-2　交易磋商的流程

（三）拟定合同条款

出口商寄送“销售确认书”（Sales Confirmation，S/C）→进口商会签出口商寄送的“购货订单”（Purchase Order，P/O）→出口商会签进口商寄送的“购货确认书”（Purchase Confirmation，P/C）→出口商会签（实际业务中可以采用传真、电子版合同代替传统的纸质合同）。

（四）履行合同

出口商：交付货物、移交货物所有权并收取货款。

进口商：支付货款并收取货物。

（五）合同善后

合同履行后，如果出现问题，进行索赔和理赔，双方应通过友好协商或者仲裁解决贸易争端。如果没有问题即进行文件的归档。

三、国际贸易惯例和法律

国际货物贸易是营业地在不同国家或地区的当事人之间发生的业务，体现了当事人之间的经济关系，需要运用相关法律来调整这种经济关系。由于双方处于不同的国家或地区，因此常会出现法律的适用问题。国际货物贸易合同适用的法律可以依据合同当事人的自主选择确定，也可以依据与合同联系最密切的国家的法律来确定，概括起来，有以下三种：

（一）各国国内法

国际货物贸易合同必须遵循国内法。由于当事人所在的国家不同，而不同的国家对同一问题的法律规定往往有所不同，一旦发生关于贸易合同的争议，就会产生究竟适用哪国法律解决争议的问题。为了解决这种法律冲突，通常各国会在国内法中规定法律适用问题。《中华人民共和国民法典》（以下简称《民法典》）第467条规定：“在中华人民共和国境内履行的中外合资经营企业合同、中外合作经营企业合同、中外合作勘探开发自然资源合同，适用中华人民共和国法律。”

（二）国际贸易惯例

国际贸易惯例是在国际贸易的长期实践中逐渐形成的一些有较为明确的固定内容的贸易习惯和一般做法，通常由国际性的组织或商业团体制定为统一的通则、准则或规则。国际贸易惯例是国际贸易法的主要渊源之一，但与严格意义上的法律不同，它们对合同当事人并没有普遍的强制性，只有当事人在合同中明确约定采用时，才对当事人具有法律约束力。而且，当事人在采用某惯例时，有权在合同中作出与惯例不符的规定，如对其中的内容进行更改或补充，此时，双方当事人的义务应以合同规定为准。尽管如此，在合同中没有约定采用惯例时，惯例往往被有关法院或仲裁机构引用来解决买卖双方的争议。当事人在合同中没有排除适用的惯例，或双方当事人已经知道或理应知道的惯例，以及在国际贸易中被人们广泛采用或遵守的惯例，即使当事人未明确同意使用，也可作为当事人默示同意惯例，因而该惯例对双方当事人具有约束力。可见，国际贸易惯例对国际贸易实践的指导作用是极为重要的。

本课程适用的惯例有：

国际商会《跟单信用证统一惯例》（UCP 600）；

国际商会《2020 年国际贸易术语解释通则》（INCOTERMS 2020）；

国际商会《托收统一规则》（URC 522）。

（三）国际公约

国际公约是两个或两个以上的主权国家为确定彼此的政治、经济、贸易、文化、军事等方面的权利和义务而缔结的诸如公约、协定、协定书等各种协议的总称。

《联合国国际货物销售合同公约》（以下简称《公约》）是目前为止关于国际货物买卖的最重要的国际公约。《公约》由联合国国际贸易法委员会将《国际货物买卖统一法》和《国际货物买卖合同订立统一法》修订、合并，于 1980 年在维也纳会议上通过，并于 1988 年 1 月 1 日正式生效。《公约》分为四个部分：（1）适用范围和总则；（2）合同的订立；（3）货物销售；（4）最后条款。其中，合同的订立、货物销售两部分详细规定了合同订立的程序、买卖双方的权利和义务、违约及其补救措施。1986 年 12 月 11 日，我国提交核准书，并提出了两项保留意见：（1）不同意扩大《公约》的适用范围，只同意《公约》适用于缔约国的当事人之间签订的合同；（2）不同意用书面以外的其他形式订立、修改和终止合同。

四、国际贸易方式

传统的国际贸易方式通常包括一般贸易、加工贸易、包销、寄售、拍卖等，随着国际贸易的发展和信息技术的日新月异，新型的贸易方式不断涌现。我国《对外贸易发展“十三五”规划》明确提出将跨境电商、市场采购、外贸综合服务作为国家重点培育的三大外贸发展新业态。《“十四五”电子商务发展规划》主要预期指标中提出，到 2025 年外贸新业态进出口所占比重将从 2020 年的 7%上升到 10%。2021 年 7 月，国务院办公厅印发的《关于加快发展外贸新业态新模式的意见》提出，“新业态新模式是我国外贸发展的有生力量，也是国际贸易发展的重要趋势。加快发展外贸新业态新模式，有利于推动贸易高质量发展，培育参与国际经济合作和竞争新优势，对于服务构建新发展格局具有重要作用。”党的二十大报告中再次强调“推动货物贸易优化升级，创新服务贸易发展机制，发展数字贸易，加快建设贸易强国。”到 2025 年，我国外贸新业态新模式发展的体制机制和政策体系更为完善，到2035年，实现发展水平位居创新型国家前列的目标。

（一）传统国际贸易方式

1. 包销

包销（Exclusive Sales）是指经销商在规定的期限和地域内，对指定商品享有独家专营权。包销商品的作价有不同方法。其中一种是在规定的期限内一次作价，即无论协议内包销商品价格上涨还是下落，均以协议规定价格为准。另一种是在规定的包销期限内分批作价。由于国际商品市场的价格变化多端，因此采用分批作价较为普遍。

2. 代理

代理（Agency）是指代理人（Agent）按照本人（Principal）的授权（Authorization），代表委托人与第三者订立合同或实施其他法律行为，由此而产生的权利与义务直接对委托人发生效力。国际贸易中的代理按照委托人的授权大小，分为总代理、独家代理和佣金代理。

3. 拍卖

拍卖（Auction）是由专营拍卖行接受货主的委托，在一定的地点和时间，按照一定的章程和规则，以公开叫价竞购的方法，最后拍卖人把货物给出价最高的买主的一种现货交易方式。

通过拍卖进行交易的商品大都是品质易标准化、难以久存或习惯上采用拍卖方式进行交易的商品，如茶叶、烟叶、兔毛、皮毛、木材等。某些商品，如水貂皮、羊毛，大部分交易是通过国际拍卖方式进行的。根据拍卖方式的不同，分为增价拍卖、减价拍卖和密封递价拍卖。

4. 寄售

寄售（Consignment）是一种委托代售的贸易方式，也是国际贸易中习惯采用的方式之一。有别于代理销售，寄售是指委托人（货主）先将货物运往寄售地，委托国外一个代销人（受委托人），按照寄售协议规定的条件，由代销人代替货主进行销售，货物出售后，由代销人向货主结算货款的一种做法。在我国进出口业务中，寄售方式运用得并不普遍，但在某些商品的交易中，为促进成交、扩大出口，也可灵活、适当地运用。

5. 招标与投标

招标（Invitation to Tender）是指招标人在特定的时间和地点发出招标公告或招标单，提出准备买进商品的品种、数量和有关买卖条件，邀请卖方投标的行为。投标（Submit Tender）是指投标人应招标人的邀请，根据招标公告或招标单的规定条件，在规定的时间内向招标人递盘的行为。实际上，招标、投标是一种贸易方式的两个方面。

（二）新型国际贸易方式

1. 跨境电子商务

跨境电子商务是指不同关境的交易主体，通过电子商务平台达成交易，进行支付结算，并通过跨境物流送达商品、完成交易的一种国际贸易活动。跨境电子商务包含较多的要素，主要有交易对象、交易渠道、货物流通、监管方式、资金交付、信息和单据往来等多个方面。按照这些要素的不同，可以将跨境电子商务分为不同的类型。按照交易对象的不同，可以分为 B2B、B2C、C2C、B2G 等；按照货物流通方向的不同，可以分为进口跨境电子商务和出口跨境电子商务；按照海关监管方式的不同，可以分为一般跨境电子商务和保税跨境电子商务。

2. 市场采购贸易方式

市场采购贸易方式是指符合条件的境内外企业或个人在经国家相关部门认定的市场集聚区采购商品，并在采购地办理出口商品通关手续的贸易方式。具有以下三个主要特征：单向性，市场采购贸易仅限于出口贸易，不含进口贸易；普遍性，境内外企业和个人均可向商务主管部门申请获得从事市场采购贸易的经营资格；特定性，市场采购贸易仅指货物贸易，且仅限于经国家相关部门认定的市场集聚区作为市场采购贸易的实施平台。

3. 外贸综合服务企业

外贸综合服务企业是指具备对外贸易经营者身份，接受国内外客户委托，依法签订综合服务合同（协议），依托综合服务信息平台，代为办理包括报关报检、物流、退税、结算、信保等在内的综合服务业务和协助办理融资业务的企业。综合服务信息平台的出现，是我国外贸业务模式的创新。通过为中小企业提供进出口环节相关服务，降低了中小外贸企业的成本，壮大了外贸企业主体，对促进我国外贸转型升级具有积极意义。

4. 海外仓

海外仓是指企业在境外建设或租赁的新型外贸基础设施，支持通过多种物流方式提前将商品批量备货到境外进行储存、流通加工、本地配售，以及售后服务等功能。

海外仓包括自营海外仓、平台海外仓和第三方海外仓三种形式。海外仓解决了传统包裹物流存在的配送时效慢、物流成本高、旺季与拥堵等痛点，提高了跨境电商企业的国际竞争力，但也存在运营资金成本高、技术水平要求高、法律税务风险大和库存滞销风险大等诸多难题。

5. 保税维修

保税维修是与生产性服务业相关联的一种专门的业务形态，是指企业依托保税政策，以专用账册为载体开展检测、维修业务的经营活动，即企业以保税方式将存在部件损坏、功能失效、质量缺陷等问题的货物从境外运入境内进行检测、维修后，使原产品局部受损功能恢复或原有功能升级后复运返回来源地的生产活动。

6. 新型离岸国际贸易

根据《中国人民银行 国家外汇管理局关于支持新型离岸国际贸易发展有关问题的通知（征求意见稿）》，新型离岸国际贸易是指我国居民与非居民之间发生的，交易所涉货物不进出我国一线关境或不纳入我国海关统计的贸易，包括但不限于离岸转手买卖、全球采购、委托境外加工、承包工程境外购买货物等。

判断题

素养
园地

跨境电商企业必须了解的知识产权风险及应对措施

习近平总书记在党的二十大报告中指出："推动货物贸易优化升级，创新服务贸易发展机制，发展数字贸易，加快建设贸易强国。"这为新时代新征程贸易强国建设指明了前进方向。近年来，我国大力发展跨境电商，壮大外贸新业态，培育外贸新的增长点。与此同时，快速发展的跨境电商行业也为各国法律如何规范新兴交易模式、保护本国经营者相关权利等问题带来了新的挑战。虽然我国在2018年出台了《电子商务法》等相关法律政策以规范跨境电商业务，但地域文化的差异性以及知识产权的地域性等原因，导致了境外企业控告中国跨境电商侵权事件层出不穷，使得我国跨境电商企业在贸易过程中屡屡遭到知识产权侵权纠纷的困扰。

一、跨境电商知识产权保护现状

近年来，随着我国跨境电商交易规模的极速增长，跨境电商领域的纠纷，尤其是知识产权类纠纷也日渐增多，知识产权已经成为境外企业制约我国跨境电商从业者的重要竞争手段之一。

2015年年初，由于涉嫌销售仿冒产品，中国5 000余名商户使用的PayPal账户被美国法院的临时限制令冻结，涉及金额高达5 000万美元，最终因应诉维权成本高、法律意识单薄等原因，不少商户PayPal账户被清零，中国企业无故遭受了巨大的经济损失；在2018年—2019年期间，"小猪佩奇"商标及著作权权利人娱乐壹英国有限公司聘请美国律师，以相同的"钓鱼取证"方式，再次利用法院的临时限制令，冻结了中国上千家企业的PayPal账户。

由于跨境电商领域涉及的知识产权存在地域性保护，再加之国内知识产权保护意识淡薄、管理制度尚未完善等原因，跨境电商中的知识产权保护问题仍然面临着巨大挑战。

二、跨境电商侵权的应对策略

（一）风险预防

对于跨境电商来说，首先应当提高知识产权保护意识，从根源上预防权利人提起侵权诉讼。同时，应当熟悉相关行业领域内的代表性商标，其所销售的产品应当有正当的来源渠道。对于可能存在知识产权风险的产品，跨境电商可以要求供应商提供相应的证明文件；如果潜在的风险过大，与预期的收益不成比例，应当及时更换商品的种类，避免产品侵权。

对于"自产自销"的跨境电商，在设计、生产产品时，则应当避免如"傍名牌"等搭便车行为，以防侵犯他人知识产权。对于已经在电子商务平台上公开销售的商品，如果认为存在知识产权侵权风险，应当及时予以下架处理，防止侵权范围进一步扩大。对于买家的订单，跨境电商同样不能贪图小便宜，对于涉嫌侵权的订单，应当要求对方提供相应的授权证明。

在知识产权侵权的判定上，由于各国国情有所不同，知识产权法律规定亦有差异。对于跨境跨境电商来说，不仅应当满足本国的知识产权法律规定，还应当满足外国的相关规定。

（二）积极应诉

对于跨境电商来说，面对侵权诉讼，跨境电商不应采取逃避的态度，而应当积极应诉，维护自身的合法权益，将损失降至最低。对于权利人和律师来说，提起侵权诉讼是建立在前期大量调查取证、完善证据链条的基础之上，相较于跨境电商存在着信息不对称状态下的优势。面对诉讼，对于跨境电商来说，最重要的就是停止售卖涉嫌侵权的商品，防止侵权的进一步扩大，并根据律师的要求提供相应的文件和材料。

跨境电商应当及时向政府部门或者律师事务所等专业机构进行咨询，在专业人士的建议和指导下委托职业律师与对方律师交涉。对于不具备相关专业知识的跨境电商来说，不仅不熟悉一般庭审流程，甚至还可能存在语言交流上的障碍。在收到对方律所的相关邮件后，在没有专业人士指导下，主动联系对方，可能带来不利的法律后果。

（三）及时止损

在跨境电商侵权诉讼中，虽然积极应诉是最有效的定分止争的方式，但高昂的跨国诉讼成本是跨境电商不得不考虑的一个问题。从经济学的角度出发，如果诉讼成本高于诉讼预期收益，继续进行诉讼反而会导致跨境电商收益的下降。

此时，一味将诉讼进行下去是没有意义的。对于知识产权侵权认定基本无争议、胜诉几率渺茫的案件，律师往往会建议跨境电商选择和解，从而达到及时止损的作用，将不利的后果降至最低。和解并不意味着消极应诉，而是解决诉讼的另一种途径。

诉讼中，法院往往会发布禁令，冻结跨境电商的 PayPal 账户。如果跨境电商选择应诉并不幸败诉，法院会从冻结的 PayPal 账户中划拨相应的款项优先用于支付对原告的赔偿，若不足以支付，还会要求跨境电商另行支付。如果跨境电商选择和解，原告方律师会以法院所冻结的 PayPal 账户余额作为参考，综合相关案情与被告律师展开谈判。

项目一

分析市场、寻找客户

学习目标

【知识目标】

- 了解熟悉产品的途径和内容
- 掌握市场调查的主要渠道和内容
- 了解客户开发的主要方法和渠道，了解主要的国际专业展会和网站
- 掌握客户资信调查的主要方法和途径，掌握国外客户的选择原则

【能力目标】

- 能通过各种渠道了解产品信息
- 能进行市场调研和分析
- 能选择适合进出口的商品
- 能填写客户资信调查申请书
- 能做好交易会前的准备工作

【素质目标】

- 具备精益求精、踏实肯干的工匠精神
- 具备开拓新市场、开发“一带一路”沿线国家、上合组织国家及 RCEP 成员国贸易伙伴的意识，增强人类命运共同体的理念，树立道路自信
- 具备以真诚、善良、友好之心对待每一位客户的职业精神
- 具备遵守国际法规、惯例，尊重客户商业习俗的职业素养

重点难点

【重点】
- 各种进出口商品的基本知识
- 市场调查的方法
- 客户资信调查

【难点】
- 多渠道获得经营商品的各种信息
- 目标市场调研和客户调研

任务一　熟悉产品、选择产品

任务导入

王明华是2021届的毕业生，毕业后顺利找到了外贸公司业务员岗位的工作。在进入新单位青岛金桥进出口公司后，公司的赵经理作为她的师傅，亲自带她了解公司的主要业务及产品情况。2021年7月，青岛金桥进出口公司印制了新的公司产品展示册，赵经理安排王明华首先了解公司的主要出口产品，并从中选择自己感兴趣的产品。

任务分解

(1) 熟悉产品；
(2) 通过各种渠道了解产品的信息；
(3) 选择适合的进出口产品。

一、熟悉产品

(一) 熟悉产品的途径

1. 专业书籍、专业网站

外贸业务员可以通过专业书籍补充产品知识。专业书籍的优点是知识介绍得较系统，但也有一定缺点，例如：容量有限，内容覆盖面不广；文字多，难以形成直观印象；不适合整理、编辑；时效性较差。外贸业务员也可以通过阿里巴巴、中国黄页、商务类网站获取有关产品的信息。

2. 打样间、生产车间、采购部门、财务部门等

业务员可以通过到打样间、生产车间熟悉产品的种类、规格、成分、性质、包装、产

能等情况（见图1-1、图1-2）；到采购部门了解原材料的采购价格和采购渠道等信息；到财务部门了解各项产品相关的财务费用；等等。

3. 向老业务员请教

外贸业务员需要在老业务员的帮助和指导下，不断积累业务经验。向老业务员请教也不失为一条捷径。

图1-1 到打样间了解产品生产工艺

图1-2 到生产车间学习产品相关知识

（二）熟悉产品的内容

1. 产品的生产过程和工艺

新业务员需要了解产品的基本生产流程、关键生产环节、生产工艺。掌握构成其制造成本的关键点，为交易磋商中的报价环节打下基础。

2. 产品的专业分类和专有名词

新业务员需要了解产品的分类，明确产品的品种和专有名词可以使产品的相关贸易政策调研及目标市场分析更有针对性。

3. 产品的规格、标准的表示方法、包装的细节等

新业务员需要了解产品的具体规格、生产标准，具体包括出口产品需要满足的国际、国内标准的内容，掌握表示产品品质的方法，掌握产品包装的细节，为业务谈判、合同订立和合同的履行奠定基础。

二、选择产品

外贸业务员在选择出口产品时，一般要遵循以下几个原则：

（一）选择具有比较优势的产品

外贸业务员应该选择自己在社会资源上有比较优势的产品作为出口产品，即要充分利用相关的社会资源。这样可以比较容易了解到相关产品的知识和信息，也能较方便地保证货源，为较快、较顺利地开展出口工作提供有力的保障。另外，外贸业务员可以选择在本国或本地区具有比较优势的产品，以便在出口时能以较低的成本收购该产品，减少运费、保险等费用，提升产品竞争力。

例如：李璐来自山东省有“中国草柳编之乡”之称的博兴县，从小就接触柳编产品，家里的亲戚中也有柳编的行家。她对于柳编的主要工艺流程、产品的成本、生产的安排和调度等有较深的了解。同时，她拥有很好的人脉，如果客户有订单，可以很快组织生产，并进行生产质量和交货期的控制。她选择柳编产品作为出口产品，就比较容易获得成功。

（二）选择生活必需品等数量较大的产品

服装、鞋帽、食品等都属于生活必需品，又因为其易损耗，所以需求量比较大。例如：中国的纺织服装出口额从 2001 年的 527 亿美元增至 2017 年的 2 683 亿美元，增长了 4 倍多。自融入多边贸易体制之后，中国在全球纺织服装出口业务中的份额一路攀升，至 2015 年达到 38.5%的巅峰。2020 年我国纺织品服装累计出口 2 912.2 亿美元，在国际纺织服装贸易格局中稳居榜首，市场份额超过 30%。以新华锦集团为例，某业务员经营的是儿童内衣和宝宝服，每年的出口量为 20 万套，出口总值达到 500 万美元。出口市场不仅包括美国、日本和欧盟国家等发达国家，而且包括新兴市场国家。

（三）不宜选择价格低、体积特别大的泡货

由于此类产品的运输成本较高，经营此类产品容易亏损。例如：一家驻南美洲圭亚那的中国外贸公司，欲从中国进口玩具、塑料餐盒等日用品，但此类商品的体积大、价格低，属于轻泡货。中国到南美洲 40 英尺集装箱的运费为 6 350 美元，货值才 6 000 美元。所以该公司决定将自行车等重货与轻泡货拼箱，均摊运费后使总费用降低。

以上原则只是一般情况，在实际业务中，还要结合地区、公司及个人的实际情况而定。

操作示范

［第 1 步］ 业务员王明华通过网络搜索服装产品的基础知识，重点了解面料、服装的分类、结构、专业术语等知识。

有关产品的专业网站如下：

中国服装网：http://www.efu.com.cn

中国面料采购网：http://www.cn-textile.com

中国纺织服装网：http://www.china-f.com

中国纺织服装品牌网：http://www.texbrand.org.cn

中华纺织网：http://www.texindex.com.cn

［第 2 步］ 业务员王明华通过与老业务员沟通，掌握了服装的生产过程、生产工艺等关键环节。

赵经理是拥有十几年工作经验的老业务员，他向王明华推荐了有关纺织服装产品知识的专业书籍，包括：《实用服装剪裁制板与样衣制作》《服装设计·基础篇》《中国纺织标准汇编（针织卷）》《服装材料》《针织学》《毛纺织品手册》《丝绸实用小百科》等。

赵经理向王明华介绍了产品工艺。例如：针织是利用织针把各种原料和品种的纱线构成线圈、再经串套连接成针织物的工艺过程。针织物质地松软，有良好的抗皱性与透气性，并有较大的延伸性与弹性，穿着舒适。根据不同的工艺特点，针织生产分纬编和经编两大类。在纬编生产中，原料经过络纱以后便可把筒子纱直接上机生产，每根纱线沿纬向垫放在纬编针织机的各支织针上，以形成纬编织物。在经编生产中，原料经过络纱、整经，纱线平行排列卷绕成经轴，然后上机生产。纱线从经轴上退解下来，各根纱线沿纵向各自垫放在经编针织机的一支或最多两支织针上，以形成经编织物。在某些针织机上也有把纬编和经编结合在一起的方法。这时在针织机上配置有两组纱线，一组按经编方法垫纱，而另一组按纬编方法垫纱，织针把两组纱线一起构成线圈，形成针织物。由同一根纱线形成的线圈在纬编针织物中沿着纬向配置，而在经编针织物中则沿着经向配置。

[第3步] 业务员王明华深入工厂，实地了解服装的生产过程，并到市场查看服装产品的销售过程等。

王明华经过一段时间的了解后，收获很大。她了解到本公司经营的服装主要出口到欧洲，主打产品包括睡衣、内衣等，主要采用的面料以纯棉为主，工艺以针织和梭织为主。

青岛金桥进出口公司拥有稳定的业务团队，涵盖从布料到产品设计、研发再到生产、销售的所有环节。通过对产品的了解和熟悉，再结合公司的经营范围和个人喜好，最后王明华选择了针织睡衣作为自己的主营产品。

问题探究

1. 如何选择适合的产品？你感兴趣的产品有哪些？你选择的原则是什么？

2. 老师可根据各组的表现打分，计入表1-1。以小组为单位，选择合适的产品，并做简单的介绍，各小组制作PPT，在班级展示，并进行小组互评。

表1-1 项目能力测评表

项目名称：　　　　班级：　　　　评分人：　　　　时间：

学生互评内容（每项20分）	组1	组2	组3	组4	组5	组6	组7	组 n
项目（任务）报告的形成能力								
资料查阅、收集、分析能力								
知识应用能力								
语言表达能力								
回答问题、应变能力								

任务二　了解市场

任务导入

王明华在选择好产品后，就通过公司在阿里巴巴的网站发布了产品信息，上传了产品的图片，很快就收到了来自俄罗斯AB公司的业务函。公司以前的主营市场为美国、欧盟国家、韩国和日本，随着金融危机和欧洲债务危机，这些传统市场的需求一直在萎缩，开拓新兴的市场成为公司这几年的工作重点。

任务分解

（1）了解主要的出口市场；

（2）选择适合的出口市场。

世界上的国家和地区众多，如何确定公司的基本业务范围和经营方案是外贸公司首先要解决的问题。这就需要出口公司和业务员对市场进行调查，并对国际市场进行细分，在此基础上，确定公司的目标市场以及出口业务范围和经营方案。

一、了解出口商品市场

了解出口商品市场的主要途径是市场调研。市场调研是指调研者根据特定的决策问题而系统地设计、搜集、记录、整理、分析及研究市场各类信息资料、报告调研结构的工作过程。

（一）市场调研的方法

1. 文献调研法

文献调研法是指调研者通过查阅、阅读、搜集历史和现实的各种资料，并通过甄别、统计分析得到的各种信息、资料的调研方法，所以又称二手资料调研法。该方法的优点是简单易行、成本低、快速，缺点是信息滞后。

资料来源主要分公司内部和公司外部两个渠道。通过公司外部收集二手资料的途径主要有：

（1）国际组织发行的资料。如世界银行的《世界发展报告》、国际货币基金组织的《国际收支手册》、世界贸易组织的《世界贸易报告》及《国际贸易统计年鉴》、国际商会的成员名单及各成员资信方面的信息、当地的商业状况及贸易习惯等。

（2）地区性组织发行的资料。如区域性经济贸易组织的协定、经济发展规划等。

（3）各国及各级政府相关部门发布的资料。如国家统计局编印的《中国贸易外经统计年鉴》《中国统计年鉴》，政府驻各国领事馆的商务机构发布的驻地国经济贸易资料、关税及海关情况等。

（4）其他机构的资料。如行业协会定期收集、整理和出版的一些有关本行业的产销信息，专业调研公司、信息咨询公司就某特定行业或领域的市场形势、发展趋势等情况进行的汇总、分析和预测等。

（5）有关的出版物及各种媒介。报刊、书籍以及互联网都是当今市场调研的主要媒介和渠道。

2. 实地调研法

实地调研法是由调研者在有潜力的市场上收集原始资料的过程，比较费时、费力、调研费用高，只有在作重大决策时才会采用。实地调研法的优点是深入和灵活，有较强的说服力。

原始资料的搜集方法主要有：

（1）询问调研法。调研人员通过座谈会、问卷调查等形式向被调研者提问或征求意见来搜集市场信息的一种方法，成本较高，对调研人员的素质要求比较高，管理起来比较困难。

（2）观察调研法。调研人员在调研现场，直接或通过仪器观察、记录被调研者的行为和表情，以获取信息的一种调研方法，具有直观性、客观性、易操作等优点，但受到人员、经费的限制。

（3）实验调研法。调研人员通过实际的、小规模的活动来调查关于某一产品或某项营销措施执行效果等市场信息的方法。在试验时，调研人员有目的地、有意识地改变一个或几个影响因素，来观察市场现象在这些因素影响下的变动情况，以确定市场中各种因素的因果关系，进而搜集市场信息。该方法具有科学性强、可重复等优点，但成本高、实验环境难以控制。

（二）国际市场调研的内容

国际市场调研是为了获得与贸易有关的各种信息，通过对信息的分析得出国际市场行情特点，判定贸易的可行性并据此制定贸易计划。国际市场调研主要包括：国际市场环境调研、国际市场商品情况调研、国际市场营销情况调研、国外客户情况调研等。

1. 国际市场环境调研

国际市场环境调研具体包括以下内容：

（1）经济环境分析。具体内容见图1-3。

（2）政治和法律环境分析。目标国家的政治和法律环境构成了市场进入的直接障碍，国际营销企业不仅要注意了解和分析目标市场国家的政治和法律环境的特征，遵守当地的法律法规，而且要注意规避政治风险，维护企业的合法权益。国外市场营销的政治和法律

- 经济环境分析
  - 世界经济环境分析
    - 世界经济格局及发展趋势分析
    - 国际贸易构成分析
    - 国际金融体系分析
  - 目标国家经济环境分析
    - 自然条件、总体经济状况和生产力发展水平
    - 产业结构特点、国际宏观经济政策和货币制度
    - 经济法律和条约、价值观念和商业习惯
    - 消费水平和基本特点

图 1－3　经济环境分析内容

环境分析包括政府的重要经济政策，政府对贸易实行的鼓励、限制措施，有关外贸方面的法律法规，如关税、配额、国内税收、外汇限制、卫生检疫和安全条例等。

（3）文化环境分析。世界各国（地区）的文化背景不同，导致各国客户的需求不同，要想做到产品的适销对路，就必须进行文化环境分析，判断各国客户需求的差异性，包括使用的语言、教育水平、宗教、风俗习惯、价值观念等。

（4）其他分析。包括人口、交通和地理等情况。

2. 国际市场商品情况调研

企业要把产品打入国际市场或从国际市场进口产品，除需了解国际市场环境外，还需了解国际市场商品情况，具体内容见表 1－2。

表 1－2　国际市场商品情况调研一览表

调研种类	调研内容
市场适销商品调研	品种、规格、用料、颜色、包装、商标使用等
市场供给情况调研	市场容量、供货主要来源、主要生产者、生产能力、数量及库存情况等
市场需求特点调研	消费水平、质量要求、消费习惯、销售季节、产品销售周期
市场商品价格情况	国际市场商品的价格、商品供求价格变动规律

3. 国际市场营销情况调研

国际市场营销情况调研包括产品销售渠道的调研、广告宣传调研、计价货币的选择调研、售前售后服务的调研、制定产品发展规划的调研和竞争分析。

4. 国外客户情况调研

企业进出口商品必须选择适合的销售（进货）渠道和客户，做好国外客户的研究。一般来说，外贸企业对国外客户的调研主要包括以下内容：

（1）客户政治情况，包括客户的政治背景、与政界的关系、对我国的政治立场。

（2）客户资信情况，包括客户拥有的注册资本、资产负债等资产情况和企业的经营信誉。

（3）客户经营业务范围，包括客户企业经营的商品及其品种。

（4）客户类型，包括客户企业是中间商还是最终用户，是专营商还是兼营商等。

（5）客户经营能力，包括客户业务活动能力、资金融通能力、贸易关系、经营方式和销售渠道等。

二、选择目标市场

目标市场是指企业所确定的作为企业服务、经营对象的某些特定需要的顾客群。目标市场是通过市场细分来选择的，企业应在市场细分的基础上，选择一个或数个细分市场作为自己的目标市场。

（一）市场细分的一般依据

1. 消费者市场细分的一般依据

消费者市场细分的一般依据见表1-3。

表1-3 消费者市场细分的一般依据

因素	依据
地理因素	国别、区域、城乡、气候条件等系列变量
人口因素	年龄、性别、收入、教育水平、家庭规模、宗教、种族等消费者自身特点因素
心理因素	消费者的生活方式、个性等心理变量
行为因素	购买时机和频率、追求的利益、使用情况和消费者对品牌的忠诚度

2. 产业市场细分的一般依据

对于产业市场，可以依据最终用户的要求、客户规模、客户的地理分布进行细分。市场细分的依据和方法很多，要遵循可区分性、可进入性和可盈利性三个原则。可区分性是指以某种标准进行细分后的各个子市场范围清晰，其需求程度和购买力水平是可以被衡量的，并同其他子市场有明显差异。可进入性是指企业能够进入所选定的市场部分，能进行有效的促销和分销，营销活动具有可行性。可盈利性是指以某种标准进行细分后的各个子市场拥有足够的潜在需求，能使企业有利可图，实现其利润目标。

（二）出口（国际）市场细分

出口市场细分是指世界各国（地区）按照某种标准分成若干不同的类型，而每一类型的国家（地区）用这种标准衡量具有相同或相近的环境特征。国际市场可以按照地理标准、经济标准、文化标准等来进行细分。

1. 按照地理标准细分

按照世界各国的地理位置分成东欧、西欧、北美、南美、亚洲、中东、大洋洲及非洲。这种划分的主要原因是：第一，各国在地理位置上接近，便于管理；第二，处于同一地理区域的各国具有相似的文化背景，需求相似；第三，区域性贸易和经济一体化发展迅速，有时企业进入某一区域经济贸易组织中的某一国家（地区），就相当于获得了进入该组织的其他所有国家（地区）的许可。此种细分标准也有例外，例如：北美地区的墨西哥的经济水平明显落后于美国和加拿大。

2. 按照经济标准细分

按照经济标准来细分出口市场的一个简单的方法就是单纯地以人均国内生产总值作为

衡量标准。一般将人均国内生产总值在 4 000 美元以上的国家划分为工业化国家，人均国内生产总值在 700～4 000 美元的国家划分为中等收入国家，人均国内生产总值在 700 美元以下的国家划分为低收入国家。例如：某日化公司曾利用类似的方法将国际市场区分为四类：第一类人均 GDP 最低，第四类人均 GDP 最高，第二类、第三类处于二者之间。该公司在第一类市场主要销售肥皂，在第二类市场主要销售洗衣粉，在第三类市场主要销售洗衣机专用洗衣粉，而在第四类市场中主要销售洗衣液。

3. 按照文化标准细分

语言、教育、宗教、美学、价值观和社会组织等文化因素都能构成出口市场细分的标准。以语言和教育为例，为英国市场设计的教育用计算机软件在法国和美国并不适销，因为法国的语言与英国不同，美国的教育体制与英国相差较大。

（三）目标市场选择

进行市场细分后，企业在分析每个细分市场的潜量、细分市场内的竞争状况、细分市场所具有的特征与企业总目标和资源优势的吻合程度、细分市场的投资回报水平的基础上，结合企业自身的资源特点、产品特点、市场特点、竞争者的策略等因素，决定本企业为哪个或哪几个细分市场服务，即选定目标市场。

三、调查贸易障碍

贸易障碍主要包括以下两方面：

（一）客户所在国家的贸易障碍

客户所在国家的贸易障碍的形式包括：（1）该商品在客户所在国家正接受反倾销调查或已被征收反倾销税；（2）该商品在客户所在国家存在绿色壁垒等其他贸易壁垒；（3）该商品在客户所在国家存在特殊的技术要求等。

企业面对客户所在国家的贸易障碍可以采取的对策是：在第（1）种情况下，一般选择放弃；在第（2）和（3）种情况下，除非出口企业非常有把握达到客户所在国家对该商品的各项要求，否则一般也应放弃。

（二）本国的贸易障碍

本国的贸易障碍包括：该商品属于对外贸易法或其他法律、行政法规规定禁止出口的商品，凡列入国家公布的禁止出口货物、技术目录以及其他法律、法规明令禁止或停止出口的货物、技术，任何对外贸易经营者不得经营出口；该商品属于限制出口的商品，包括限制出口货物和限制出口技术两大类。限制出口货物方式包括出口配额限制和出口非配额限制。限制进出口技术实行目录管理，凡列入《中国禁止进口限制进口技术目录》《中国禁止出口限制出口技术目录》《两用物项和技术进出口许可证管理目录》的技术，进出口经营者必须办理相关技术进出口许可证件，否则将承担由此造成的一切法律责任。具体的监管证件代码见表 1－4。

表1-4 监管证件代码表

监管证件代码	监管证件名称	监管证件代码	监管证件名称
#	零关税申请单	V	人类遗传资源材料出口、出境证明
0	反制措施排除代码	X	有毒化学品环境管理放行通知单
1	进口许可证	Y	原产地证明
2	两用物项和技术进口许可证	Z	赴境外加工光盘进口备案证明
3	两用物项和技术出口许可证	a	保税核注清单
4	出口许可证	b	进口广播电影电视节目带（片）提取单
5	纺织品临时出口许可证	c	内销征税联系单
6	旧机电产品禁止进口	d	援外项目任务通知函
7	自动进口许可证	e	关税配额外优惠税率进口棉花配额证
8	禁止出口商品	f	音像制品（成品）进口批准单
9	禁止进口商品	g	技术出口合同登记证
@	准予担保通知书	h	核增核扣表
A	检验检疫	i	技术出口许可证
B	电子底账	k	民用爆炸物品进出口审批单
D	毛坯钻石进出境检验	m	银行调运人民币现钞进出境证明
E	濒危物种允许出口证明书	n	音像制品（版权引进）批准单
F	濒危物种允许进口证明书	q	国别关税配额证明
G	两用物项和技术出口许可证（定向）	r	预归类标志
H	港澳OPA纺织品证明	s	适用ITA税率的商品用途认定证明
I	麻醉药品精神药物进出口准许证	t	关税配额证明
J	黄金及黄金制品进出口准许证	v	自动进口许可证（加工贸易）
K	深加工结转申请表	w	再生原料装运前检验证书
L	药品进出口准许证	x	出口许可证（加工贸易）
M	密码产品和设备进口许可证	y	出口许可证（边境小额贸易）
O	自动进口许可证（新旧机电产品）	z	古生物化石出境批件
P	固体废物进口许可证		
Q	进口药品通关单		
R	进口兽药通关单		
S	农药进出口登记管理放行通知单		
T	提发货凭证		
U	合法捕捞产品通关证明		

案例分析

市场调研错误公司埋单

美国一家大型的软饮料公司决定，在东南亚地区选择印度尼西亚作为公司最畅销饮料的目标销售市场。印度尼西亚是世界第四大人口大国，人口超2.7亿。美国饮料公司的管理阶层认为无法拒绝这一巨大的潜在市场的诱惑，因此，决定与印度尼西亚某公司达成瓶装与分销协议来服务于这一市场。公司决定把软饮料卖给一家瓶装商，由后者负责饮料的瓶装与分销。但不幸的是，销售状况非常糟糕，没有达到公司的预期目标。虽然公司经过了初期调研，对当地竞争情况和政府态度的调研结果都非常乐观，但营销活动仍一蹶不振。后经了解，这是因为公司董事会主席及项目经理忽视了两个重要因素：其一，印度尼西亚虽拥有超2.7亿人口，但绝大多数住在农村，处于前工业化阶段；其二，大多数印度尼西亚人喜欢甜饮料和以椰子汁为主要原料的软饮料，他们不习惯饮用碳酸饮料。在印度尼西亚，虽然存在碳酸饮料消费市场，但这一市场局限于主要城市，认同美国饮料口感并有足够可自由支配收入的购买者数量并不庞大。

分析：国际商品市场调研有以下作用：一是通过市场调研，进入国际市场的企业可迅速了解消费者需要什么样的商品，从而做到知己知彼、有的放矢地开辟市场；二是通过市场调研，营销企业可以了解特定市场的经济实力和消费水平，从而为企业选择适当的商品进行推销提供依据；三是通过市场调研，企业可以知道特定市场的供求关系与竞争对手的情况，从而扩大销路；四是通过市场调研，企业可以立即发现特定市场的贸易政策及方式、货币汇率、消费观念等的变化，从而为企业找到有利的贸易时机和贸易机会。本案例是典型的由于国际市场调研工作做得不充分而导致的营销失败。国际市场调研是对市场信息的搜集与分析过程，以便对相关产品的营销决策作出判断。

操作示范

[第1步] 王明华首先对公司的主要经营范围进行了全面调查。公司主要出口国家是德国、美国和日本等国，但是经过2008年金融危机后，公司有意识地开发新兴市场，如印度、巴西、俄罗斯等国。

王明华通过网络等渠道对俄罗斯市场的情况进行了调查。作为“金砖国家”之一的俄罗斯，近几年来经济发展迅速，2018—2020年连续三年中国与俄罗斯贸易总额突破1 000亿美元，2021年1—4月中俄双边贸易额为402.1亿美元，首次在前4个月即突破400亿美元，与2019年同期相比增长21.2%，与2016年同期相比翻了一番。中国是俄罗斯第一大出口市场和第一大进口来源地。由于中国和俄罗斯的消费结构类似，因此中国产品在俄罗斯已得到足够认可。俄罗斯棉价的上升以及2011年12月俄罗斯正式加入WTO，又为中俄企业的贸易合作创造了机会。总体来说，俄罗斯市场对于中国服装来说，具有“潜力巨大，适逢良机，近水楼台，未来可期”的外部机遇，同时也面临着“品牌弱势，思维定式”的挑战，因此中国企业应把握历史机遇，了解市场需求，完善营销策略，由“规模基础”向“核心竞争力”转变，由“质优价廉”向“提高档次”转变。

俄罗斯的人口：2006年以来，俄罗斯人口不断减少；2018年，俄罗斯人口为1.46

亿。据联合国预测，至2050年，俄罗斯的人口数量将下降到1.16亿，俄罗斯潜在可雇用的适龄工人数量正在萎缩，潜力市场也存在一定瑕疵。这对于中国服装业而言，意味着一定的成长压力和发展陷阱。

贸易政策：近年来俄罗斯的进口关税税率持续下调。2008年8月，俄罗斯政府颁布命令，临时性下调部分天然毛皮服装的进口关税税率，为期9个月，并在2009年3月把该项临时性措施再次延长9个月至2009年年底。2010年3月，俄罗斯总理签署政府令，决定把上述临时性下调部分天然毛皮服装的进口关税税率措施长期化。根据法令，天然毛皮服装（俄罗斯海关编码4303109010～4303109080项下产品，除4303109070）进口关税税率固定为10%，但每件不低于30欧元；儿童毛皮服装（俄罗斯海关编码4303109070项下产品）的进口关税税率固定为7.5%，但每件不低于10欧元。

强制认证：根据俄罗斯联邦海关2005年1月发布的《需强制认证的进口产品名单》，包括动植物及其产品、食品、酒精和非酒精饮料、纺织原料及其制品、机器设备和音像器材等部分进口产品必须实行强制性认证。

市场规模：2000—2020年间，中国对俄罗斯纺织服装出口额从11.1亿美元增至2020年的76.5亿美元。20年间，中国对俄罗斯纺织服装出口累计增长了近6倍。2021年中国对俄罗斯纺织服装贸易出口额为72.6亿美元，占中国总纺织服装出口额的2.2%。

［第2步］王明华根据网络调查和公司历年出口国家的特点，经过综合考虑，选择欧洲作为自己的主要出口市场。

问题探究

1. 市场调研的方法有哪些？你感兴趣的产品主要销往哪些国家？这些国家对该类产品的监管措施和管理办法有哪些？

2. 你感兴趣的进口产品的主要产地在哪里？中国与这些国家是否签署贸易协定，有关的贸易措施有哪些？

任务三　寻找客户

任务导入

王明华除了帮助赵经理处理日常事务（如发传真、复印等）外，还学习了如何在公司阿里巴巴网站主页上每天更新产品信息、处理客户的咨询等。她在电视上看了很多与商业诈骗有关的节目，有的公司与客户签订了合同，发货后却迟迟收不回货款；有的买主支付货款后，没有收到合格货物。她一直希望能够通过自己的努力独立开发客户，但是也有一些顾虑。是不是在互联网上找到客户就可以直接与之进行交易？

任务分解

（1）了解寻找客户的主要渠道；

（2）做好参展准备。

一、寻找客户的方法

（一）参展

参展分为国内参展、国外参展两种。企业选择展会时，应与自身的营销、出口目标结合起来，参加专业性、大型、影响力大的展会比参加综合性展会的效果要好；企业参展的展品应注意和展览会的主题一致。另外，外贸业务员应仔细核算成本和可能带来的商机，再考虑是否去国外参展。全球范围内主要的专业展会包括：德国汉诺威工业博览会、法国巴黎国际航空航天展、意大利米兰国际服装展览会、中东（迪拜）秋季国际商品博览会、中国进出口商品交易会（简称广交会）等。

1. 现代展示的功能

现代展示的功能主要有以下几个方面：（1）及时地、全方位地提供各种信息；（2）普及科技文化知识、传播文明、促进交流；（3）促进国家和地区间的经济贸易合作，推动人类社会经济的发展；（4）促进某个国家或地区的全面发展；（5）提高大众的文明素养，丰富人们的生活。

2. 现代展示的特征

现代展示由三个基本因素构成，即传达者、展示内容和接收者。传达者除了基于某种目的，还要具备某些现实物和场地环境，并有观众参与。当接收者从展示内容中获得某种影响和信息时，展示的功能才能实现。因此，展示的这种现场传达方式受到场地环境、地域和观众参与的局限。这既是它的局限性，也是它有别于其他传播方式而具有的优势。现代展示因其具有的现场传达方式的优势，体现出以下特征：

（1）公开性与透明性。现代展示场馆以面向公众、全面开放为特点，其展出的内容任人参观，公众可询问、索取资料，展品开放而透明。交易型展示会的现场设计给人以亲和感，创造出对话、交流的氛围，参展方安排专人为现场观众介绍自己的产品或服务，详细解答观众提出的有关问题（见图1-4）。

（2）以展品为本的实体性。实体性是展示的重要特征，交易会以展示商品实物为主（见图1-5）。俗话说“百闻不如一见”，亲眼所见得来的认识更直接、真实、可信。参展商不惜花费很多资金将展品运到交易会现场展出，就是因为实物是最可靠的信息母体。

（3）体验性与参与性。大量资料研究结果表明，展示活动中使用现场操作的方法能加深观众对产品的印象。在商业性交易会上，参展商采用现场演示的方式邀请观众一同参与，让观众在可视、可听、可嗅、可尝、可动手操作的活动之中，亲身体验产品的优良品质与性能，获得更真实、更生动、更丰富、更全面的信息。

图1-4　纺织机械成品展示

图1-5　纺织服装配件实物展示

（4）信息载体的多样性。现代展示凭借实物与现场演示，综合运用图像、文字、语言交流、灯光、音响等信息载体，加上道具、环境的烘托，现场的表演、动人的解说、优美的音乐和艺术造型，能促使观众产生更大的感染力，比一般的文字和图像宣传更有效。

（5）综合性。现代展示是艺术与科学技术的结合。贸易型展览本身既具有经济特征，又具有文化色彩，是构成地方文化的一部分。

（6）直接性与高效性。展示活动是一种有效的沟通形式。观众可以通过现场的观察、动手操作、亲身体验来判断产品的优劣与价格的高低。企业通过交易会可以让观众了解企业和产品，并且通过与观众的交流、洽谈，直接听到他们对产品和服务的评价和建议。这种物与人、观众与企业的直接双向交流的沟通方式，缩短了与会者作决定的时间，形成了高效的传达效果。

（二）利用企业名录

国际工商名录收录了各国著名的贸易公司、商号的信息，这类名录通常是各国的商会编纂的。世界上最大的联机数据系统——DIALOG信息检索系统，提供了非常优秀的查询深度、广度、准确性及速度。

世界著名企业名录主要有：

北美制造商企业名录：http://www.thomasregister.com

欧洲制造企业名录：http://www.tremnet.com

世界黄页：http://www.worldyellowpages.com

世界贸易指南：http://www.gtdirectory.com

（三）利用互联网

部分商业信息网站见表1-5。

表 1-5 部分商业信息网站一览表

中文名称	网址	中文名称	网址
中国商品网	http://ccn. mofcom. gov. cn	到迪拜去	www. godubai. com
全球资源网	www. globalsources. com	美国进出口网	www. usaexportimport. com
阿里巴巴	www. alibaba. com	巴西商务网	www. brazilbiz. com. br
欧洲黄页	www. europages. com	埃及贸易指南	www. egtrade. com
美国亚洲贸易促进协会	www. aatrader. com	德国商业链接网	www. businesslink. ch
加拿大进口商协会	www. importers. ca	印度市场	www. indiamart. com
墨西哥信息中心	www. mexico-trade. com	韩国商业广场	www. bizkorea. com
网上俄罗斯	www. ru	马来西亚产品	www. malaysiaproducts. com
葡萄牙商务网	www. portugaloffer. com	瑞士信息网	www. swissinfo. com
新加坡连线	http://sgconnect. com. sg		

（四）广告宣传

广告宣传的重要性体现在：

（1）广告是许多企业进入国际市场的唯一代表，成功的广告能为企业树立良好的形象，为企业开拓国际市场奠定基础。

（2）广告能在目标市场上为企业的产品实现预期定位。

（3）成功的广告对企业而言是很宝贵的财产和资源。

（4）成功的广告是企业建立新市场、联系潜在客户的最有效手段。

（5）广告是企业用来控制营销计划实施的手段。

国际广告具有联系客户、实现企业目标的重要作用，它能为企业产品在国际市场上建立品牌形象，为成功销售铺平道路，是国际市场营销的一个重要工具。

广告投放媒体主要有报纸、杂志、电视、直接邮寄、广播、户外广告牌、互联网等。

（五）社交媒体营销

社交媒体营销是指利用社交网络服务平台进行的各种营销活动。Social Network Service（SNS），社交性网络服务，国际上以 Facebook、VK、Twitter、YouTube、Instagram、LinkedIn 等 SNS 平台为代表，旨在帮助人们建立社会性网络的互联网应用服务。SNS 网站以认识朋友的朋友为基础，扩展自己的人脉。这类社交网站包含几种类型：一是主流社交类，如 Facebook、VK、Twitter 等，这类社交网站需要造势、积粉、长线操作，适合有专人操作的团队，流量大、转化率低；二是图文分享类，如 Printerest、YouTube 等，对产品本身、图文材料专业度要求较高，转化率一般；三是购物分享类，如 ITAO 等，操作相对简单，效果立竿见影，适合各层次卖家；四是其他类型，如论坛、博客等。

（六）其他方法

向有关银行或咨询机构获取进口商资料；国内外的贸易促进机构或友好协会介绍客户；我驻外使馆商务处或外国驻华使馆介绍合作对象；与国际经济组织、国外商业情报机构、研究机构咨询公司、数据库建立经常联系，获得专项产品的市场报告。

二、国外客户资信调查的途径

对于国外客户资信情况的调查，主要可以通过下列途径：

（1）通过国内往来银行或直接向对方的往来银行调查；

（2）通过国内外的咨询机构调查；

（3）通过国内外商会调查；

（4）通过我国外贸公司驻外分支机构和驻外使馆经济商务参赞处，在国外进行资料搜集；

（5）利用交易会、各种洽谈会和客户来访等机会了解有关信息；

（6）派遣专门的出口代表团、推销小组等直接进行国际市场营销调研，获得第一手资料。

通过上述各种途径的调查，企业可有针对性地选择国外客户进行交易。

三、国外客户资信调查的主要内容

国外客户资信调查的主要内容有：

（1）厂商企业的组织情况。主要包括企业的组织性质、创建历史、分支机构、企业性质等。

（2）客户的信誉。贸易往来对象诚实、可信是交易成功的基础。在国际贸易中，如果客户的信誉不好，就可能会出现交货质量不合格、交货延迟、不按时付款等现象。

（3）资信情况。包括企业的资金和信用两方面。资金是指企业的注册资金、资产负债情况等。信用是指企业的经营作风、履约情况等。这些情况对考察客户是否适合从事经销、代理、独家包销等业务是十分重要的。

（4）经营范围。调查客户的经营范围非常重要。如果出口商品是该企业的主营产品，就可以直接利用该企业已有的营销渠道、销售经验。

（5）经营能力。包括该企业每年的经营金额、销售渠道、贸易关系、经营做法等。

（6）往来银行名称。了解对方往来银行的名称和地址同样很重要。如果该企业是世界知名银行的客户，在支付方式的选择上就会具有较大的灵活性，增加了可信度。

资信调查工作是信用风险管理工作的重要组成部分，资信调查工作的结果是其他所有决策的重要依据。做好资信调查工作，应注意：企业应根据自身的特点，制定企业资信调查制度；企业应重视资信调查途径的可靠性与科学性，提高资信调查人员的专业素质；企业要形成长效机制，将资信调查工作持续下去；企业的资信调查工作要细致，要根据调查目标，科学选择调查检测指标。资信调查申请表示例见表1-6。

表 1-6　资信调查申请表

致：中国银行青岛市分行　　　　　　　　　　　　　　　　　　　　日期：
兹委托贵行对下属对象做资信调查　　　　　　　　　　　　　　　　编号：

<table>
<tr><td rowspan="4">调查对象</td><td>国外客户全称（中英文）</td><td colspan="3"></td></tr>
<tr><td>地址（中英文）</td><td colspan="3"></td></tr>
<tr><td>电传号</td><td></td><td>电话</td><td></td></tr>
<tr><td>往来银行名称及账号</td><td></td><td>电传</td><td></td></tr>
<tr><td colspan="2">调查内容及目的</td><td colspan="3">了解客户的资本、信贷及经营作风等情况</td></tr>
<tr><td colspan="2">调查方式</td><td>你行 □电询 □函询</td><td colspan="2">代理行 □电复 □函复</td></tr>
<tr><td colspan="2">委托须知</td><td colspan="3">1. 你行对调查结果的真实性不负任何责任。
2. 你行对调查过程中邮电、通信造成的延误、丢失以及代理行的延误或不回复概不负责。
3. 委托人统一支付银行有关费用（包括你行费用和国外行可能收取的外币费用）。
4. 委托人保证对调查内容保密，并保证对由此引起你行蒙受的一切损失负全部责任。</td></tr>
<tr><td rowspan="3">委托单位</td><td>全称及地址</td><td colspan="3"></td></tr>
<tr><td>开户行及账号</td><td colspan="3"></td></tr>
<tr><td>联系人</td><td></td><td>电话</td><td></td></tr>
<tr><td colspan="2">银行审核意见：</td><td>经办：

日期：</td><td colspan="2">委托单位签章负责人：

日期：</td></tr>
</table>

操作示范

［**第 1 步**］王明华在公司阿里巴巴主页发布了产品的供应信息，包括产品名称、货号、产品的最低起订量等信息（见图 1-6）。

图 1-6　阿里巴巴网站截图

［**第2步**］在接到客户的信息后，王明华开始着手调查欧盟对儿童睡衣的政策和管制措施。

（1）欧盟对纺织服装的要求。欧盟通过的关于《禁止使用偶氮染料》的共同文件要求使用了偶氮染料且直接与人体接触的纺织品、服装与皮革制品在欧盟市场上将被禁止销售，也不得从第三国进口。德国法令则规定：对于用偶氮染色的进口日用消费品，一旦检测出含有致癌芳香胺，不仅就地销毁，还要向出口商提出索赔。对纽扣、拉链、装饰等服饰辅料，欧盟规定每平方厘米含镍达0.5毫克以上的纺织品禁止进口。欧盟还对进口羽绒制品提出了高于国际标准的严格要求，检验残脂率限定在0.3%和0.5%，且不得含沙门氏菌。

（2）欧盟对儿童睡衣燃烧要求和标示要求。“延迟燃烧”是欧盟国家对睡衣提出的新要求，产品出口时必须贴有“延迟燃烧”或“远离火源”字样的标签。

此类地区纺织品使用的法规是《纺织材料、儿童睡服的燃烧性能、规范》（BS EN 14878—2007）。采用的测试方法：EN1103，燃烧性能要求：Class A 儿童睡衣，没有表面闪烁，第三根标记线断开时间不小于15秒；Class B 儿童睡衣裤，没有表面闪烁，第三根标记线断开时间不小于10秒；Class C 婴儿睡衣，不需要测试。

［**第3步**］根据客户提供的银行信息，王明华通过银行对客户的资信进行调查。

TO：BANK OF CHINA NEW YORK BRANCH

DATE：FEB 26，2021

OUR REF No.：AD 1316

Dear sir or madam，

ABC Import & Export CO.，LTD. is desirous of entering into long business relations with us and have given us your esteemed address as reference. We should greatly appreciate your courtesy in giving us information regarding the extent of its business，financial condition and reliability in meeting its obligations. Any information your kindly give us will be treated as strictly confidential and without responsibility on your bank.

Yours sincerely，

Qingdao Golden Bridge Import & Export co.，ltd.

Lily Wang

银行答复如下：

TO：QINGDAO GOLDEN BRIDGE IMPORT & EXPORT CO.，LTD.

ATTN：MISS LILY WANG

DATE：FEB 28，2021

Dear Miss Wang，

We are pleased to send you，in confidence，the credit information you requested concerning messrs of ABC Import & Export CO.，LTD.，in your fax of feb 26，2021.

The above firm enjoys the fullest respect and unquestionable confidence in the business world. They are prompt punctual in all their transactions. However，this is without obligation on my part.

We hope this information may be of use to you.

Yours faithfully，

Bank of China New York Branch

拓展阅读

美国和加拿大对中国产儿童浴衣实施召回

2019年4月15日，美国消费者安全委员会（CPSC）和加拿大卫生部宣布对中国产浴衣实施召回。

此次召回产品为H&M儿童连帽浴衣，100%纯棉。一款是灰色，内衬为白色、粉色或者是白色、蓝色，胸口右侧有纽扣，尺码适合6个月～3岁幼童；另一款为白色，帽子图案为猫咪，配有腰带，尺码适合6～12个月幼童。

加拿大卫生部抽检后发现，该产品不符合易燃性要求。该款浴衣较为宽松，容易接触到炉子、蜡烛等火源，一旦被点燃后会迅速燃烧，可能导致儿童身体大面积严重烧伤。

此次召回的产品于2018年10月—2019年3月在美国、2019年1月—2019年3月在加拿大销售，售价为25～30美元。此次召回涉及产品美国约980件、加拿大约60件。

CPSC和加拿大卫生部建议消费者立即停止使用该产品。

资料来源：www. swj. xm. gov. cn.

问题探究

1. 如果你希望通过广交会展示你的产品，应如何进行展台的设计？请结合实训室现有的样品进行模拟布展。

2. 如果你在互联网上找到一个来自南美洲的客户，但又担心该客户的资信情况，应通过哪些渠道进行客户的资信调查？

思考练习

一、判断题

判断题

二、案例分析题

苏州A公司听说南非是一个诱人的市场，便希望自己的产品能打入南非市场。为了摸清合作伙伴的情况，公司决定组团到南非进行实地考察，到达南非后对方立即安排他们与南非B公司的总经理会面，地点被安排在公司总部。考察团在B公司总部门口遇到一位满面笑容的女服务员，她将考察团引入装修得富丽堂皇的总经理办公室。坐在皮椅上的总经理身体肥胖，手中夹着雪茄，脸上一副自信的表情，说话时充满了激情。他介绍了公司的情况、经营业绩及公司未来的打算。B公司总经理的介绍和他周围所有的一切都深深打动了考察团，他们深信这是一个可靠的、财力雄厚的合作伙伴。考察团回国后，马上发去了一批价值100多万美元的货物，然而这批货物再也没有了音信，公司只好再配人去调查，此时才发现他们掉进了一个精心设计的圈套里。那位肥胖的“总经理”原来是当地一个演员，在电梯口招呼他们的女服务员才是真正的总经理，而富丽堂皇的经理办公室不过是临时租来的房间。待真相大白寻找这家公司时，才知道B公司已宣告破产。试问：谈判人员在进行商务谈判之前应做好哪些谈判准备工作？

三、实务操作题

1. 以小组为单位，选择合适的产品，编制参展计划书。内容包括：参展时间、地点、参展人员、参展背景分析、参展安排、展台准备、参展物料等。并在课堂上进行PPT展示。

2. 以小组为单位，以实训室已有的样品进行展台的布置，由企业中的指导教师给予点评。

素养园地

努力开拓“一带一路”市场

习近平总书记在党的二十大报告中强调，要“加快建设贸易强国，推动共建‘一带一路’高质量发展，维护多元稳定的国际经济格局和经贸关系”。随着“一带一路”日益成为全球经济增长的新动力，越来越多的外贸企业将重心投向了“一带一路”市场。相对已经十分熟悉的欧美市场，“一带一路”市场对外贸人来说既充满机遇又充满无限挑战。那么，外贸企业应该如何开拓“一带一路”市场呢？

1. 因地制宜，做适合当地需求的产品

大多数“一带一路”沿线国家客户最看重的是价格，其次是交期，最后才是质量。所以，进军“一带一路”市场，一定要了解当地同类产品的市场价格，在生产源头上改进产品以满足当地需求，确保自身产品具有价格优势。不同的市场对产品的功能需求是有差异的，应做深入调查，对产品进行创新设计，以适应当地消费者对产品的差异化需求，如改进产品包装等。拥有当地文字的包装，会让产品更加有亲和力，更容易获得当地消费者的认可。

2. 多渠道开发客户，抢占先机

想成功开发“一带一路”市场，客户资源从何而来？外贸企业必须多管齐下，多渠道拓展。

(1) 加入行业协会：快速融入行业圈子，不仅可以结识人脉，拓展关系，而且可以及时掌握各种政策信息。

(2) 参加展会：积极参加“一带一路”沿线国家的展会，既能获得客户，还可以直面客户，更易了解其真实需求。

(3) 互联网营销：充分利用各种 B2B 平台、本地搜索引擎、海关数据、社交媒体平台，获取线索和进行品牌宣传。

3. 分析“一带一路”国家进口趋势，确定产品主销市场

外贸企业可以利用海关数据精准锁定目标市场及客户。通过关单数据，能得到采购量前十位的进口国家；选择“国家名”，还能看到该国家采购量前十位的采购商，这样目标市场和目标大客户尽收眼底。外贸企业还可以利用网站：http://www.tradesns.com/business_info.php，搜索产品关键词或编码查询以获得免费海关数据，注册后即能免费查看部分关单信息，并获取采购商名称列表、联系人信息、采购周期、采购量、采购价格

等信息，这些对开发客户都很有帮助。

4. 加强小语种学习，攻克语言关

英语不是“一带一路”沿线国家的通用语言，所以外贸企业员工必须攻克语言关，加强小语种的学习。除参加小语种培训班，日常中还可以借助一些专业的翻译工具或软件来协助，如Google翻译、多语种翻译工具Nicetranslator、高精确度翻译工具Linguee等。

5. 了解当地文化，把握沟通技巧

深入了解“一带一路”沿线国家客户的宗教信仰、消费习惯等，一方面可以作为拉近关系的谈资；另一方面可以适时规避一些忌讳，建立良好的客户印象。此外，外贸企业还应了解一些国家的政治形势，这都有利于外贸业务的顺利进行。

6. 谨慎交易，学会规避贸易风险

新的市场蕴含无限商机，也蕴含诸多贸易风险，外贸企业开展贸易合作时一定要对客户做多方面的了解，尽量选择最安全的方式进行交易，如：现金交易、预付定金等方式。对于大额订单，建议联系专业机构对客户进行资信调查，也可利用海关数据对客户背景进行深入分析，做到严谨细致。

项目二

交易磋商

学习目标

【知识目标】

- 了解交易磋商的主要环节
- 掌握有效发盘、接受的条件，有条件接受和逾期接受的效力
- 掌握合同有效成立的条件

【能力目标】

- 能与潜在客户建立初步业务联系
- 能与客户进行交易磋商，处理有关的函电
- 能进行相关案例分析

【素质目标】

- 具备不卑不亢、意志坚定的心理素质
- 具备诚实守信的职业道德
- 具备良好的跨文化交流能力、认真细致的工作作风
- 具备双赢理念，永葆家国情怀

重点难点

【重点】

- 有效发盘和接受的条件
- 交易磋商过程和谈判技巧

【难点】

- 根据《联合国国际货物销售合同公约》的规定判定相关案例
- 开发新客户并达成交易

任务一　建立业务联系和询盘

任务
导入

王明华从网上找到一家英国进口商网站上发布的寻找儿童睡衣套装的信息，她希望可以与客户建立业务联系，并根据客户的需求介绍自己的产品。

任务
分解

（1）向新客户发送建交函；

（2）针对客户的询盘向供货商询价和索样。

一、建立业务联系

建立业务联系是进出口交易磋商的基础，撰写建立联系的信函是业务人员必须掌握的操作技能。进出口业务关系的建立是通过信函、电传及电子邮件等国际交易磋商来完成的。“建交”的目的是有效传递信息，表示交易愿望。因此，建交函的内容应简洁、明晰，语气要友好、礼貌。

一般而言，建交函包括以下几个部分：

（1）开头部分。应说明如何取得对方的资料，说明去函的目的。首次主动与对方进行交往，说明信息来源非常必要。贸易信息的来源渠道主要有：通过驻外商务参赞、商会、银行、第三家公司介绍，书刊、互联网，在交易会上结识等。致函目的一般是扩大交易地区与对象、建立长期业务关系、拓宽产品销路等。

（2）介绍部分。此部分旨在使对方对本公司的基本情况和产品情况有大致的了解。主要应介绍本公司的性质、业务范围、宗旨以及某些相对优势。产品介绍可以是整体情况的介绍，也可以是针对对方感兴趣的某类特定产品进行推荐性介绍，一般包括产品质量、价格水平、销路等，同时，还应附上产品目录、价目单或另邮样品等。

（3）结尾部分。通常结尾部分包括期盼对方尽快回复、下订单或告知意见并表示敬意等语句。

二、交易磋商的形式和内容

交易磋商的形式有口头磋商和书面磋商两种。口头磋商包括面对面的谈判、电话磋商等形式。书面磋商包括双方交换信函、电报、传真、电子邮件及社交媒体等。

磋商的内容以货物的品质、数量、包装、价格、交货及支付条件等为主，也可涉及检验、索赔、不可抗力和仲裁等条件。

为简化磋商内容、提高磋商效率、降低磋商成本，有经验的国际贸易业务人员往往在进行正式磋商之前，先就一般交易条件与对方达成一致。

一般交易条件（General Terms and Conditions）是指由出口商为出售或进口商为购买货物而拟定的每笔交易都适用的一套共性的交易条件。一般交易条件的内容按经营的商品不同而不同，通常包含以下几个方面：

（1）有关争议的预防和处理条件（如检验、索赔、不可抗力及仲裁的有关规定）；

（2）有关主要交易条件的补充说明（如品质的机动幅度、分批装运、保险险别等）；

（3）个别的主要交易条件（如通常的包装方式、付款方式等）。

一般交易条件可以印在合同的背面或合同正文的下面，也可单独印制成文，提供给可能的客户使用。一般交易条件的法律效力同其他交易条件一样，是合同的组成部分。

在外贸业务中，进出口交易磋商一般分询盘、发盘、还盘和接受四个环节。

三、询盘

询盘（Enquiry）是指买方为了购买或卖方为了销售货物而向对方提出有关交易条件的询问，也有人把询盘称为询价。询盘的内容可以涉及某种商品的品质、规格、数量、包装、价格和装运等成交条件，也可以索取样品。

询盘不是交易磋商的必经步骤，对询盘人和被询盘人来说，询盘不具有法律约束力。询盘时要注意策略：询盘的对象既不能过窄，也不能过宽，过窄难以了解国际市场的情况，过宽则会引起市场价格波动；询盘的内容既要促使客户提供报盘资料，又要防止过早透露采购数量、价格意图，被客户摸到底细。询盘的函电，应以简明切题和礼貌诚恳为原则，以求对方能够很高兴地迅速作出报盘反应。

询盘时通常使用下列术语：

买方常用：please advise（请告知），please offer（请发盘），please quote（请报价）。

例如：Please advise us your lowest CIF price together with your terms of business, and state your best delivery date.（请告知贵公司最低CIF价格和交易条件，并说明最早交货日期。）

Please offer your best price for Men's T-shirt.（请报你方最优惠的男式T恤价格。）

Please quote us your most competitive price in order to consummate business.（为了使交易获得圆满，请报出你们最有竞争力的价格。）

卖方常用：we can supply...please book/order/bid（我方可提供……请订货/递盘）。

例如：We can supply high quality and innovative shoes, please order.（我们能为您提供高品质有创意的鞋，请下订单。）

操作示范

［第 1 步］王明华给英国公司发了一封欲建立业务联系的电子邮件，内容包括公司介绍、产品介绍，并另寄产品目录表，表达了想与对方建立业务联系的愿望。

Dear Miss White,

From your website we know you are looking for suppliers for pyjamas. We note with pleasure the items of your demand just fall within the scope of our business line. First of all, we avail ourselves of this opportunity to introduce our company in order to be acquainted with you.

Our firm is a Chinese exporter of garments and has been exporting to Europe and America for years. We have a medium size of sewing factory and good relations with about 10 sewing factories for both woven and knitted garments. We highly hope to establish business relations with your esteemed company on the basis of mutual benefits in an earlier date. We are sending a catalogue and price list under separate cover for your reference. If you want to see our quality of pyjamas, we can arrange to send you some samples which we export to European market.

We are looking forward to receiving your good news.

Yours faithfully,

Qingdao Golden Bridge Import & Export Co., LTD.

Lily Wang

2021 年 9 月，王明华收到客户对产品的询盘邮件。

Dear Miss Wang,

Re: Pyjamas.

We are pleased to note from your E-mail of Sep. 20, 2021 that as exporters of Pyjamas, you are interested in establishing business relations with us, which is also our desire. Please arrange to send us samples of pyjamas for our study.

At present, we want to buy some basic styles in traditional fabrics. Now we send you size chart, one for men's pyjamas, one for ladies's pyjamas with styles and measuring diagram. Please see the attachments of this E-mail. Fabric is 100% cotton printed flannelette.

We shall be glad to receive your best quotation FOB Qingdao with indications of packing, shipment and other terms.

We look forward to receiving your early reply.

Yours faithfully,

Rita White

[第2步] 王明华在收到英国公司的询盘邮件后，就产品的价格和寄送样品一事向山东华美针织品厂发出传真，询问商品信息。信函内容如下：

尊敬的王厂长：

您好！经我公司赵经理的介绍，得知贵厂专门生产各种男女睡衣，款式新颖，我们很感兴趣，愿与贵厂建立长期业务关系。

我公司现有一英国客户需要一批高质量的男女睡衣，我看到贵公司货号为062618和061726的产品基本符合客户的需要。我们希望贵厂能够在两天内提供有关的样品并报含税价，同时要注明包装方式、包装尺寸、毛净重、付款方式和最低起订量等详细信息。

盼复。

王明华

2021年9月26日

山东华美针织品厂回复如下：

王明华小姐：

您好！接到你的传真后，马上与厂里的设计和生产部门的同志研究了一下生产方案，并对原材料的供应情况作了进一步的了解。贵公司询问的产品是我公司的主打产品，销量很好，国外不少客户都来询问、订货，市场看好，希望能有较好的结果。

现就贵公司所关心的情况介绍如下：

睡衣：

- 货号：062618 男式睡衣

  材料：100%纯棉

  尺寸：S、M、L、XL（根据客户的尺码表）

  含税价：40 元/件

  包装：每件装一塑料袋，5 打装一纸箱，纸箱尺寸为：50cm×35cm×78cm

  每箱毛重/净重：25kg/22.5kg

- 货号：061726 女式睡衣

  材料：100%纯棉

  尺寸：S、M、L（根据客户的尺码表）

  含税价：38 元/件

  包装：每件装一塑料袋，5 打装一纸箱，纸箱尺寸为：50cm×35cm×78cm

  每箱毛重/净重：25kg/22.5kg

上述样品 3 日内交到，交货期：收到订单后 30 天交货；最低起订数量：5 000 件；支付方式为预付 30%，交货后支付余下货款。

此致

敬礼！

王仪

2021 年 9 月 28 日

问题探究

1. 寻找新的客户的主要途径是什么？
2. 如何判断从互联网上寻找的客户是否可信？

任务二　发盘

任务导入

王明华根据英国客户的询盘和工厂的报价，向客户寄送了一些样品，并附上了参考价格，供买方研究卖方的价格水平和做工情况。之后，王明华根据买方的询盘报男女睡衣价格。

任务分解

撰写发盘函。

发盘（Offer）又称发价，法律上称为要约，是卖方或买方向对方提出各项交易条件，并愿意按这些条件达成交易、订立合同的一种肯定的意思表示。实际业务中，发盘通常是一方收到对方的询盘之后作出的，但也可不经询盘直接向对方发盘。

一、构成一项有效发盘的条件

《联合国国际货物销售合同公约》第 14 条规定一项有效发盘的必备条件是："向一个或一个以上特定的人提出的订立合同的建议，如果十分确定并且表明发价人在得到接受时承受约束的意旨，即构成发价。一个建议如果写明货物并且明示或暗示地规定数量和价格或规定如何确定数量和价格，即为十分确定。"《联合国国际货物销售合同公约》第 15 条规定："发价于送达被发价人时生效。"从这些规定中我们知道，一项有效发盘的构成必须具备下面四个条件：

（一）向一个或一个以上特定的人提出

发盘必须向特定的人提出。"特定的人"是指发盘中指明个人姓名或企业名称的受盘人，也叫指定受盘人，可以是自然人，也可以是法人。这个规定的目的是将发盘与做广告、发商品目录、价格单及宣传品区分开来。

（二）表明订约意旨

《联合国国际货物销售合同公约》规定：一方当事人是否向对方表明在发盘被接受时承受约束的意旨，是判别一项发盘的基本标准。"承受约束"是指发盘人于得到接受时承担与受盘人按发盘条件订立合同的责任。表明承受约束的意旨，可以是明示的，也可以是暗示的。明示表示，如发盘时写上"发盘"或规定发盘的有效期等；暗示表示，则应同其他情况结合考虑，如双方磋商的情况、业务中的习惯做法及惯例等。

（三）内容必须十分确定

发盘内容必须十分确定，具体表现在以下几点：

(1) 发盘的全部内容明确。发盘内容不能模糊不清，价格、数量条件应十分确定，不能用“参考价”“数量估计有”等表示方法。

(2) 发盘的主要条件要完整。完整的交易条件应包括商品的品质、数量、包装、价格、交付及支付几个条件。但是，《联合国国际货物销售合同公约》第14条规定：“一个建议如果写明货物并且明示或暗示地规定数量和价格或规定如何确定数量和价格，即为十分确定。”按此规定，一项订约建议只要列明货物的品质、数量和价格几个条件，就会被认为内容十分确定，构成有效发盘。

(3) 发盘内容要无保留。发盘应是终局的，没有限制性条件。发盘一经受盘人接受，发盘人必须按发盘条件与受盘人建立合同关系。

（四）送达受盘人

发盘必须送达受盘人才生效，这是《联合国国际货物销售合同公约》和各国法律的普遍要求。发盘无论是口头的还是书面的，只有传达到受盘人时才生效。例如：发盘人以电话向受盘人发盘，如果电话出现故障，受盘人无法听清发盘内容，则应在电话修好后让受盘人听清全部发盘内容，发盘方为有效。再如：以信函做出的发盘，如果信函在邮寄途中丢失，则该发盘无效。

二、发盘的有效期

发盘的有效期并不是构成有效发盘的必要条件，但在国际货物买卖中，发盘通常规定有效期。发盘的有效期是指可供受盘人对发盘做出接受的期限。它有两层含义：一是发盘人在发盘有效期内受约束；二是超过有效期，发盘人就不再受发盘的约束。因此，发盘的有效期既是对发盘人的限制，也是对发盘人的保障。

发盘有效期的规定方法主要有：

（一）明确规定有效期

1. 规定最后接受期限

发盘人在发盘中应明确规定受盘人表示接受的最后期限。例如：发盘限18日复。使用这种方式，应注意发盘人与受盘人的两地时差问题，最好同时规定以发盘人所在地的时间为准。如上例改为：发盘限18日复到我方。

2. 规定一段接受时期

发盘人规定发盘在一段时间内有效。例如：发盘3天内有效。使用这种方式，存在发盘有效期计算的起讫问题。

（二）不明确规定有效期

不明确规定有效期可理解为在合理时间内有效。但是，国际上没有对“合理时间”的统一解释，为避免争议，在实际业务中，最好明确规定发盘的有效期。

资料卡

《联合国国际货物销售合同公约》第 20 条规定：发价人在电报或信件内规定的接受期间，从电报交发时刻或信上载明的发信日期起算。如信上未载明发信日期，则从信封上所载日期起算（即邮戳日期）。发价人以电话、电传或其他快速通信方法规定的接受期间，则从发价送达被发价人时起算。计算时，应将这段时间内的正式假日或非营业日计算在内。

（三）口头发盘的有效期

《联合国国际货物销售合同公约》第 18 条规定："对口头发价必须立即接受，但情况有别者不在此限。"此规定有两层意思：一是在口头协商时，发盘应立即接受，否则发盘失效；二是情况有别者，即发盘人在口头发盘中规定了有效期，如有效期两天，则此发盘的有效期是两天。

一般来讲，发盘有效期的长短应取决于货物的种类、市场行情和交易金额等因素。如果买卖的是小商品，交易额不大，行情稳定，有效期可规定的长一些，如 5～7 天，也可更长。如果买卖的商品是大宗商品、初级商品或该商品市场行情波动较大，则应规定的稍短些，如 2～3 天，甚至几个小时也可，以免让客户坐等商机，给己方带来风险或损失。

三、发盘的撤回

发盘的撤回是指发盘人将尚未被受盘人收到的发盘予以取消的行为。《联合国国际货物销售合同公约》第 15 条规定："一项发价，即使是不可撤销的，得予撤回，如果撤回通知于发价送达被发价人之前或同时，送达被发价人。"由此可见，这个规定是建立在发盘尚未生效的基础上的。实际业务中，只有当使用信件或电报发盘时，才有可能撤回发盘。

四、发盘的撤销

发盘的撤销是指发盘人将已经生效的发盘予以取消的行为。《联合国国际货物销售合同公约》第 16 条规定："已为受盘人收到的发盘，如果撤销的通知在受盘人发出接受通知之前送达受盘人，可予撤销，但在下列情况下，发盘不能撤销：（a）发盘规定有效期或以其他方式表明是不可撤销的；（b）受盘人有理由信赖该项发盘是不可撤销的，并已本着这种信赖采取了行动。"

五、发盘的终止

发盘的终止是指发盘的法律效力的消失。它有两层含义：一是发盘人不再受发盘的约束，二是受盘人失去了接受该发盘的权利。

发盘失效的原因有很多，主要有以下几种情况：

（1）在有效期内未被接受而过期。明确规定有效期的发盘，在有效期内未被接受即失效；未明确规定有效期的发盘，在合理时间内未被接受而失效；口头发盘如果没有被立即接受，发盘即失效。

（2）被受盘人拒绝或还盘。发盘一经受盘人拒绝或还盘，立即失效。

（3）发盘人在发盘得到接受之前进行了有效的撤销。

（4）不可抗力因素的发生。例如：发盘人或受盘人是自然人，在发盘被接受之前丧失行为能力；发盘人为法人，在发盘被接受之前，该法人宣告破产；特定的标的物毁灭等。

发盘的特点是：发盘一经生效，在有效期内，会对发盘人产生法律约束力，发盘在有效期内，发盘人不能随意撤销或修改发盘的内容。发盘一经对方在有效期内无条件接受，发盘人将受其约束，并承担按发盘条件与对方订立合同的法律责任。

发盘可由卖方或买方作出，卖方发盘叫售货发盘，买方发盘叫购货发盘，又叫递盘（Bid）。

发盘常用的词语有：发盘（Offer）、报价（Quote）、供货（Supply）等。

操作示范

Dear Miss White,

Re: Quotation of Men's and Ladies' Pyjamas.

According to your request we have sent you 2 sets of pyjamas, 1 set of men, 1 set of ladies, together with our reference prices.

We quote you the prices according to your request.

1. Men's Pyjamas, made of 100% cotton, basic style as your diagram on your size chart, size specification as per your size chart in sizes S, M, L, XL about equally assorted, printed designs no more than 3 colors, normal labeling and packing, price at USD 10.00 per set.

2. Ladies's Pyjamas, made of fabric same as Men's above, basic style as your diagram on your size chart, size specification as per your size chart in sizes S, M, L about equally assorted, printed designs no more than 3 colors, normal labeling and packing, price at USD 9.00 per set.

General price terms for both above：FOB Qingdao，shipment by container，payment by irrevocable Letter of Credit available by draft at sight.

Wait for your reply.

Best regards，

Lily Wang

拓展阅读

入乡随俗

设想一下，有一位中国销售人员张冰开始了他的海外商务旅行。他在旅行中发生了下列事件：

在英国，他打电话给一位长期客户，约请他来进行早餐商务会面，这样他就可在中午飞往法国。

在法国，他邀请一位潜在商业客户在银塔餐馆吃晚饭，并且这样说："叫我冰就行了，加奎斯。"

在德国，在出席一次重要会议时，他迟到了10分钟。

在日本，他接过客户的名片，看也没看就放进了口袋。

张冰能拿到多少订单呢？也许一个都没有，而他的公司却得面对大堆账单。国际商务的成功要求每位商务人员理解并适应当地的商业文化和惯例。

以下是业务员在各国做生意时，应该了解的一些商业惯例：

英国：在正式宴会上通常都会有敬酒。如果主人向你敬酒，记得一定要回敬。商务谈判一般是在午餐而非晚餐进行。

法国：除了在着装较为随意的法国南部之外，在其他地区穿着较保守。不要以名字来称呼对方，要加上对方的姓氏，因为法国人在陌生人面前往往比较正式。

德国：千万要守时。如果美国商人被邀到他人家中做客，应该给女主人带上鲜花作为礼物。在介绍时，先向女士问好，等对方先伸出手后再与她握手。

日本：除非你对日本式鞠躬礼仪了解很多，如鞠躬的对象、次数、时机等，否则不要轻易行鞠躬礼。这是一种很复杂的礼仪。递名片是另一种礼仪。商务人士要随身携带多张名片，用双手递上名片，这样对方很容易看见你的名字，并且要按照职位从高到低递上名片。在日本商人作出决定前，要有所准备，他们会花很长时间完成各项细节事宜后才会作出决定。

意大利：要穿得正式些，时刻谨记意大利商人很注意个人的着装品位。最好提前进行会面预约。对意大利的官僚主义办事风格要有心理准备，要有耐心。

问题探究

1. 目前国际贸易中书面发盘都包括哪些方式？采用电子邮件发盘时，发盘生效的时间如何计算？

2. 目前采用电子邮件进行发盘时，可以将发盘撤回吗？能不能撤销？

任务三　还盘

任务导入

客户在收到王明华发送的样品和邮件后，对样品非常满意。但是认为价格偏高，希望卖方在价格上做出让步，将价格下调8%。

任务分解

撰写还盘函。

还盘（Counter Offer），又称还价，是受盘人对发盘内容不完全同意而提出修改或变更的表示。还盘既是受盘人对发盘的拒绝，也是受盘人以发盘人的身份作出的新发盘。发盘一经还盘就失去效力了，而且除非得到原发盘人同意，受盘人不能在还盘后反悔，再接受原来的发盘。

一方发盘，另一方如对其内容不同意，可以进行还盘。同样，一方还盘，另一方如不同意，可以对还盘进行再还盘，一笔交易，可能要经过多次还盘才可达成。还盘不仅可以对商品的价格，也可以对其他交易条件提出意见。还盘时，对双方已同意的条件一般不再列出来。进行还盘时，可用“还盘”（Counter Offer）等词语，但一般仅将不同意的交易条件通知对方，就意味着还盘了。

例如：I'm afraid I don't find your price competitive at all.（我看你们的报价没有任何竞争力。）

操作
示范

Dear Miss Wang,

We have received your quotation and have studied it carefully. However, the price level in your quotation is too high for this market. If you are prepared to grant us a discount of 8% for a quantity of 5,000 sets, we would agree with your offer. You should note that some price cut will justify itself by an increase in business. We hope to hear from you soon.

Yours truly,

Rita White

任务四 接受

任务
导入

2021 年 10 月到 11 月，经过多次磋商，双方就价格下降 5%、交货期提前到 2022 年 1 月达成一致，其他交易条件不变。

任务
分解

撰写接受函。

接受（Acceptance）在法律上称为承诺，是卖方或买方同意对方在发盘中提出的各项交易条件，并愿按这些条件与对方达成交易、订立合同的一种肯定的意思表示。

一方的发盘经另一方接受，交易即告达成，合同即告成立，双方就应分别履行各自的义务。表示接受，一般用“接受”（Accept）、“同意”（Agree）或“确认”（Confirm）等词语，也可用“请开信用证”或“信用证已开出”等来表示。

一、构成有效接受的条件

《联合国国际货物销售合同公约》第18条规定："被发价人声明或做出其他行为表示同意一项发价，即是接受，缄默或不行动本身不等于接受。"

具体来讲，法律上有效的接受应具备以下几个条件：

（一）接受必须由特定的受盘人作出

对发盘表示接受，必须是发盘中指明的受盘人，不能是其他人。如果其他人获知一项非向他作出的发盘，并且同意发盘条件，作出接受，只能视为他向发盘人作出的发盘，除非发盘人同意，否则合同不成立。

（二）接受必须表示出来

接受必须由受盘人以某种方式表示出来，受盘人表示接受的方式有两种：

（1）用声明作出表示。即受盘人用口头或书面形式向发盘人表示同意发盘，这是国际贸易中最常见的方法。如"同意""接受"等。

（2）用做出行为来表示。所谓做出行为，通常用卖方发运货物或买方支付货款来表示，也可用其他行为表示，如开始生产货物、采购货物等。使用这种方法应注意，行为应是根据发盘的要求或当事人之间的习惯做法而做出的，并且要在发盘的有效期之内。

（三）接受必须与发盘相符

如要达成交易、签订合同，受盘人应无条件全部同意发盘条件。接受应是绝对的、无保留的。根据英美法"镜像原则"，大陆法遵循类似原则，要求接受应"纯净"，与发盘"完全相符"。因此，如果对发盘表示接受，但附有附加条件、限制等，视为拒绝发盘，构成还盘。

（四）接受必须在发盘的有效期内表示

接受必须在发盘有效期内传达到发盘人才有效。在口头磋商时，接受可被立即传达到发盘人，但在使用信件和电报表示接受时，不能立即传达到发盘人。接受于何时生效，各国解释不同。

英美法国家采用"投邮生效"原则，即在一般情况下，接受送达发盘人时生效，但是在以信件或电报传达接受时，接受自信件投邮或电报发出时即生效。但是也有一个限制，如果发盘人明确规定接受应于有效期内到达发盘人，则接受必须在发盘有效期内到达才有效。

大陆法国家遵循"到达生效"原则，即表示接受的信件、电报必须在发盘有效期内到达发盘人，接受才有效。如果表示接受的信件、函电在邮寄途中遗失，合同不能成立。

《联合国国际货物销售合同公约》遵循"到达生效"原则，接受于到达发盘人时生效。我国《合同法》中也有类似规定。

二、有条件的接受

《联合国国际货物销售合同公约》规定：如果对发盘表示接受，但附有附加条件、限制等，视为拒绝发盘，构成还盘。但在实际业务中，受盘人表示接受往往要对发盘做出某些更改，如果严格要求接受与发盘一致，会影响合同的签订。

由此可见，《联合国国际货物销售合同公约》以“接受必须无条件”为第一原则，又根据实际情况，进行了补充规定，即“对发盘表示接受但载有添加或不同条件的答复，如所载的添加或不同条件在实质上并不变更该项发盘的条件，除发盘人在不过分迟延的期间内以口头或书面通知反对期间的差异外，仍构成接受”。“实质性变更”是指有关货物的价格、付款、货物的质量和数量、交货时间和地点、一方当事人对另一方当事人赔偿的责任范围或解决争端的添加或不同条件，视为实质上变更发盘条件。

三、逾期接受

如果接受通知超过发盘规定的有效期，或发盘未规定有效期而超过合理期限才传达到发盘人，就成为逾期接受，即迟到的接受。逾期接受通常是无效的，但《联合国国际货物销售合同公约》规定了几种特殊情况：

（1）如果发盘人收到逾期接受，毫不迟延地通知受盘人确认逾期接受有效，此逾期接受有效。

（2）一项逾期接受，从它使用的信件或其他方式表明，在传递正常的情况下本能及时到达发盘人，但由于传递不正常延误造成逾期，此种逾期接受是有效的，除非发盘人毫不迟延地通知受盘人，他认为该发盘已失效。

四、接受的撤回

接受的撤回是指在接受生效之前撤回，阻止其生效。《联合国国际货物销售合同公约》规定：“接受得予撤回，如果撤回通知于接受原应生效之前或同时，送达发盘人。”接受送达发盘人之后立即生效，就不能撤回了。接受生效之后，双方协议就达成了。所以接受无法撤销。

操作示范

Dear Miss Wang，

Re：Men's Pyjamas.

We have received your samples，studied and found your workmanship is OK.

Now we want to place a trial order for Men's Pyjamas. As this is a trial order we would like to accept your price USD 9.50 per set and other conditions you mentioned in your E-mail.

Since the style is very basic, we shall not send you style sample and please follow our diagram and size chart to make approval sample for us to confirm.

Size and assortment: S 20%, M 30%, L 30%, XL 20%.

We think the details are quite clear and we shall not send you our offical order sheet this time. Please make your contract and fax to us for signing.

Kind regards,

Rita White

问题探究

1. 有条件的接受中，如果受盘人只是对包装条件进行了修改，而原发盘人并未提出异议，合同是否成立？最终的包装条件是以哪个条款为准？

2. 在发盘人无法判断逾期接受造成的原因是否是由于传递延误造成时，发盘人应如何做，才能保障自己的利益？

思考练习

一、填空题

1. 交易磋商的形式分为________和________两种。交易磋商的一般程序分为________、________、________和________四个环节，其中________和________是不可缺少的环节。

2. 发盘在法律上称为________，买方作出的发盘通常称为________。

3.《联合国国际货物销售合同公约》规定："有关货物的________、________、________和数量，________与地点，________或解决争端等的添加或不同条件，均视为实质上变更发盘的条件。"

4. 按照《联合国国际货物销售合同公约》的解释，发盘于________时生效。一项发盘在尚未送达受盘人之前是可以阻止其生效的，这被称为________。

5. 接受在法律上称为________。关于接受何时生效的问题，《联合国国际货物销售合同公约》遵循________原则，英美法系遵循________原则。

二、判断、单选题

判断、单选题

三、案例分析题

1. 我某公司于10月2日向美商发盘，以每打84美元CIF纽约价格提供全棉男式衬衫500打，限10月15日复到有效。10月10日收到美商回电称价格太高，若每打80美元可接受。10月13日又收到美商来电："接受你10月2日发盘，信用证已开出。"但由于市价上涨，我方未作回答，也没有发货，后美商认为我方违约，要求赔偿损失。试问：我方应否赔偿？为什么？

2. 我某公司与外商洽谈进口交易一宗，经往来电传磋商，就合同的主要交易条件全部达成协议，并规定合同的争议适用中国法律原则，但在最后一次我方所发的表示接受的电传中列有"以签订书面合同为准"。事后对方拟定合同草稿，要求我方确认，但由于对某些条款的措辞尚待进一步研究，故我方未及时给予答复。不久，该商品的国际市场价格下跌，外商催我方开立信用证，我方以合同未签订为由拒绝开证，双方发生争议。试问：我方拒绝开证是否可行？为什么？

3. 一法国商人于某日上午与我某公司就购买某商品进行口头磋商，我方所报价格为每公吨150美元CIF马赛，法商对此未置可否。当日下午再次磋商时，法商表示愿意接受上午的条件，而此时我方获悉该商品的国际市场价格开始上涨。试问：我方应如何处理？为什么？

4. 我某工艺品公司与国外洽商一笔玉雕交易，经过双方对交易条件反复磋商，已就价格、数量、交货期等达成协议，我方公司于是致电对方："确认售予你方玉雕一件，请先电汇1万美元。"对方于第二天复电："确认你方电报，我方购玉雕一件，条件按你方电报规定，已汇交你方银行1万美元，该款在交货前由银行代你方保管。"试问：这笔交易是否已经达成？为什么？

5. 我方A公司向英国伦敦B公司发盘某商品100公吨，每公吨1 500美元CIF伦敦，写明收到信用证后45天内交货，以不可撤销即期信用证支付，限3天内答复。第2天，A公司收到B公司回电称"accept your offer shipment immediately"（接受你方发盘，立即装运）。A公司未作答复，又过两天，B公司由伦敦汇丰银行开来即期信用证，注明"shipment immediately"。当时该商品国际市场价格上涨15%，A公司拒绝交货，并立即退回信用证。试问：A公司这种做法有无道理？有何依据？

6. 我某进出口公司于4月20日就某商品以电传方式向国外A商发盘，有效期为5月1日前复到。4月29日我方收到B商按我方发盘条件开来的信用证，同时收到A商来电称："你方20日发盘已转交B商。"此时市价上涨，我方遂将信用证退回，并按调整价向B商发盘，B商拒绝接受新价，并认为他已经在原发盘有效期内以开立信用证的方式作出了有效接受，合同已成立。试问：我方应如何处理？说明理由。

7. 我某出口企业于6月1日电传向英商发盘销售某商品，限6月7日复到。6月2日收到英商电传：价格减5%可接受。我方尚未答复，该商品市价上涨，英商于6月3日来电：无条件接受你方6月1日发盘，请告知合同号码。试问：我方应如何处理？

8. 我某公司向英国A公司发盘出售一批大宗商品，对方在发盘有效期内复电表示接受，同时指出："凡发生争议，双方应通过友好协商解决；如果协商不能解决，应将争议提交中国国际经济贸易仲裁委员会仲裁。"第三天，我方收到A公司通过银行开来的信用证。因获知该商品的国际市场价格已大幅上涨，我公司当天将信用证退回，但A公司认为其接受有效，合同成立。双方意见不一，于是提交仲裁机构解决。试问：按照《联合国国际货物销售合同公约》的规定，如果你是仲裁员，你将如何裁决？

素养园地

国际商务谈判人员应具备的素质

1. 忠于职守、平等互惠、团队意识

作为谈判人员，必须有高度的责任心和事业心，自觉遵守组织纪律，维护组织利益；必须严守组织机密，不能自作主张，毫无防范，口无遮拦；要一致对外，积极主动。优秀的谈判人员的理念是：一旦坐到谈判桌前就要彼此尊重，并在此基础上展开智勇较量。最终目的不是谁压倒谁，而是为了沟通和调整，最终实现双赢。

2. 观察判断和辨别真伪能力

谈判人员不但要善于察言观色，还要具备对所见所闻作出正确的分析和判断的能力。观察判断是商务谈判中了解对方的主要途径。只有通过准确、仔细的观察判断，才能为了解对方、辨别信息真伪提供强有力的依据。

3. 灵活的现场调控和掌控能力

善于应变、机动进取是谈判者必备的能力。随着双方力量的变化和谈判的进展，谈判中可能会出现比较大的变动。如果谈判人员墨守成规，那么谈判要么陷入僵局，要么谈判破裂。所以，优秀的谈判人员要善于因时、因地、因事，随机应变。

4. 巧妙的语言表达和沟通能力

谈判重在谈，谈判的过程也就是谈话的过程，得体的谈判语言能力尤为重要，所以，谈判人员必须能娴熟地驾驭语言。古今中外，许多著名的谈判大师都是出色的语言艺术家，在回答那些应该回避的问题时，为了使自己不陷入尴尬的境地，巧妙地运用语言的魅力，可以避免谈判陷入僵局。

5. 高度的自信心和创造力

优秀的谈判者往往有一定的创造力、丰富的想象力、勇于拼搏的精神、顽强的意志和毅力。他们愿意接受不确定性，敢于冒险，把谈判看成一个竞技场，要大展身手，与对手好好较量一番。他们从来不在谈判之前就锁定自己的方案，在认真执行计划的同时，他们会努力拓展自己的想象空间，即便是在双方达成一致的基础上，他们也会寻找达成协议的更好选择。

6. 心理承受能力

谈判人员应该具有宽广的心胸、极高的涵养，在顺境时不骄不躁，不目中无人；在逆境时保持良好的进取心态，不把自己的缺点和错误强加给别人；当别人侮辱自己时，不以牙还牙，而是宽大为怀，用智慧来应对。具有这种非凡气度的谈判人员，那种自然流露出来的力量会使对方在心理上不敢轻视。

7. 注重礼仪礼节

在国际商务谈判中，礼仪礼节作为交际规范，既是对客人表示尊重，也是谈判人员必备的基本素养。在谈判桌上，彬彬有礼、举止坦诚、格调高雅的谈判者，往往能给人带来赏心悦目的感觉，能为谈判营造一种和平、友好的气氛。反之，谈判者的无知和疏忽，不仅会使谈判破裂，而且会产生恶劣的影响。因此，谈判的不同阶段要遵循一定的礼仪规范。

项目三

拟定合同条款

学习目标

【知识目标】

- 掌握国际货物买卖合同的基本条款如标的、价格、运输、保险、支付及解决争议等有关内容
- 掌握《联合国国际货物销售合同公约》及我国《合同法》中对合同各条款的规定
- 掌握价格换算的方法、运费计算的基本方法、保险费计算方法等
- 熟悉常用的货款结算的方法
- 了解预防及解决争议的方法

【技能目标】

- 能缮制符合《联合国国际货物销售合同公约》及我国《合同法》规定的合同条款
- 能对不同贸易术语报价进行相互换算
- 能计算海运费
- 能计算保险费
- 能选择合适的货款结算方式
- 能对简单争议进行预防及处理

【素质目标】

- 具有契约精神，重合同、守信用
- 具备依法履约、遵守惯例和规则的职业素养

- 具备风险意识，能预防外贸纠纷，规避外贸风险
- 具备诚信立身、实事求是的职业精神

重点难点

【重点】
- 规范制定合同条款
- 常用术语
- 买卖双方权利义务
- 海运提单内容
- 信用证支付方式

【难点】
- 不同贸易术语价格换算
- 海运费及保险费计算
- 信用证支付方式
- 中英文合同缮制

任务一　拟定合同的品质条款

任务导入

在国际贸易越来越开放的背景下，质量问题纠纷随之不断增多，已成为影响出口企业能否顺利收回货款的重要因素。一些买家在资信状况恶化、付款能力下降、付款意愿减弱的情况下，以质量问题为由拒付或拖延货款的案例屡见不鲜。

佛山某陶瓷企业向美国S买方出口一批石英石建材，货值约48万美元，结算方式为OA 150天。货物出运前，出口企业向中国信保提出了S买方OA 150天、100万美元的限额申请。中国信保经过资信评估了解到，该买家是2011年开始经营的建筑石材批发商，在中心商业区租用2万平方英尺经营地，下游客户超过50家，主要销售对象为公众和工程承包商。鉴于买方实力有限，中国信保给予了OA 150天、50万美元的限额批复。出运前，该买家向出口企业支付了2万美元定金。万万没想到，货款到期后，买方一直拖欠货款，出口企业向中国信保通报可能损失并进行索赔。中国信保接到企业报损后立即启动勘查，通过委托美国合作律所介入调查追讨。联系到买家后，买方承认贸易事实，但对其不付款行为提出了说法。买方表示，产品存在翘曲、弯板的问题，在色差和纹路图案上也与样板不符，并且对此买方提供了相应照片。另外，买方还指出卖方未按合同要求寄送样

品，导致其无法销售。翘曲、弯板是指石英石变形的情况。因产品是由石英石、石英粉及树脂等在高压成型后低温固化而成，具有一定的柔韧性。出口企业曾前往买方仓库查看，发现买方放置产品方法有误，导致产品变形，并指出如何正确摆放。对于纹路图案与样板不符的问题，从技术层面看，出口企业表示因为产品在制作过程中，通过真空震动作用形成大理石样式纹路，因此，每块石头纹路会有不同。买方以涉案货物的纹路与展柜不同而拒绝付款，并不合理。关于样品寄送问题，经查核，双方签订协议中规定，样板及展架由进口方购买，但未规定样板发送方式及时间，后双方曾确认样品随货柜出运。前期出口企业已经发送部分样品，后因买方拖欠货款，出口企业停止发货，故未能继续寄送剩余样品。买方主张出口企业违反合约约定缺乏充分依据。而对于色差问题的异议，买方并未提供相关证据。面对出口企业的回应，买家一直未提供补充证据。在中国信保的持续施压下，买方最初表示提供第三方检验报告，后又表示因第三方检测成本太高而不同意出具。但愿意以5万美元，分12个月支付的方案进行和解，且保留对全部产品的所有权。虽然该方案未被认可，但由此可以看出，买方有意愿持有货物，但资金紧张。针对该案项下出口企业的损失，中国信保根据出口企业已出货的损失金额扣除2万美元定金后，按照限额批复约定的赔付比例作出了足额赔付。

通过该案件的理赔过程，中国信保归纳出几点建议，希望出口企业密切关注买方风险，防患于未然。

（1）对于纠纷案件，中国信保采取“口头无效，谁主张谁举证”的处理原则。如果买家提出的异议是无理的，或者买方未能提出有效、充分的证据，中国信保仍然认定买方应当承担相应的付款责任，买方未能及时支付货款的信用风险属于中国信保的保险范围。

（2）买家提出质量问题后，出口企业一定要积极应对，核查原因并采取相应措施。上述案例中，出口企业前往买家处核查产品情况，及时发现买家放置产品方法有误，并与买家做充分沟通，还保留好书面证据，为后续抗辩提供了充分依据，也确保了后续索赔能够得到中国信保顺利的赔付。

（3）保留好贸易双方书面沟通文件十分重要，在不确定事实的情况下，出口企业切忌草率作出承诺、判断及回应。本案中出口企业并没有因为买家提出异议而慌乱阵脚，而是条理清晰、有理有力地提供了反驳证据，为案件的顺利获赔奠定了重要基础。在一些贸易中，如买方在出货前安排检验，出口企业应保留好检验证明，甚至在双方协商同意的情况下，可约定出货前检验通过后，买方不能再以质量问题为由拒付货款。此外，出运前的货物照片、出厂合格证明、第三方质检机构的检验结果等都可作为重要证据，出口企业应注意采集和保留。

（4）完善合同条款，严格履约。为了规避买家以质量等问题为由，恶意逃避债务，出口企业应完善合同条款从而减少纠纷的发生。明确约定质量标准、检验方式、检验时间和检验费用的承担归属等，并且约定质量问题的处理方式，严格履约。例如，约定“异议期”：即买方可在收到货物后一定的时间内提出异议，超过“异议期”提出问题视同无效；

或者约定“货物所有权保留”条款，即在买方未全额支付货款前出口企业保留对货物的所有权。这些条款对买方无理提出异议行为能起到一定的防范作用。

(5) 及时对账，尽早确认债权。出口企业如能每月与买方对账，在货款支付期限到期前获取买方确认债务文件，就能及早锁定应收款债权。

(6) 存货保险升级风险保障度。存货保险是指企业某一买方项下已出运货物出险并且获得赔付的前提下，再对未出运的在手订单加以风险保障。如果产品属于定制品，不易转卖，未出运订单的风险保障显得尤为重要。

(7) 详细了解买家的资质实力、在华的采购历史、是否有同行合作以及支付记录，对识别买方信用风险十分重要。买方在与出口企业合作前并无在华采购记录，资信有限，因此在贸易过程中，企业应密切关注该类买方的风险。

资料来源：中国出口信用保险公司网站。

分析：合同的标的（Subject Matter）是指法律行为所要达到的目的。在进出口贸易活动中，标的是指交易的商品。买卖双方在交易中必须首先明确商品的品名、品质、数量和包装。这是签订合同时必须首先解决的问题。

任务分解

一、合同中的品名条款

（一）商品的品名

商品的品名（Name of Commodity）或称商品的名称，是指某种商品区别于其他商品的一种称呼或概念，是在合同的开头部分所列明的商品的名称。

品名条款是买卖合同中的一项主要交易条件。按照有关的法律和惯例，对商品的描述是构成商品说明的一个主要组成部分，是买卖双方交接货物的一项基本依据，关系到双方的权利和义务。

（二）拟定品名条款的注意事项

品名内容应明确、具体，避免空泛、笼统的规定；实事求是，反映商品的实际情况；不应列入不必要或做不到的描述性词句；尽可能使用国际上通用的名称。

合同中的品名条款一般比较简单，通常是在“商品名称”或“品名”的标题下，列明买卖双方成交商品的名称，如“White 100% Cotton 32×32cm Hotel Face Towel，白色100%棉 32cm×32cm 酒店面巾”等。

二、品质的含义及表示方法

（一）品质的含义及重要性

商品品质（Quality of Goods），亦称商品的质量，是商品的外观形态和内在素质的综合。商品品质是在一定条件下商品使用价值大小的标志，是买卖双方所交易商品具备的本质属性。商品的内在素质是指化学成分、物理性能、技术指标等。商品的外观形态是指大小、款式、色泽、味觉等。货物的品质条件是买卖合同的主要条款，是买卖双方交接货物的一项基本依据。

（二）对进出口商品品质的要求

（1）适应不同市场和不同消费者对商品品质的要求。针对不同的目标市场，迎合不同消费者的需求，从国内外市场的实际需要出发，发展适销对路的商品进出口业务。

（2）强化质量观念，不断提高商品信誉。商品必须具备包装上注明的用途、性能、标准，符合商品的说明、实物样品等方式表明的质量状况。

（3）符合进口国的有关法律规定和要求。外贸企业应充分了解各国对进口商品的法律规定和管理制度，使商品能顺利地在国际、国内市场上销售。

在订立合同时，应从实际需要出发，对品质条件作出明确规定，并在运输到验收等各个环节中，严格把好品质关，确保进出口商品的质量符合要求。

（三）商品品质的表示方法

国际贸易中的商品种类繁多、特征各异，表示品质的方法也不相同。归纳起来，有以实物表示和以文字说明表示两类。

1. 以实物表示商品品质

以实物表示商品品质，包括看货买卖和凭样品买卖两种。

看货买卖是指交易双方根据现有商品的实际品质进行买卖。主要适用于数量极少又特别昂贵的商品，如古董、名贵字画、珠宝等。

样品（Sample）是指从一批商品中抽取出来的或由生产、使用部门设计加工出来的，足以反映和代表整批商品品质的少量实物。凡以样品表示商品品质并以此作为交货依据的，称为“凭样品买卖”（Sale by Sample）。由卖方提供样品并作为交货的依据，称为“凭卖方样品买卖”（Sale by Seller's Sample）。由买方提供样品并作为交货的依据，称为“凭买方样品买卖”（Sale by Buyer's Sample）。服装、工艺品、土特产品等不宜用文字描述的商品，多采用凭样品买卖。

在凭样品买卖时要注意的事项包括：

（1）样品要有代表性。

（2）留有复样。复样（Duplicate Sample）是指向买方送交样品时留存的一份或数份同样品质的样品。将复样妥善保管，以备交货或处理品质纠纷时用。必要时也可使用封样。封样（Sealed Sample）是指由公证机构在一批商品中抽取几件同样品质的样品，在每份样品上烫上火漆或铅封，由发样人自封或由买卖双方会同加封的样品。例如：Quality control，free sample for test before shipment. After shipment，keep sample for 3 years.（质量控制，装运前免费送样检验。装运后，样品保存3年。）

（3）合同条款中写进弹性条文。对于某些在制造、加工技术上确有困难，难以做到货物与样品一致的，可在合同中写明“质量与样品大致相符”（quality to be about equal to the sample）。

凭买方样品买卖时，要注意：

（1）提交对等样。卖方按买方来样复制或选择品质相近的样品，交给对方确认，这种经确认的样品称为“对等样品”（Counter Sample）或“回样”（Return Sample）。

（2）合同中列入知识产权争议免责条款。

2. 以文字说明表示商品品质

以文字说明表示商品品质，是指用文字、图表、照片等方式来说明成交商品的品质。在国际贸易中，大多数商品是用文字说明来说明其品质。有以下几种方式：

（1）凭规格买卖（Sale by Specification）。商品的规格是用来反映商品品质的主要指标，如成分、含量、纯度、性能、大小等。用规格表示质量的方法，简单方便，明确具体，在国际贸易中使用最为广泛。

例如：450ml magic vacuum cup 304/201 stainless steel bottles portable water drinking bottles.

450毫升魔术真空杯304/201不锈钢便携式饮水瓶。

（2）凭等级买卖（Sale by Grade）。商品的等级（Grade of Goods）是指同一类商品，按其规格的差异，分为不同的若干等级，如特级、一级、二级等。

例如：Fresh Fuji Apple，Variety：Fuji，Color：Red，Maturity：90%，Grade：Grade 1，Size（cm）：8cm，Weight（kg）：0.2kg.

新鲜的富士苹果，品种：富士，颜色：红色，成熟度：90%，等级：一级，尺寸（cm）：8厘米，重量（kg）：0.2千克。

（3）凭标准买卖（Sale by Standard）。商品的标准是指标准化了的规格和等级。标准有的是由国家或有关政府部门制定的，也有的是由商品交易所、同业工会或有关国际组织制定的。

例如：IEC 60898 Standard 4.5KA Miniature circuit breaker.

国际电工委员会IEC 60898标准4.5KA小型断路器。

（4）凭商标或牌名买卖（Sale by Brand Name or Trade Mark）。商标是由字母、数字或图形组成的生产者或商号用来识别其生产或销售的商品的标志。牌名是指工商企业给其所制造或销售的商品所冠的名称。商标和牌名是区分和识别货物的标志，商标是牌名的图案化。

例如：Haier floor standing air conditioner，model number：SKFR-72LW/11WBB22A.

海尔落地式空调，型号：SKFR-72LW/11WBB22A。

（5）凭产地名称买卖（Sale by Name of Origin）。由于受产地的自然条件、传统加工工艺等因素的影响，有些产品的品质独具特色，可用产地名称来表示其品质，尤其是一些传统农副产品，如安溪铁观音、金华火腿、烟台苹果等。

例如：Fujian Anxi Tie Guan Yin Oolong Tea.

福建安溪铁观音乌龙茶。

（6）凭说明书和图样买卖（Sale by Description and Illustration）。一些机械、电子、仪表等技术密集型产品，通常以说明书附以图样、照片等来说明其具体性能和结构特点，以此种方法规定商品品质进行交易的方式，称为凭说明书和图样买卖。

例如：Mini Power Bank 10000mAh，Demension：L92.5mm×W62.8mm×H22.5mm，See instructions for details.

迷你充电宝10 000毫安时，尺寸：长92.5mm×宽62.8mm×高22.5mm，详情见说明书。

三、合同中的品质条款

（一）基本内容

合同中的品质条款主要列明商品的品名、规格、等级、标准、商标或牌名等项内容。如果是凭样品买卖，则要列明样品的编号或寄送日期。

（二）品质机动幅度和品质公差

在国际贸易中，某些商品由于生产过程中存在自然损耗，以及受生产工艺、商品本身特点等多方面因素的影响，难以保证质量与合同规定的完全一致。因此，在订立合同品质条款时，规定一些灵活条款，允许卖方交货的质量可控制在一定范围内。

品质机动幅度是指允许卖方所交货物的品质指标在一定的范围内上下浮动。只要卖方所交货物的品质没有超出机动范围的幅度，买方就无权拒收货物。这一方法主要是用于某些质量不稳定的初级产品，如农副产品等。

例如：Woven cotton width 35/36 inches.

机织棉布幅宽35/36英寸。

White Sesame Seeds，the highest moisture content≤8%，and the admixture：≤1%，imperfect kernels：≤1%

白芝麻，含水率最高为8%，杂质不超过1%，不完善粒不超过1%。

品质公差（Quality Tolerance）是指国际上公认的产品品质的误差。只要所交货物的品质差异在品质公差范围内，就符合合同的品质要求，买方不得拒收或要求调整价格。这一方法主要用于工业制成品。

例如：8mm diameter seamless steel tubing，tolerance of steel tube：+/-0.03mm.

直径为8mm的无缝钢管，误差为+/-0.03mm。

（三）订立品质条款的注意事项

企业要根据不同的产品特点，合理选用表示品质的方法。应该注意，凡是能够用一种方法表示品质的，一般就不要采用两种或两种以上的方法来表示；如果同时采用凭样品和凭规格买卖，则卖方交货时，既要与样品一致，又要与规格一致，否则买方有权拒收货物，并可提出索赔要求。品质条款应注意科学性、严密性和准确性。但对某些农副产品、轻工业品和矿产品等，要有一定的灵活性，规定合理的品质机动幅度和品质公差。

资料卡

二维码

货物品质相关规定

条款示例

[例 1] 涤棉平纹细纺坯布，成分为 T/C 普梳棉。

T/C Plain Grey Sheeting，made of T/C 80/20 carded.

规格：30（经纱支数）×45（纬纱支数），110（经纱总根数）×76（纬纱总根数），幅宽 47 英寸

Specification：30×45，110×76 with 47"

[例 2] 休闲蓝色 100%纯棉男式马球衫。

Causal Blue Color 100% Cotton Polo Shirt for Men.

[例 3] 样品号 S20190508，泰迪熊，尺码 26 英寸，根据卖方于 2021 年 5 月 8 日寄送的样品。

Sample S20190508，Teddy Bear，Size 26"，as per the samples dispatched by the seller on May 8th，2021.

[例 4] 品名：红皮花生仁，湿度：8.5%（最大值），颜色：红色，尺寸：6 毫米+，杂质：0.5%（最大值），质量：顶级，不完善粒：3%（最大值）。

Product name：Red Skin Peanut Kernels，Moisture：8.5%（max.），Color：red，Size：6MM+，Admixture：0.5%（max.），Quality：Top grade，Imperfect kernels：3%（max.）.

[例 5] 12 厘米高无烟生日派对蛋糕蜡烛。

12cm Tall Smokeless Special Birthday Party Candles For Cakes.

[例 6] 氢氧化钠，纯度 99%。

Caustic Soda，Purity：99%.

Item（成分）	Result（结果）
NaOH（氢氧化钠）	99.420 0%
Na_2CO_3（碳酸钠）	0.460 0%
NaCl（氯化钠）	0.040 0%
Fe_2O_3（氧化铁）	0.005 0%

问题探究

1. 请在阿里巴巴国际站选择五类感兴趣的商品查找相关品质条款。

2. 请说出你查找的五个品质条款分别用到了哪些表示品质的方法。

思考练习

一、填空题

1. 表示商品品质的方法有__________和__________。

2. 根据样品的提供方不同，样品可以分__________、__________和对等样。

3. 凭样品买卖中，衡量卖方交货是否符合要求的唯一标准是__________。

4. __________是指允许交付货物的特定质量指标在公认的一定范围内的差异。

5. 在国际贸易中，某些商品由于生产过程中存在自然损耗，以及受生产工艺、商品本身特点等多方面因素的影响，难以保证质量与合同规定的完全一致。因此，在订立合同品质条款时，可以规定______________和______________等灵活条款。

二、判断题

判断题

三、单项选择题

1. 在凭样品进行买卖时，样品（　　）。

A. 只能由卖方提出

B. 只能由买方提出

C. 既可由卖方提出，又可由买方提出

2. 卖方凭规格达成一笔交易，并将参考样品留给买方，货到目的港，经检验各项指标与合同相符，但有一项不符合参考样品，买方（　　）。

A. 有权提出索赔，品质应符合参考样品

B. 无权提出索赔，卖方不受参考样品的约束

C. 有权提出索赔，品质不但要符合合同规定，还应符合参考样品

四、案例分析题

1. 我方与美商凭样品成交一批高档出口瓷器，复验期为 60 天。货到国外，美商复验后未提出任何异议。但时隔一年，买方来电称：瓷器全部出现釉裂，只能削价销售，因此要求我方按原成交价赔偿 60%。我方接电后立即查看留存的复样，亦发现釉下有裂纹。试问：我方应如何处理？

2. 我方向英国出口原料一批，合同规定含水率最高为 15%，杂质率不能超过 3%。但在成交前我方曾向买方寄过样品，订约后我方又电告对方，成交货物与样品相似。货到英国后，买方提出货物的质量比样品低 7%的检验证明，并据此要求赔偿 600 英镑的损失。试问：我方是否可以该批业务并非凭样品买卖而不予理赔？

3. 我国某企业向日本出售一批“土纸”，在双方签订的买卖合同品名栏内，载明“土纸”即为手工制造书写纸。在卖方发运的商品及包装上还贴有标签，并印有“手工制造”字样，而且卖方在发票、提单、品质与质量检验证书和产地证书中，也都载明为手工制造书写纸。买方收到货物后，据该国某制纸实验场鉴定证明“抄纸”及“干燥”工序均为机械操作，故不应表示为手工制纸。买方据此向卖方索赔。而卖方拒赔，理由是该商品的生产工序基本上是手工操作，而且在关键工序上完全采用手工操作，并显示其特点。试问：卖方拒绝赔付是否合理？

任务二　拟定合同的数量条款

任务导入

A 公司与 B 客户签订了一笔买卖合同，由 A 公司向 B 客户出口 10 000 吨小麦。交付货物时 B 客户提出 A 公司交货不足，按照该国的规定，吨应该是长吨，所以要求卖方补交 160 吨货物或者给予相应的补偿。为什么会出现这样的问题呢？

分析：在国际贸易中，采用的度量衡制度有四种，有关重量的单位分为公吨、长吨和短吨。1 公吨＝1 000 千克，1 长吨（英制）＝1.016 公吨，1 短吨（美制）＝0.907 公吨。因为条款中对吨的规定不清楚，导致双方出现了争议，所以买卖合同中要明确所采用的计量单位。

任务分解

一、商品数量的含义

商品数量是指以一定的度量衡单位表示的货物重量、个数、长度、宽度、面积、体积等。在国际货物买卖中，货物的数量是国际货物买卖合同的主要交易条件之一，根据一些国家法律的规定，卖方交货数量必须与合同相符，否则，买方有权提出索赔，甚至拒收货物。

二、国际贸易中的度量衡制度

在国际贸易中，通常使用的度量衡制度有四种：（1）国际单位制（International System of Units）；（2）公制或米制（Metric System）；（3）英制（British System）；（4）美制（US System）。现在国际上正广泛推广国际单位制。国际单位制代号为“IS”，是在公制的基础上发展起来的，目前已被世界上100多个国家和地区所采用。

我国所采用的是以国际单位制为基础的法定计量单位。《中华人民共和国计量法》明确规定：“国家采用国际单位制。国际单位制计量单位和国家选定的其他计量单位，为国家法定计量单位。”

三、商品的计量单位

在国际贸易中，由于商品的种类和性质不同，使用的计量单位也不同，常用的计量单位有以下六种：重量（Weight）单位、数量（Number）单位、长度（Length）单位、面积（Area）单位、体积（Volume）单位和容积（Capacity）单位。

四、计算重量的方法

在国际贸易中，有很多货物是按重量计算的，计算重量的方法主要有：

（1）毛重（Gross Weight）。是指商品本身的重量加上包装的重量。一些价值不高的产品可采用按毛重计价，即习惯上所称“以毛作净”（Gross for Net）的办法。

（2）净重（Net Weight）。是指商品本身的重量，即除掉包装后商品本身的重量。《联合国国际货物销售合同公约》规定，如果在合同中没有规定商品重量是按毛重还是净重计量，则按净重计量。

（3）公量（Conditioned Weight）。是指用科学方法抽去商品中的水分后，再加上标准含水量所求得的重量。适用于价值较高而含水量不稳定的羊毛、生丝等商品。

（4）理论重量（Theoretical Weight）。是指某些有固定规格和尺寸的商品，每件重量大体是相同的，可以根据其件数计算出重量。

（5）法定重量（Legal Weight）。是指商品重量加上直接接触商品的包装材料如销售包装等的重量。法定重量主要为海关征税时使用。

五、合同中的数量条款

（一）数量条款的基本内容

数量条款主要包括成交商品的数量和计量单位，按重量成交的商品还要订明计算重量的方法，如按毛重、净重等。

（二）订立数量条款的注意事项

（1）数量条款应明确、具体；

（2）合理规定数量机动幅度。

数量机动幅度条款，又叫溢短装条款，是指在买卖合同的数量条款中，明确规定卖方可以多装或少装的百分比，但以不超过规定的百分比为限。在订立溢短装条款时，应注意以下三点：

（1）允许溢短装的比例。一般在3%～10%，不宜过高。主要考虑船只的承载能力和货物的自然损耗。

（2）溢短装的选择权。可以规定由买方决定、由卖方决定或者由船方决定，一般情况下规定由卖方决定。

（3）溢短装数量的计价方法。可以规定按照合同价格或者按照交货时的市场价格，防止卖方根据市场行情的变动随意选择多装少装，造成买方损失。

资料卡

二维码

货物数量相关规定

案例分析

增减装条款的纠纷

某粮油食品进出口公司出口一笔商品。3月1日国外开出信用证，粮油食品进出口公司在3月4日收到从通知行转来信用证，信用证中条款规定：总金额1 232 000美元……某商品800公吨，数量允许增减5%。价格：每公吨净重1 540美元，CIF A港。立即装运至A港。不允许分批装运。

粮油食品进出口公司根据信用证条款，在接到信用证后立即安排装运出口，并与船方代理公司联系。据船方代理公司称，至A目的港最早的有效船期是4月6日，没有其他更早的船期。粮油食品进出口公司于4月7日将货装运出口，并取得4月7日签发的已装船提单，并备妥信用证项下所需的其他单据向议付行交单办理议付。议付行经审单发现单证不符，不同意议付，因信用证规定总金额1 232 000美元，而发票和汇票金额却为1 268 960美元，议付金额比信用证规定总金额超额36 960美元。

粮油食品进出口公司认为其不符点不成立，即向议付行申述：信用证规定800公吨货物的数量，又规定装运数量可允许增减5%。按800公吨的增减5%计算，即最高可以装840公吨，最低可以装760公吨，实际只装824公吨，仅增装了3%，不超出信用证规定的5%范围。信用证规定每公吨单价1 540美元，按824公吨计算，其总金额即1 268 960美元，是信用证允许的。所以说其不符点是不成立的。

议付行认为信用证虽然规定货量允许增减装5%，但信用证总金额并未允许增减。所以即使数量符合信用证规定，而议付的总金额超出信用证总金额限度，是绝对不允许的。根据UCP600第37条b款规定："除非信用证另有规定，银行可拒收其金额超过信用证所允许金额的商业发票。"议付行认为货既已装运又无法更改，所以建议采取部分信用证部分托收方式。部分信用证部分托收方式的做法，即汇票分两套缮制，信用证总金额项下1 232 000美元缮制一套，在信用证下正常办理议付；其超额部分36 960美元另缮制汇票办理光票托收。

最后于4月9日以部分信用证部分托收方式办理寄单。适逢该货的市场价突然上涨，买方又急欲提货，所以在信用证项下的1 232 000美元按时支付了票款，对超额托收部分拒付。最后以粮油食品进出口公司损失36 960美元结案。

分析：粮油食品进出口公司的主要问题就是在审证时未发现信用证只在数量上规定允许增减装5%，而信用证金额并未有所增加的幅度。粮油食品进出口公司没有严格审查和注意这个问题，误认为信用证既然允许数量可以增减装5%，所以就增装了3%，结果造成信用证金额不够。

粮油食品进出口公司在议付金额超过信用证规定时，采取部分信用证部分托收方式结算，这也是一般外贸企业遇到少量超额时所采取的一种补救办法。但这只是权宜之计，因为对方有权拒付托收的部分。如果对方资信不佳，可以连信用证项下货款一起提出单证不符而拒付，本案例就是这种情况。

超出信用证金额的部分办理托收，势必像本案例那样在发票金额栏中加以注明，总货值：××××，减超额办理托收部分：××××，余额××××，开证行就有理由提出信用证并未有这样部分托收的规定，以单证不符为由拒付货款。即使不做上述注明，发票总金额与信用证项下的汇票金额不符，也会被作为拒付的理由。采取部分信用证部分托收方式，如果能事先修改信用证，在信用证中规定允许部分信用证部分托收，托收按即期付款交单方式，规定全套货运单据附在托收汇票项下，开证行只能在申请人付清货款后才能放单，这样就安全一些。

条款示例

［例 1］东北大豆 6 000 公吨，以毛作净，5%溢短装，由卖方决定，增减部分按合同价计算。

Northeast Soybean 6,000 M/T, 5% more or less at seller's option at contract price.

［例 2］男士运动袜 2 000 双。

Men's Sports Socks 2,000 pairs.

［例 3］男式印花棉长袖衬衫 100 件。

Men's floral print cotton long sleeve shirt 100 pieces.

［例 4］户外夹克防水软壳面料、三层透气防水抓绒面料 10 000 米。

Waterproof soft shell jacket fabric for outdoor jacket, 3 layer breathable waterproof laminated fleece fabric 10,000 meters.

［例 5］基础有机物草酸 $C_2H_2O_4$ 99.6%，每袋净重 25 千克，共计 24 公吨，20 尺集装箱。

Basic organic chemicals oxalic acid $C_2H_2O_4$ 99.6%, in net 25kg craft paper bag, 24 M/T, 20' FCL.

问题探究

1. 在合同中规定"about 500 M/T"或"500 M/T 5% more or less at seller's option"条款，卖方交货时有无区别？为什么？在后一种规定情况下，卖方最多可交多少吨？最少可交多少吨？如何计价？

2. 为什么生丝和羊毛要按照公量计算？

思考练习

一、填空题

1. 目前国际上通常使用的度量衡制度有四种，包括＿＿＿＿＿、＿＿＿＿＿、＿＿＿＿＿、＿＿＿＿＿。

2. 买卖合同中的数量机动幅度条款一般就是＿＿＿＿＿。

3. 有些单位价值不高的商品可采用毛重计量，即以毛重作为计算价格和交付货物的计量基础，这种计重方法被称为＿＿＿＿＿。

二、判断、单选题

判断、单选题

三、案例分析题

1. 某单位出口电扇1 000台，国外来证规定不允许分批装运。但在出口装船时发现有40台电扇的包装破裂，临时更换已来不及。为保证质量，发货人员根据UCP600规定：即使不准分运，在数量上也可有5%的伸缩。如甩下40台并未超过5%，结果实装960台。当持单到银行议付时，银行不予议付。试问：银行不予议付的原因是什么？

2. 我国某出口公司与日本一商人按每吨500美元CIF东京成交某农产品200公吨，合同规定包装为25千克双线新麻袋，信用证付款方式。该公司凭证装运出口并办妥了结汇手续。事后对方来电称：该公司所交货物扣除皮重后实际到货不足200公吨，要求按净重计算价格，退回因短量我方多收的货款。我公司以合同未规定按净重计价为由拒绝退款。试问：该公司做法是否可行？为什么？

3. 某公司出口货物一批。信用证规定的数量为400公吨。其中A级120公吨，B级120公吨，C级160公吨。数量和金额均允许有5%的机动。向银行交单的发票数量为420公吨，其中，A级126.2公吨，B级126公吨，C级167.8公吨。银行拒绝仪付。试问：银行拒付的原因是什么？

任务三　拟定合同的包装条款

任务导入

我某外贸公司与西欧一客户签订一份CIF合同，出口一批工艺品，规定内包装盒由客户免费提供。距合同规定的交货期的前三个月，公司去电："货将备妥，请速提供内包装盒"，客户未作答复。一个月后公司再次去电："货妥，急等内包装盒，否则货将无法按期装运。"客户仍未回复。几天以后，该客户派了一位分公司的代表来厂看货，当场表示："来不及印制内包装盒，不再提供内包装盒，可由厂方自行解决"，并指明用无印刷的单层瓦楞纸盒。我方工厂当即按该代表意见办妥纸盒，进行包装，进仓待运。在合同规定的装运期的前一个月，客户突然来电："此批货物仍用我方提供的内包装盒。"公司当即回电说明："货已按你方公司代表意见包装完毕，进仓待运，无法更改。"客户回电承认公司代表同意我方自己包装是出于好意，旨在解决工厂困难。但是，由于用户现在坚持要用印刷的包装盒，事出无奈，希望我方理解和合作，但经济损失对方不能承担，而包装一定要改，否则将不履行合同。在这种情况下，公司考虑到该客商是老客户、大客户，关系不宜搞僵，只好同意客户要求，重新更换包装。

分析： 包装也是合同中非常重要的条款，按照合同规定，提供包装是卖方的义务。本案例中虽然客户公司代表提出可以由厂方自行解决包装，但是没有形成书面的文件，不能作为合同的有效补充。另外，规定由买方提供包装材料或者印刷图样的合同，应规定买方提供材料的最晚时间，以及如果买方不能按时提供，应按照卖方的包装等条款。

任务分解

一、商品包装的重要性

商品包装是指为了有效地保证商品的品质完好和数量完整，采用一定的方法将商品置于合适容器里的一种措施。在国际贸易中，除了少数商品难以包装、没必要包装而采取裸装（Nude Pack）或散装（In Bulk）方式外，绝大多数商品都需要一定的包装。商品包装是商品生产的继续，只有通过适当的包装，才意味着生产过程的完成，商品才能进入流通领域和消费领域，才能实现商品的使用价值或增加商品价值。

在国际货物买卖中，包装条件是买卖合同中的一项主要条件，是说明货物的重要组成部分。提供约定的或通用的商品包装，是卖方的主要义务之一。

二、商品包装的分类

根据在流通过程中所起作用的不同，商品包装可分为运输包装和销售包装两大类。

（一）运输包装

运输包装（Transport Packing），又称大包装或外包装（Outer Packing），是指将货物装入特定容器，或以特定方式成件或成箱的包装。运输包装的主要作用：一是保护商品，防止货损、货差；二是便于运输、储存和保管。

1. 运输包装的分类

运输包装分为单件运输包装和集合运输包装两类。

（1）单件运输包装。是指货物在运输过程中作为一个计件单位的包装，如箱（Case）、桶（Drum）、包（Bale）、袋（Bag）、捆（Bundle）等。

（2）集合运输包装。又称成组化包装，是指将一定数量的单件包装组合成一件大包装。集合运输包装有提高装卸效率、保护商品、节省费用的作用。常见的集合运输包装有：

1）集装箱（Container），又称“货柜”，是一种运输货物的容器，由金属板材或木材、塑料、纤维板材制成的长方形大箱。国际贸易中使用的集装箱有多种不同的标准、规格，其中使用最多的是20英尺和40英尺标准化集装箱，我们通常称8英尺×8.6英尺×20英尺的集装箱规格为一个“标准箱位”，即“TEU”（Twenty-foot Equivalent Unit）。

2）集装袋（Flexible Container）。是指由合成纤维或复合材料编织成的圆形大袋或方形大包。

3）托盘（Pallet）。是指由木材、金属或塑料制成的，能够用铲车叉起的托板。承载力一般为0.5～2公吨。

2. 包装标志

为了方便运输、储存、装卸，需要在运输包装上刷制一些标志。主要有运输标志、指示性标志和警告性标志三种。

（1）运输标志（Shipping Mark），又称唛头，是指在运输包装上刷制的简单图形、字母、数字及简单的文字。运输标志的主要作用是使有关人员在运输过程中便于识别货物和核对单据，避免错发、错运。主要包括三项内容，即收/发货人名称代号、目的地的名称或代号、件号或批号。

国际标准化组织制定了标准运输标志向各国推荐使用。标准运输标志包括四项内容：收货人或买方名称的英文字母缩写或简称；参考号，如运单号、订单号或发票号；目的地；件号。例如：

HAIER——收货人名称缩写

HAIER2019/026——参考号

QINGDAO PORT——目的地

NO. 1-600——件号

（2）指示性标志（Indicative Mark）。是指为指示有关人员在装卸、搬运和存储易碎、易损、易变质货物时应注意的事项，而在运输包装上刷制的图形和简单文字，如“小心轻放”“易碎”“怕湿”等（见图3-1）。

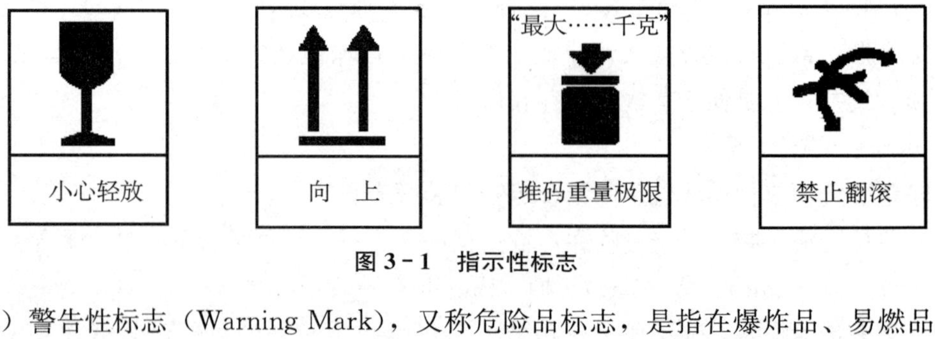

图3-1 指示性标志

（3）警告性标志（Warning Mark），又称危险品标志，是指在爆炸品、易燃品、有毒物品、放射性物品等危险性货物的运输包装上，刷制的醒目图形和简单文字，以示警告。

各国政府一般都对危险性货物的包装、运输、储存有专门的管理规定，应严格遵照执行。我国在出口危险品货物时，要求标打我国《危险货物包装标志》和《联合国危险货物运输标志》中规定的危险品标志（见图 3－2）。

（符号：黑色，底色：橙红色）　（符号：黑色，底色：白色）

图 3－2　危险品标志

（二）销售包装

销售包装，又称小包装或内包装，是指直接接触商品并随商品进入零售网点和消费者直接见面的包装。

1. 销售包装的种类

（1）挂式包装。可在商店货架上悬挂展示的包装，可利用货架的空间陈列商品。

（2）堆叠式包装。在食品罐头等听装商品包装品的顶部和底部设有咬合装置，使商品上下堆叠过程中可以互相咬合，可以大量堆叠而节省货位。

（3）便携式包装。包装的造型设计和大小比例更为方便消费者携带。

（4）易开包装。一些封口严密的包装容器，标有特定的开启部位，易于消费者打开封口，如易拉罐等。

（5）喷雾包装。这种包装本身就是喷雾器。使用时按压按钮，内装液体就会自动喷出，如香水、空气清新剂等。

（6）一次用量包装。以使用一次为目的的较简单的包装，如一次用量的药品等。

（7）配套包装。把在使用上有关联的不同品种、不同规格的商品搭配成套放在一个包装内，如工具配套袋等。

（8）礼品包装。专为送礼用的包装。

2. 销售包装的标示和说明

在销售包装上，一般都附有装潢画面和文字说明以突出商品的特点，说明商品的商标、牌名、品名、产地、数量、规格、成分、用途和使用方法等。有的销售包装上还印有条形码。条形码（Bar Code）是由一组粗细间隔不等的平行线条及其相应的数字组成的标志。由欧洲 12 国成立的欧洲物品编码协会（后改名为国际物品编码协会）编制的 EAN 条码（European Article Number）是国际上使用最广、国际公认的物品编码标识系统。它由 12 位数字的产品代码和 1 位校验码组成。前 3 位为国别码，中间 4 位为厂商号，后 5 位数字为产品代码。国际物品编码协会分配给我国的国别号如下：中国大陆为 690～695，中国香港为 489，中国澳门为 958，中国台湾为 471。

三、中性包装

中性包装（Neutral Packing）是指商品的内外均无标明生产国别、地名和厂商的名称，也不标明商标或牌号的包装。主要是为了适应国外市场的特殊要求，如转口销售，买家是中间商不是最终的买家，所以要使用中性包装。或者为了打破某些进口国家的关税和非关税壁垒，并适应交易的特殊需要，它是出口国家厂商加强对外竞销和扩大出口的一种手段。

常用的中性包装有两种：

一是无牌中性包装，这种包装既无生产国别、地名和厂名，也无商标牌号。它主要用于一些尚待进一步加工的半制成品，其主要目的是降低成本。

二是有牌中性包装，这种包装不注明商品生产国别、地名和厂名。但要注明买方指定商标或牌号，同时也加注国外商号名称或表示其商号的标记。定牌业务中要注意使用买方指定的品牌和商标不要侵犯第三者的知识产权。

素养园地

高质量发展　品牌强国

党的二十大报告指出，高质量发展是全面建设社会主义现代化国家的首要任务。要坚持以推动高质量发展为主题，把实施扩大内需战略同深化供给侧结构性改革有机结合起来，增强国内大循环内生动力和可靠性，提升国际循环质量和水平，着力提升产业链供应链韧性和安全水平。我国目前还处在产业转型升级的时期，涉外定牌加工依旧是国内许多中小企业的主要经营方式。

为了适应日益严峻的国际知识产权保护形势，也为了实现利益最大化，贴牌生产应当保持严谨的态度并采取全面的事前事后防范措施：第一，受理业务前，不能一味地接受国外企业的商标贴附订单，应谨慎审查其商标资质；第二，要明确约定贴牌产品的具体销售地，并核实上游企业在相应销售地是否具有相关商标权；第三，完成贴牌任务后，要确保贴牌产品按照合同约定在指定国家或地区销售，并留存相关订单与合同。只有建立起严密的防范措施，才能将商标侵权风险消弭于无形。

四、合同中的包装条款

合同中的包装条款一般包括包装材料、包装方式、包装费用的负担和运输标志等内容。在订立包装条款时应注意下列问题：

（1）对包装的规定要明确、具体。

（2）明确包装费用由谁负担。包装费用一般包括在货价中，不另计收。

（3）注意有关国家对包装的特殊要求。

条款示例

［例1］包装：每套装一个塑料袋，上面印有款式图、尺寸、组成、组合图案，每箱40套，并标明款式号、尺寸和数量。

Packing：Each set in a polybag printed with style diagram，size，composition，solid design in assorted sizes 40 sets per carton，marked with design number，size and quantity.

［例2］镀锌铁桶装，每桶净重175千克。

In galvanized iron drums of 175 kilograms net each.

［例3］纸箱装，每箱60听，每听1 000片。

In cartons containing 60 tins of 1,000 tab each.

［例4］单层新麻袋，每袋净重25千克。

In new single gunny bags of 25 kilograms net each.

［例5］包装细节：用防水纸包裹，麻布外扎多条钢带，盖帽，木箱。

Packaging details：Wrapped in waterproof paper，sackcloth with several steel strips，cover cap，wooden case.

［例6］包装细节：

每箱4kg，5 280个纸箱/40英尺冷冻集装箱

每箱10kg，2 212个纸箱/40英尺冷冻集装箱

每箱15kg，1 470个纸箱/40英尺冷冻集装箱

Packaging details：

4kg per carton 5,280 cartons/40'RH

10kg per carton 2,212 cartons/40'RH

15kg per carton 1,470 cartons/40'RH

［例7］包装细节：

外箱：10kg/15kg/18kg/20kg 纸箱

内部：塑料袋，每层纸托盘，每个苹果带网

Packaging details：

Outer：10kg/15kg/18kg/20kg carton

Inner：Plastic bag，paper salver each layer，each apple with a net

案例分析

A出口公司出口一批货物到加拿大，价值共计80万美元。合同规定用纸袋包装，每件要使用英、法两种文字的贴纸。但该公司实际交货使用塑料袋而且只有英文的贴纸，加

拿大商人向A公司提出索赔，A公司只好认赔。

分析： 业务员要重视合同的包装，改变只重视产品质量的片面做法。上述案例中的业务员对商品的包装材料、包装所需文字等设计方面的知识没有很好的把握，导致公司遭受经济损失。

思考练习

一、填空题

1. 包装标志主要包括________、________、________三种。

2. 商品包装按照其在流通过程中起到的作用的不同，可分为________和________两大类。

3. 中性包装可有________和________之分。

4. “KEEP DRY”是________性标志；“EXPLOSIVE”是________性标志。

5. 我们所说的“大包装”和“小包装”分别是指________包装和________包装。

6. 国际上通用的条码种类很多，主要有以下两种：一种是________编制的条码，另一种是由欧洲12国成立的欧洲物品编码协会，后改为__________编制的条码。

7. 目前，国际物品编码协会分配给我国的国别号有________、________、________、________。

8. ________是指买方要求在出口商品或包装上使用买方指定的商标或品牌的做法。________是指在商品上和内外包装上不注明生产国别的包装。

9. 按照国际贸易习惯，唛头一般由________决定，并无必要在合同中作具体规定。

二、判断题

判断题

三、单项选择题

1. 运输标志通常是由（　　）确定的。

A. 卖方　　　　B. 买方　　　　C. 双方协商

2. 我国出口危险货物的运输包装上（　　）。

A. 只标打我国规定的《危险货物包装标志》

B. 只标打《联合国危险货物运输标志》

C. 上述两套标志全打

3. 销售包装上只有买方指定的商标，但没有卖方的商标和生产国别的包装称为（　）。

A. 定牌中性包装　　　B. 无牌中性包装

四、案例分析题

1. 我某公司对外销售杏脯 1.5 公吨，合同规定纸箱装，每箱 15 千克（内装 15 小盒，每小盒 1 千克）。交货时，由于此种包装材料短缺，于是便以小包装（每箱仍为 15 千克，但内装 30 小盒，每盒 0.5 千克）货物发出。到货后，对方以包装不符为由拒绝收货。卖方则认为数量完全相符，要求买方付款。试问：你认为责任在谁？应如何处理？

2. 我某公司出口某种化工原料共 500 公吨。合同规定以“单层新麻袋每袋 50 千克”包装。但我方装船发货时，发现新麻袋装的货物只够 450 公吨，剩余 50 公吨货物用一种更结实、价格也比新麻袋贵的涂塑麻袋包装，结果被对方索赔。试问：我方是否该赔偿？理由是什么？

任务四　拟定合同的运输条款

任务导入

我国 A 出口公司与加拿大 B 商签订了向魁北克出口 500 公吨核桃仁的合同，合同规定价格为每公吨 4 800 加元 CIF 温哥华，装运期不得晚于 10 月 31 日，并规定货物应于 11 月 30 日前到达目的地，否则买方有权拒收，支付方式为 90 天远期信用证。请问我们能够接受这样的合同条款吗？对出口商有何种风险呢？

分析：（1）在 CIF 合同中添加到货期等限制性条款将改变合同性质。
（2）CIF 合同规定到货时间会增加卖方的责任和义务。

任务分解

国际贸易涉及长途的运输，采用不同的运输方式，对买卖双方而言具有很大的影响。要了解不同运输方式的各自特点，结合进出口货物的特点和客户的需要，选择适合的运输方式。选择运输方式时考虑的主要因素包括：速度、费用和风险程度、交货期的长短、客户的需要等。

根据使用的运输工具的不同，国际货物运输主要可分为以下几种方式（见图 3－3）：

- 运输方式
  - 陆上运输
    - 公路运输
    - 铁路运输
  - 水上运输
    - 内河运输
    - 沿海运输
    - 远洋运输
  - 其他运输方式
    - 航空运输
    - 管道运输
    - 邮政运输
- 以上各种运输方式 → 国际多式联运

图3-3　国际货物运输的方式

一、海洋货物运输

海洋货物运输是国际货物运输中使用最广泛的一种方式，其货运量占国际货物运输总量的80%以上。

（一）海洋货物运输的方式

海洋货物运输按船舶经营方式的不同分为两类，即班轮运输和租船运输。

1. 班轮运输

（1）班轮运输的概念和特点。班轮运输（Liner Transport）又称定期船运输，是指船舶按照固定的船期表，沿着固定的航线和港口来往运输，并按相对固定的运费率收取运费。特别适用于运量不大、批次较多、到港分散的零星货物运输。班轮公司定期公布船期表，为货主提供了极大的方便，因而深受货主的欢迎，使班轮运输成为海洋货物运输中的主要运输方式。

二维码

基本运费计算标准

（2）班轮运输的费用。班轮运费由基本运费和附加运费构成。

1）基本运费。基本运费是班轮航线内各港口之间对每种货物规定的必须收取的费率，是构成全程运费的主要部分，按班轮运价表规定的标准计收。

2）附加运费。附加运费是指除基本运费外，针对一些需要特殊处理的货物，或者因突发事件及客观情况变化等原因需另外加收的费用。各种海运附加费见表3-1。

表3-1　各种海运附加费一览表

附加费	英文名与缩写
超重附加费	Heavy Lift Additional
超长附加费	Long Length Additional
选卸附加费	Additional on Optional Discharge Port
直航附加费	Additional on Direct
转船附加费	Transshipment Additional
港口附加费	Port Additional
燃油附加费	Bunker Surcharge (BS)
港口拥挤附加费	Port Congestion Surcharge

续表

附加费	英文名与缩写
货币贬值附加费	Currency Adjustment Factor (CAF)
绕航附加费	Deviation Surcharge

(3) 班轮运价的计算。

1) 当班轮附加费为具体数值时:

班轮运费=(基本运费+附加费)×运费吨

2) 当班轮附加费为基本运费的百分比时:

班轮运费=基本运费×(1+附加运费百分比)×运费吨

【实例 3-1】 由青岛运往南非开普敦港口门锁一批共计 100 箱,每箱体积为 20 厘米×30 厘米×40 厘米,毛重为 25 千克,当时燃油附加费为 15%,港口拥挤附加费为 10%,门锁属于小五金,计费标准为 W/M,等级为 10 级,查基本运费为每运费吨 66 美元,试计算应付运费为多少。

解:(1) 先查明此批货物计费标准是按 W 还是按 M 计收。

M:20cm×30cm×40cm=24 000cm^3= 0.024m^3

W:25kg=0.025M/T

因为 0.025>0.024,所以应按重量(W)计收。

(2) 算出该批货物的总重量。

0.025M/T×100=2.5M/T

(3) 套入公式:

$$F = (1 + S_1 + S_2 + \cdots + S_n) \times fQ$$

$$= (1+15\%+10\%)\times 66\times 2.5 = 206.25\text{(美元)}$$

答:这批门锁的运费是 206.25 美元。

在实际业务中,也有拼箱费率按重量吨和尺码吨不相同的情况,在这种情况下就要考虑双重变量,根据不同费率、运费吨组合计算后再行比较。

比如说,某商品重量 5 公吨、体积 8 立方米,"W/M"费率是 USD100/60,那么最后的运费总额就不能只看 W 和 M 的比较,而是重量运费为 5×100=500USD 和体积运费 8×60=480USD 的比较,最后按总额高者重量吨的标准收取 500 美元运费。

2. 租船运输

(1) 租船运输的概念和特点。租船运输(Charter Transport),又称不定期船运输,是指船方与货方签订租船合同,按照承租人(货方)的要求来安排船舶的航线和停靠的港口、运输货物的种类以及航行时间等,运费或租金也由双方根据租船市场行情在租船合同中加以约定。

(2) 租船运输的方式。

1) 定程租船(Voyage Charter),又称航次租船或程租船,是指由船舶所有人负责提供船舶,在指定港口之间进行一个航次或数个航次,承运指定货物的租船运输。

2）定期租船（Time Charter），又称期租船，是指船舶所有人将船舶出租给承租人，供其使用一段时间的租船运输。

3）光船租船（Demise Charter），是指船舶所有人将空船出租给承租人使用一段时间，船长、船员的配置、船舶的给养及船舶营运管理所需费用等均由承租人负责。这种租船方式属于单纯的财产租赁，在当前国际贸易中很少使用。

4）航次期租船（Time Charter on Trip Basis，TCT），是介于定程租船和定期租船之间的一种租船方式，它是以完成一个航次运输为目的整船租赁，却按实际使用的天数计算租金，又称为“日租租船”。

（3）租船合同。租船合同是船舶所有人与承租人达成的协议，规定承租人以一定的条件向船舶所有人租用一定的船舶或一定的舱位以运输货物，并就双方的权利和义务、责任与豁免等事项以条款形式加以规定，用以明确双方的经济、法律关系。租船合同分为定程租船合同和定期租船合同，简称程租约（Voyage Charter Party）和期租约（Time Charter Party）。

（4）程租船运输费用。程租船运输费用主要包括程租船运费和装卸费。此外，还有滞期费和速遣费等。

（二）海运提单

海运提单（Ocean Bill of Lading），简称提单（B/L），是指用以证明海上货物运输合同和货物已经由承运人接收或装船，以及承运人保证据以交付货物的单证。

1. 海运提单的功能

海运提单是海上运输尤其是班轮运输中最重要的单证，具有三个方面的功能。

（1）货物收据。提单是承运人（或其代理人）签发的货物收据，证明承运人已收到或接管提单上所列的货物。

（2）物权凭证。提单在法律上具有物权证书的作用，承运人凭以向收货人交付货物。提单持有人还可通过背书将提单转让从而转移货物的所有权。

（3）运输契约的证明。提单是承运人与托运人之间订立的运输契约的证明。提单条款明确规定了承、托双方之间的权利和义务以及责任豁免，是处理承运人与托运人之间争议的法律依据。

2. 海运提单的格式和内容

海运提单是由各轮船公司制定的，格式不一，但基本内容相同，包括正面内容和背面条款两部分。

（1）提单的正面内容。提单的正面内容关系到提单的法律效力，分别由托运人、承运人或其代理人填写，通常包括以下事项：托运人、收货人、被通知人、收货地或装货港、目的地或卸货港、船名或航次、唛头及件号、重量和体积、运费预付或运费到付、正本提单的份数、船公司或其代理人的签章、签发提单的地点及日期。

（2）提单的背面条款。班轮提单背面都有印制的运输条款，作为确定承运人与托运人之间、承运人与收货人及提单持有人之间的权利、义务的主要依据。为了使提单的背面条款能够照顾到船、货双方的利益，缓解船、货双方的矛盾，国际有关组织曾先后签署了有关提单的国际公约，以统一提单背面条款。它们是：

1924 年签署的《统一提单的若干法律规则的国际公约》，简称《海牙规则》；

1968 年签署的《修改统一提单若干法律规定的国际公约议定书》，简称《维斯比规则》；

1978 年签署的《联合国海上货物运输公约》，简称《汉堡规则》。

上述三项公约签署的历史背景不同，内容不一，各国对这些公约所持有的态度也不相同，因此，各国船公司签发的提单背面条款也各有差异。

3. 海运提单的分类

海运提单可从不同角度进行分类，主要有以下几种：

（1）按提单签发时货物是否已装船划分，分为：

1）已装船提单（on Board B/L or Shipped B/L），是指承运人在货物装上指定船舶后签发的提单，提单上须以文字表明货物已装上或已装运于某具名船只，提单签发日期即视为装船日期。

2）备运提单（Received for Shipment B/L），又称收妥待运提单，是指承运人已收到托运货物等待装运时签发的提单。在签发备运提单的情况下，发货人可在货物装船后凭以调换已装船提单；也可经承运人或其代理人在备运提单上批注货物已装上某船舶及装船日期，并签署后使之成为已装船提单。

按国际贸易惯例，除非另有约定，卖方有义务向买方提交已装船提单。

（2）按提单上是否对货物的外表状况有不良批注划分，分为：

1）清洁提单（Clean B/L），是指货物在装船时“表面状况良好”，承运人在提单上无不良批注。

2）不清洁提单（Unclean B/L），是指承运人在提单上加注了有关货物及包装状况不良或存在缺陷等批注的提单。例如：提单上有“被雨淋湿”“三箱破损”等批注。

按国际贸易惯例，除非另有约定，卖方向银行结汇时，必须提交清洁提单。清洁提单也是提单转让时必须具备的基本条件。

（3）按收货人抬头划分，分为：

1）记名提单（Straight B/L），又称“收货人抬头提单”，是指在收货人栏内具体写明收货人名称的提单。这种提单只能由特定收货人提货，而不能通过背书的方式转让给第三者，所以在国际贸易中只能在特定情况下使用。

2）不记名提单（Bearer B/L），又称“来人抬头提单”，是指在收货人栏内不写明具体收货人的名称，只写明“货交提单持有人”，或不填写任何名称的提单。这种提单不需要任何背书手续即可转让或提取货物，流通性极强，但对买卖双方的风险较大，在国际贸易中极少使用。

3）指示提单（Order B/L），是指在收货人栏内只填写“凭指示”（to order）或“凭某人指示”（to order of）字样的提单。这种提单可经过背书转让，故其在国际贸易中使用最广。背书是指在提单背面记载有关事项以转让提单权利，有两种方式：空白背书和记名背书。空白背书是指背书人在提单背面签名，而不注明被背书人的名称；记名背书是指背书人除在提单背面签名外，还须注明被背书人的名称。记名背书的提单如需再转让，必须再加背书。目前在实际业务中使用最多的是“凭指定”并经空白背书的提单，习惯上称其为“空白抬头”“空白背书”提单。

（4）按船舶经营方式划分，分为：

1）班轮提单（Liner B/L），是指由班轮公司承运货物后签发的提单。

2）租船提单（Charter Party B/L），是指承运人根据租船合同签发的提单。这种提单受租船合同的约束，银行或买方接受这种提单时，通常要求卖方提供租船合同的副本。

（5）按运输方式划分，分为：

1）直达提单（Direct B/L），是指货物装船后中途不经过转船而直接驶往目的港卸货所签发的提单，也叫不可转船提单。凡合同和信用证规定不准转船者，必须使用这种直达提单。

2）转船提单（Transshipment B/L），是指在装运港装货的船只，不直接驶往目的港而需在中途换装另外船舶驶往目的港所签发的提单。在这种提单上要注明“转船”或“在××港转船”字样。

3）联运提单（Through B/L），是指由海运和其他运输方式联合运输时，第一程海运承运人签发的包括全程的提单。第一程承运人只承担他负责运输的一段航程内的货损责任。

（6）按提单格式划分，分为：

1）简式提单（Short Form B/L），是指仅有提单正面条款而无背面条款的提单。这种提单多用于租船合同下的货物运输。除非信用证另有规定，银行不愿意接受这种提单。

2）全式提单（Long Form B/L），是指除提单正面外，在提单背面也详细列有承运人的权利和义务的提单。

除以上各种提单外，还存在其他各种特殊提单，如多式联运提单、正本和副本提单、舱面提单等。

（三）海上货运单

海上货运单，简称海运单（Sea Waybill or Ocean Waybill），是证明海上货物运输合同和货物由承运人接管或装船的一种不可流通的单证。

因为海运单不是物权凭证，所以不可转让。收货人不凭海运单提货，而是凭到货通知提货。因此，海运单中收货人一栏应填写实际收货人名称，以便货物到达目的港后通知收货人前来提货。目前，欧洲、北美和某些中东地区的贸易企业越来越倾向于使用这种不可转让的海运单，主要是因为海运单不仅方便进口人及时提货，简化手续，节省费用，而且在一定程度上减少了以假单据进行诈骗的现象。

练一练

请你查找10家世界主要船公司及其英文缩写与所属国家，填入表3-2：

表 3-2　世界主要船公司

序号	船公司名称	英文缩写	所属国家	备注
1				
2				
3				
4				
5				
6				
7				
8				
9				
10				

二、航空货物运输

航空货物运输是一种现代化的运输方式，具有运输速度快、包装简化、减少保险和储存费用、保证货运质量和不受地面条件限制等优点。因此，航空货物运输特别适宜于运送鲜活易腐商品、急需物资和贵重物品等。

（一）航空货物运输的方式

1. 班机运输

班机（Schedule Airline）是在固定的航线上、在固定的始发站和目的站间定期航行的飞机。

2. 包机运输

由于班机运输形式下货物舱位有限，当货物批量较大时，包机运输（Chartered Carrier）就成为一种重要的运输方式。

3. 集中托运

集中托运（Consolidation）是指集中托运人将若干批单独发运的货物组成一整批，向航空公司办理托运，采用一份总运单整批发运到同一目的地，由集中托运人在目的港的代理人收货、报关，根据集中托运人签发的航空分运单分拨给各实际收货人。集中托运流程见图 3-4。

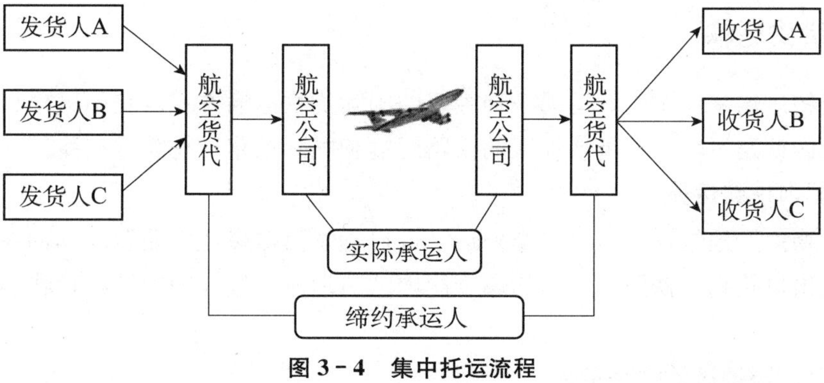

图 3-4　集中托运流程

4. 航空快递

航空快递（Air Express Service）是目前国际航空运输中最快捷的运输方式，它不同于一般的航空邮寄和航空货运，是由一个专门经营此业务的航空快递公司与航空公司密切合作，设专人用最快的速度在货主、机场、收件人之间进行运输和交接，传送快件。

（二）航空货物运输的承运人

（1）航空运输公司。拥有运输工具，提供实际货物的位移服务，是实际承运人。

（2）航空货运代理公司。与发货人签订运输契约，但没有运输工具，是缔约承运人。对于航空公司来说，是发货人和收货人。

（三）航空货物运输的运价

二维码

航空货物运输的运价

（四）航空运单

航空运输中的单据主要是航空运单。航空运单（Air Waybill）是由航空承运人或其代理人签发的货物收据，也是承运人与托运人之间的运输合同，但它不是物权凭证，是一种不可转让的单据。

航空运单依签发人不同，分为以下两类：

1. 航空主运单

凡由航空公司签发的航空运单均称航空主运单（Master Air Waybill，MAWB）。它是航空公司据以办理货物运输和交付的依据，是航空公司和托运人之间签订的运输合同。

2. 航空分运单

航空分运单（House Air Waybill，HAWB）是由航空货运公司在办理集中托运时签发给发货人的运单。在集中托运的情况下，除了航空公司要签发给集中托运人主运单之外，集中托运人还必须签发航空分运单给每一位托运人。从货物的托运到提取，货主均直接与航空货运公司联系，而与航空公司不直接发生关系。

三、铁路货物运输

铁路货物运输是仅次于海运的一种主要的国际货物运输方式。我国进出口货物的铁路运输包括国内铁路运输、至港澳地区的铁路运输和国际铁路货物联运三种。

（一）国内铁路运输

出口货物由产地经铁路运至口岸外运，进口货物由口岸经铁路转运国内各地，以及各地之间的进出口货物经铁路调运，均属于国内铁路运输，按《国内铁路货物运输规程》的规定办理。

（二）至港澳地区的铁路运输

1. 对香港铁路货物运输

对香港铁路货物运输由两部分组成：内地段铁路运输和香港段铁路运输。

（1）内地段铁路运输。是由始发站至深圳北站，发货人委托当地外运或直接向铁路托运，填写铁路运单，先行将货物运往深圳北站，由中国对外贸易运输公司（简称中外运）深圳分公司作为收货人接货。中外运深圳分公司作为发货人的代理，负责在铁路局办理货物运输单据的交换，并租用车厢，然后申报出口，经查验放行后，将货物过轨至香港。

（2）香港段铁路运输。火车过轨后，由中外运深圳分公司在香港的代理——香港中旅货运有限公司向香港九广铁路公司办理香港段铁路运输，火车到达九龙各目的地车站后，由香港中旅货运有限公司将货物卸下交给收货人。

2. 对澳门铁路货物运输

货物由内地按内地铁路运单运至广州南站，收货人是广东外运公司，货到后由广东外运公司办理水路中转业务到澳门，货到澳门后由南光集团的运输部门接货并转交给收货人。

（三）国际铁路货物联运

国际铁路货物联运是指在两个或两个以上国家的铁路货物运输过程中，使用一份运送票据，以连带责任办理货物的全程运送，并在由一国铁路向另一国铁路移交货物时，不需发、收货人参加。我国的国际铁路货物联运主要是按照铁路合作组织所缔结的《国际铁路货物联合运输协定》的相关规定来运作的，这些规定有利于简化运输手续、节省运输时间、加速资金周转、减少运输费用。

（四）铁路运输单据

1. 承运货物收据

承运货物收据（Cargo Receipt）既是承运人出具的货物收据，也是承运人与托运人签订的运输契约的证明。中国内地通过铁路运往港澳地区的出口货物，一般委托中外运公司承办。当出口货物装车发运后，中外运公司即签发承运货物收据交给托运人，作为对外办理结汇的凭证。

2. 铁路运单

当通过国际铁路办理货物运输时，在发运站由承运人加盖日戳签发的运单叫铁路运单（Rail Waybill）。铁路运单是由铁路运输承运人签发的货运单据，是收、发货人同铁路之间的运输契约。

铁路运单一律以目的地收货人作记名抬头，一式两份。正本随货物同行，到目的地交收货人作为提货通知；副本交托运人作为收到托运货物的收据。在货物尚未到达目的地之前，托运人可凭运单副本指示承运人停运，或将货物运给另一个收货人。铁路运单只是运输合约和货物收据，不是物权凭证，但在托收或信用证支付方式下，托运人可凭运单副本办理托收或议付。

四、集装箱运输

集装箱运输（Container Transport）是以集装箱作为运输单位进行货物运输的一种现

代化运输方式。

（一）集装箱运输的特点

集装箱是货物运输的一种辅助设备。按国际标准化组织104技术委员会的规定，集装箱应具备下列条件：能长期反复使用，具有足够的强度；途中转运时可不动容器内的货物而直接换装；能快速装卸，并能从一种运输工具直接、方便地换装到另一种运输工具；便于货物的装满和卸空；具有1立方米以上的容积。

（二）集装箱的规格和类型

为适应不同货物的需要，集装箱可设计成各种不同的规格和类型。

1. 集装箱的规格

集装箱的规格

2. 集装箱的类型

集装箱的类型

练一练

请你将货物与可选用的集装箱连线。

◆货物◆	◆可选用的集装箱◆
一般货物	干货箱、通风箱
易碎货物	干货箱
易腐、冷冻、冷藏货物	冷藏箱、通风箱、隔热箱
动、植物	牲畜箱、通风箱
笨重货物	开顶箱、平台箱、框架箱
危险货物	杂货箱、框架箱、冷藏箱
散货	罐式箱、散货箱、漏斗式箱
贵重货物	干货箱
液体货物	罐式箱

（三）集装箱运输的交接方式

集装箱货物有整箱货和拼箱货之分。

整箱货（Full Container Load，FCL），是指货主托运的量较大，足以装满一个集装箱的货物。一般认为，货物达到集装箱最大容积的75%以上、最大载重量的90%以上，即为整箱货。整箱货通常只有一个发货人和收货人，由发货人自行装箱，向海关办理货物出口报关手续，经海关查验后，由海关对集装箱施加铅封。

拼箱货（Less than Container Load，LCL），是指货主托运的批量较小，不足以装满一个集装箱，需由集装箱货运站把分属于不同货主的同一目的地的货物合并装箱，经海关检验后，由海关对集装箱施加铅封。

整箱货和拼箱货的货物流通途径大体相同，但货物的交接方式有所不同。

根据贸易合同的规定，集装箱的交接方式和交接地点可分为以下四类：

（1）FCL/FCL，即“整箱交/整箱收”。

（2）LCL/LCL，即“拼箱交/拆箱收”。

（3）FCL/LCL，即“整箱交/拆箱收”。

（4）LCL/FCL，即“拼箱交/整箱收”。

（四）集装箱运输的费用

以海运为例，集装箱运输的费用包括以下几项：

（1）内陆运输费（Inland Transport Charge），又称装运港市内运输费，可以由承运人负责，也可由货主自理。一般在出口地发生的费用由发货人负责，在进口地发生的费用由进口人负责。

（2）拼箱服务费（LCL Service Charge）。

（3）堆场服务费（Terminal Handling Charge），又称码头服务费。

（4）集装箱及其他设备使用费。

（5）集装箱海运运费。这是集装箱运输费用的主要构成部分，由船舶运费和一些相关费用组成。分为两大类：一类是沿用传统的件杂货运费计算方法，即以每运费吨作为计费单位；另一类是以每个集装箱作为计费单位，即包箱费率（Box-rate）。包箱费率分为以下几类：

1）FAK包箱费率，即对每一集装箱不分货类统一收取的费率。

2）FCS包箱费率，即按不同货物等级制定的包箱费率。货物等级是1～20级，但级差较小。一般低价货费率高于传统运输费率，高价货费率则低于传统运输费率；同一等级货物，实重货运价高于体积货运价。

3）FCB包箱费率，即既按不同货物等级或货类，又按计算标准制定的费率。同一级费率因计算标准不同，费率也不同。例如：8～10级、CY/CY交接方式、20英尺集装箱货物如按重量计费为1 500美元，如按尺码计费则为1 450美元。

（五）集装箱提单

集装箱提单（Container B/L），指为装运集装箱货物所签发的提单。是集装箱货物运输下主要的货运单据，负责集装箱运输的经营人或其代理人，在收到集装箱货物后而签发给托运人的提单。

普通货物的货运提单是在货物实际装船完毕后经船方在收货单上签署，表明货物已装船，发货人凭经船方签署的收货单（大副收据）去船公司或其代理公司换取已装船提单。而集装箱提单则应以码头收据换取，它同普通船舶运输下签发的提单不同，是一张收货待运提单。所以，在大多数情况下，船公司根据发货人的要求，在提单上填注具体的装船日期和船名后，该收货待运提单也便具有了与已装船提单同样的性质。

五、国际多式联运

（一）国际多式联运的定义

国际多式联运（International Multimodal Transport or International Combined Transport）是一种利用集装箱进行联运的运输组织方式。它以集装箱为媒介，把海、陆、空各种传统的单一运输方式有机地结合起来，组成国际连贯运输。通过一次托运，一次计费，一份单证，一次保险，即将货物的全程运输作为一个完整的单一运输过程来完成。《联合国国际货物多式联运公约》对国际多式联运所下的定义是："国际多式联运是按照多式联运合同，以至少两种不同的运输方式，由多式联运经营人把货物从一国境内接运货物的地点运至另一国境内指定交付货物的地点。"

（二）国际多式联运的特征

（1）必须有一个多式联运合同。合同中明确规定多式联运经营人与托运人之间的权利、义务、责任和豁免。该合同是区别多式联运与一般运输方式的主要依据。

（2）必须由一个多式联运经营人对货物运输的全程负责。多式联运经营人（Multimodal Transport Operator）是指本人或通过其代表订立多式联运合同的任何人，他可以充当实际承运人办理全程或部分运输业务，也可以是无船承运人（Non-vessel Operating Common Carrier，NVOCC）将全程运输交由各段实际承运人来履行。多式联运经营人负有履行多式联运合同的责任，对全程运输负总的责任。

（3）必须使用一份包括全程的多式联运单据。

（4）必须是包括两种以上运输方式的国际货物运输。

（5）必须是全程单一的运费费率。其中包括全程各段运费的总和、经营管理费用和合理的利润。

（6）必须是国际货物运输，适用国际运输的法规。

（三）多式联运单据

多式联运单据（Multimodal Transport Document，MTD）是在国际多式联运业务中，

由多式联运经营人签发的，证明多式联运合同以及证明多式联运经营人接管货物并负责按照合同条款交付货物的单据。该单据覆盖全程运输，是发货人凭以结汇的单据，也是收货人凭以提取货物的凭据。

根据发货人的要求，多式联运单据可做成可转让的，也可做成不可转让的。如签发一份以上的正本单据，应注明份数。

六、大陆桥运输

大陆桥运输

拓展阅读

中欧班列

中欧班列是指按照固定车次、线路等条件开行，往来于中国与欧洲及“一带一路”沿线各国的集装箱国际铁路联运班列。我国铺划了西、中、东 3 条通道中欧班列运行线：西部通道由我国中西部经阿拉山口（霍尔果斯）出境，中部通道由我国华北地区经二连浩特出境，东部通道由我国东南部沿海地区经满洲里（绥芬河）出境。2011 年 3 月，首趟中欧班列从重庆发出开往德国杜伊斯堡。截至 2021 年 6 月中欧班列开行累计突破 4 万列，合计货值超过 2 000 亿美元，打通 73 条运行线路，通达欧洲 22 个国家的 160 多个城市。中欧班列开创了亚欧陆路运输新篇章，铸就了沿线国家互利共赢的桥梁。

2020 年开行中欧班列 1.24 万列、发送 113.5 万标箱，同比分别增长 50%、56%，综合重箱率达 98.4%。年度开行数量首次突破 1 万列，单月开行均稳定在 1 000 列以上。

2020 年中欧班列的表现可概括为：“稳定”“担当”和“创新高”。

“稳定”体现在开行频次上，相对于空运和海运，中欧班列在 2020 年始终保持了稳定运行；“担当”体现在新冠肺炎疫情背景下，中欧班列在畅通国际国内“双循环”，以及运送抗疫物资上所发挥的巨大作用；“创新高”则体现在开行的数量和质量上，即无论是开行数量、重载率等，均较过去有显著增长。

2020 年因为全球疫情，海运、空运均受到了极大的限制，中欧班列承接了大量由海运、空运转移的出境货运业务。中欧班列铁路运输因其实施分段运输、不涉及人员检疫的特殊优势，许多海运和空运货物转移到铁路上来，推动了中欧班列需求量大幅提升。稳定运行的中欧班列，很好地承载了这一历史赋予的使命。

七、国际邮政运输

国际邮政运输是一种具有国际多式联运性质的运输方式。一件国际邮件一般要经过两个或两个以上国家的邮政局和两种或两种以上不同运输方式的联合作业方可完成。

（一）国际邮政运输的特点

（1）国际邮政运输须经过一个或几个国家经转，具有广泛的国际性。

（2）寄件人只要办理一次托运手续，收件人凭邮局到件通知提取邮件，其余所有事宜均由各国邮局办理，因此邮政运输具有多式联运和“门到门”运输性质。

（3）适用于体积小、重量轻货物的传递。一般规定单件货物的重量不超过 20 千克，长度不超过 1 米。

近年来，通过国际邮政运输进行的特快专递业务发展迅速，主要有：

（1）全球邮政特快专递（Worldwide Express Mail Service），是我国邮政部门办理的特快专递业务。

（2）DHL 信使专递（DHL Courier Service），是敦豪国际航空快递有限公司信使专业和民航快递服务，总部设在美国纽约，业务范围遍及世界各地。

（3）万国邮政联盟（Universal Postal Union），简称邮联，其宗旨是根据邮联组织法的规定，组成一个国际邮政组织，以便相互交换邮件；组织和改善国际邮政业务，以利于国际合作的开展；推广先进经验，给予会员国邮政技术援助。我国于 1972 年加入万国邮政联盟。

（二）国际邮政运输单据

邮政收据（Parcel Post Receipt）是国际邮政运输的主要单据，它是邮局收到寄件人的邮包货物后所签发的凭证，也是收件人凭以提取邮件的凭证，当邮包发生损坏或丢失时，它还可以作为索赔和理赔的依据。但邮政收据不是物权凭证。

邮寄证明（Certificate of Posting）是邮政局出具的证明文件，据此证实所寄发的单据或邮包确已寄出和作为邮寄日期的证明。

专递收据（Courier Receipt）是特快专递机构收到寄件人的邮件后签发的凭证。

八、运输条款的内容

国际货物买卖合同中的运输条款通常包括装运（交货）时间、装运港和目的港、分批装运和转运等内容。有的合同还需要列明运输方式、选择的运输工具以及有关费用负担等事项。明确、合理地规定运输条款，是保证买卖合同顺利履行的重要条件。

（一）装运（交货）时间

装运时间又称装运期（Time of Shipment），是指卖方将合同规定的货物装上运输工具或交给承运人的期限。在国际贸易中，装运时间与交货时间（Time of Delivery）并不是同一个概念，但在 FOB、CFR、CIF、FCA、CPT 和 CIP 六种贸易术语签订的买卖合同中，当卖方将货物装上船或交给承运人时，即完成交货义务。所以习惯上将“交货”的概念与“装运”等同起来，即货物的装运时间就是交货时间。但在以其他贸易术语如 DPU、DDP 等达成的实际交货合同中，“装运”与“交货”是完全不同的，交货时间是指货物运到目的港交给买方的时间；装运时间是指卖方在装运港，将货物装上船或其他运输工具的时间。两者不能相互替代。装运时间是买卖合同的主要交易条款，卖方必须严格按照合同规定的时间交货，如卖方违反这一条款，买方有权撤销合同并要求损害赔偿。例如：

（1）明确规定某月装运：2021 年 5 月装运（shipment during May 2021）。

（2）规定在某月底或某日以前装运：2021 年 7 月底以前装运（shipment before the end of July 2021）。

（3）规定跨月装运：2021 年 1/2 月装运（shipment during Jan. /Feb. 2021）。

（4）规定收到信汇、电汇或票汇或信用证后若干天装运：收到信用证后 30 天装运（shipment within 30 days after receipt of L/C）。

为防止买方不按时开证，一般还规定：买方必须不迟于某月某日将信用证开到卖方（The relevant L/C must reach the seller not later than...）。这种方法主要用于外汇管制比较严格的国家或专为买方制造的特定商品或买方信誉较差的情况。

（二）装运港和目的港

装运港是指货物开始装运的港口，它通常是由卖方为方便货物的装运而提出，经买方同意后确定的。目的港是指最后卸货的港口，它通常是由买方根据使用和销售货物的需要而提出，经卖方同意后确定的。

1. 装运港和目的港的规定方法

在买卖合同中，装运港和目的港的规定方法如下：

（1）明确规定装运港和目的港各一个。这是最常用的规定方法，如装运港为青岛，目的港为纽约（Port of Shipment：Qingdao，Port of Destination：New York）。

（2）规定两个或以上装运港或目的港。当货物分散多处，或磋商交易时尚不能确定在何处发运货物时，可规定两个或以上装运港，如装运港为青岛/上海。同样，当买方有不同的使用或销售地，而签订合同时尚不能确定供何处使用或销售时，可规定两个或以上目的港，如目的港为伦敦/利物浦。

（3）在磋商交易时，如明确规定装运港或目的港有困难，可以采用备选港（Optional Port）的方法。如 CIF 利物浦，备选港为伦敦、汉堡。

2. 规定装运港和目的港应注意的问题

（1）装运港和目的港的规定要明确、具体。在业务中不宜接受诸如“欧洲主要港口”或“非洲主要港口”作为装运港或目的港。

（2）不能接受内陆城市为装运港或目的港的条件。

（3）注意装运港或目的港的装卸条件。

（4）注意国外港口有无重名的情况。在买卖合同中要明确写明装运港或目的港所在国家或地区的名称。

（5）选择港的规定不宜过多，一般不超过 3 个，而且必须在同一航区、同一航线上。

（三）分批装运和转运

分批装运和转运直接关系到买卖双方的利益。因此，分批装运和转运是买卖合同中交货条款的重要内容，需要在交易磋商时予以确定。

1. 分批装运

分批装运（Partial Shipment）是指一笔成交的货物先后分若干期或若干次装运。在大宗货物交易中，因成交数量较大，买卖双方可根据货源情况、运输条件、市场需要或资金情况，在合同中规定分批装运条款。合同中规定分批装运的方法主要有以下两种：

（1）原则规定允许分批装运，对分批的具体批次、时间和每批数量均不作规定。如允许分批装运（partial shipment is allowed）。这种做法对卖方来说比较主动，卖方可根据货源和运输条件，自行安排具体分批装运。

（2）具体规定分批装运的时间和数量。例如：3月至6月分4批每月平均装运（shipment during March/June in four equal monthly lots）。这种规定方法给予卖方的机动余地很小，只要其中任何一批未按时、按量装运，均构成卖方违约。但从买方角度来看，这种做法可按其使用或转售的需要进行安排，有利于资金周转和安排仓储。

资料卡

二维码

国际商会《跟单信用证统一惯例》对分批装运的规定

2. 转运

转运（Transshipment）是指卖方交货时，如自装运地至目的地没有直达的运输工具，就需要在中途换装其他运输工具至目的地。《跟单信用证统一惯例》规定：

（1）除非信用证规定禁止转运，银行将接受表明货物将被转运的运输单据，如果同一单据包括全程运输。

（2）即使信用证规定禁止转运，银行也将接受下列单据：

1）注明将发生转运，只要提单（或不可转让海运单）证明有关货物是装在集装箱、拖车及/或拉希型驳船中装运的，如果同一提单（或不可转让海运单）包括全程海运。

2）注明将发生或可能发生转运的空运单据，如果同一份空运单据包括全程运输。

3）注明将发生或可能发生转运的公路、铁路或内河运输的运输单据，如果全程运输是用同一种运输方式并由同一运输单据所包括。

总之，《跟单信用证统一惯例》中的“禁止转运”，实际上仅是指禁止海运港至港除集装箱之外的货物运输的转运。

一般来说，允许分批装运和转运，对卖方比较主动。根据《跟单信用证统一惯例》的规定，在信用证业务中，除非信用证作相反规定，可准许分批装运和转运。但有些国家的合同法规定，如合同对此不作规定，买卖双方事先对此也没有特别约定或习惯做法，则卖方不得分批装运和转运。因此，为了避免纠纷，争取顺利地履行合同，早出口、早收汇，除非买方坚持，原则上应在出口合同中规定允许分批装运和转运（partial shipment and transshipment are allowed）。

条款示例

［例 1］装运港：青岛，目的港：洛杉矶，2021 年 5/6/7 月装运，允许分批和转运。

Port of loading：Qingdao

Port of destination：Los Angeles

Shipment during May/June/July 2021，with partial shipment and transshipment allowed.

［例 2］2021 年 5/6/7 月每月平均装运，允许转运。

Shipment during May/June/July 2021 in three equal monthly lots（in three equal monthly shipments），transshipment to be allowed.

［例 3］5/6 月分两次装运，禁止转运。

During May/June in two shipments，transshipment is prohibited.

［例 4］5 月底或以前装船，由上海至纽约，允许分批装运和转运。

Shipment on or before May 31 from Shanghai to New York，allowing partial shipment and transshipment.

问题探究

1. 如果双方在签订合同时选择的目的港有重名情况，应如何处理？
2. 在什么情况下会出现备选港？最终决定目的港是在什么时间？费用如何确定？

思考练习

一、填空题

1. 租船运输又称__________，班轮运输又称__________。
2. 按照船舶营运方式不同，海洋运输可分__________和__________。
3. 按签发提单时货物是否装船划分，提单可分__________和__________。

4. UCP600 规定要在提单签发日期后__________天到银行办理交单议付。

5. 空白抬头的提单，其抬头应做成__________。

6. 提单按收货人抬头分类，可分为__________、__________、__________。

7. 班轮运费由__________和__________构成。

8. 航空运输有__________、__________、__________、__________四种方式。

9. 班轮运输的四固定是指__________、__________、__________、__________。

10. 少量货或件杂货，通常多采用__________运输，而大宗货一般都采用__________运输。

二、判断、单选题

判断、单选题

三、计算题

1. 某商品用纸箱装，每箱毛重 30 千克，体积 0.05 立方米，原报价每箱 30 美元 FOB 上海，现客户要求改报 CFR 汉堡。试计算：在不减少收汇额的条件下，我方应报价多少？（该商品计费标准为 W/M，每运费吨基本费率为 200 美元，到汉堡港加收港口附加费 10%）

2. 上海运往肯尼亚蒙巴萨港口门锁一批计 100 箱，每箱体积为 20 厘米×30 厘米×40 厘米，毛重为 25 千克。当时燃油附加费为 30%，蒙巴萨港口拥挤附加费为 10%。门锁属于小五金类，计收标准是 W/M，等级为 10 级，基本运费为每运费吨 443.00 美元。试计算：应付多少运费？

3. 出口某商品 100 公吨，报价每公吨 1600 美元 FOB 上海，客户要求改报 CFR 伦敦价。已知计费标准为 W，每运费吨运费 70 美元。试计算：若要保持外汇收入不变，应如何报价？若还需征收燃油附加费 10%、货币贬值附加费 10%，应如何计算？

4. 出口某商品 800 箱，每箱毛重 60 千克，体积 30 厘米×40 厘米×50 厘米，每箱单价为 CFR 马赛 80 美元，计费标准为 W/M，每运费吨 180 美元，另征收转船附加费 20%、燃油附加费 10%。试计算：该商品的总运费为多少？

四、案例分析题

1. 某国际贸易公司与欧洲某进口商订立出口某商品 500 公吨的合同，规定采用信用证支付，允许交货数量可有 5%增减。买方银行开来的信用证规定：“分 4 批装运，1 月装 100 公吨，2 月装 150 公吨，3 月装 150 公吨，4 月装 100 公吨，每月内不得分批。”贸易公司审查信用证后认为可以接受，于1月、2月分别按信用证要求装运两批货物并顺利收回货款。等到3月装运第三批时，因货源不足，经协商船公司同意，于3月15日由“和平号”船先在青岛装货70公吨，接着该船于3月20日到烟台再装75公吨，航次均为V123航次，然后驶往目的港。贸易公司持分别于青岛和烟台签发的两套提单前去银行议付，议付行议付后将单据交到开证行索偿。开证行认为单证不符，拒绝偿付。理由是：(1) 信用证规定每月内不得分批，出口方却在青岛和烟台两地分批装运；(2) 3月要求装运150公吨，出口方只装了145公吨，数量不足。试问：开证行的拒付有无道理？为什么？

2. 我国某公司与欧洲某公司签订出售某商品3 500公吨的合同，每公吨CIF鹿特丹24欧元，共值84 000欧元。装船日期为某年12月至次年1月，对方以不可撤销即期信用证支付。我国某公司在租船装运时，因原定货船临时损坏，在国外修理，不能在预定时间到达我国口岸装货，于是改派香港某公司期租船装运，但又因连日风雪，直到2月11日才装完货。我出口公司为了取得符合信用证规定日期的提单，便要求外轮代理公司按1月31日签发提单，并以此提单向银行办理议付。货到鹿特丹后，买方聘请律师商船查阅航海日志，查明提单的签发日期是伪造的，立即向当地法院起诉，并由法院发出扣船通知。船由外代以30 000欧元担保放行，我方经4个月的艰苦谈判，共赔偿20 000欧元，才使买方撤回起诉。我方既损失了外汇，又造成了失信的不良影响。（注：倒签提单是指晚于货物到达目的港的提单或者是承运人或其代理人应托运人的要求，在货物装船以后，以早于该票货物实际装船完毕的日期作为签发日期所签发的提单。）试问：我公司为什么要签发倒签提单？倒签提单对承运人、托运人有什么危害？

五、实务操作题

根据以下资料缮制提单（见表3－3）。

The Seller：Qingdao Golden Bridge Import & Export Co.，LTD.

The Buyer：Singapore ABC Trading Co.

Consignee：to order of the shipper

Trade Term：CIF Singapore

Description of Goods：Canned Yellow Peach

Quantity：500 Cartons

Shipping Mark：ABC/Singapore/S/C 202103001 No. 1－500

S. S：DONGFANG V. 123

Gross Weight：12,000.00 KGS

Measurement：33m^3

Place and Date of Issue：March 15，2021

Shipment：from Qingdao China to Singapore

B/L No.：202103166

表 3-3　联运提单

<table>
<tr><td colspan="2">托运人
Shipper</td><td colspan="2" rowspan="5">B/L No.
中 国 外 运 山 东 公 司
SINOTRANS SHANDONG COMPANY
联运提单
COMBINED TRANSPORT BILL OF LADING
RECEIVED the goods in apparent good order and condition as specified below unless otherwise stated herein. The Carrier, in accordance with the provisions contained in this document, undertakes to perform or to procure the performance of the entire transport from the place at which the goods are taken in charge to the place designated for delivery in this document, and assumes liability as prescribed in this document for such transport. One of the Bills of Lading must be surrendered duly indorsed in exchange for the goods or delivery order.</td></tr>
<tr><td colspan="2">收货人或指示
Consignee or order</td></tr>
<tr><td colspan="2">通知地址
Notify address</td></tr>
<tr><td>前段运输
Pre-carriage by</td><td>收货地点
Place of receipt</td></tr>
<tr><td>海运船只
Ocean vessel</td><td>装货港
Port of loading</td></tr>
<tr><td>卸货港
Port of discharge</td><td>交货地点
Place of delivery</td><td>运费支付地
Freight payable at</td><td>正本提单份数
Number of original B/L</td></tr>
</table>

<table>
<tr><td>标志和号码
Marks and Nos.</td><td>件数和包装种类
Number and kind of packages</td><td>货　名
Description of goods</td><td>毛重（千克）
Gross weight.（kgs.）</td><td>尺码（立方米）
Measurement（CBM）</td></tr>
<tr><td colspan="5">以上细目由托运人提供
ABOVE PARTICULARS FURNISHED BY SHIPPER</td></tr>
</table>

<table>
<tr><td rowspan="3">运费和费用
Freight and charges</td><td>IN WITNESS whereof the number of original of Bill of Lading stated above have been signed, one of which being accomplished, the other（s）to be void.</td></tr>
<tr><td>签单地点和时间
Place and date of issue</td></tr>
<tr><td>代表承运人签字
Signed for or on behalf of the Carrier
代　理
as　Agents</td></tr>
</table>

任务五 拟定合同的保险条款

任务导入

我国A公司与某国B公司签订了购买5 000公吨化肥的CFR合同。A公司开出信用证，规定8月15日之前装运。由于卖方B公司承租的“顺风号”货轮在开往装运港途中遇到飓风，结果货物到8月25日才装运完成。承运人在取得B公司出具的保函的情况下签发了与信用证条款一致的提单。A公司为这批货物投保了水渍险。8月30日船舶途径巴拿马运河时起火，造成部分化肥烧毁。船长在命令救火过程中又造成化肥湿损。由于船在装货港口延迟，使该船到达目的地时当地正遇到了化肥价格下跌。A公司只能大幅降价销售，给A公司造成了很大的损失。

分析： 国际货物运输保险属于财产险的范围，投保人以交纳少量保险费的方式转嫁运输期间的风险。在本案例中投保的是水渍险，货物遭受的损失包括被火烧毁，属于意外事故造成的部分损失，湿损属于共同海损，这两部分的损失都是保险公司应承保的范围，保险公司给予赔偿。保险起到了转嫁风险的作用。但是，对于因市价下降造成的损失，保险公司无法赔偿。运输延迟和市价跌落造成的损失是保险公司的除外责任，保险公司不予赔偿。

任务分解

国际货物运输保险是以运输过程中的各种货物作为保险标的，买方或卖方按照投保金额及投保险别向保险人（保险公司）交纳保险费，并取得保险单证的一种财产保险。保险公司负责对投保货物在运输过程中遭受保险险别范围内的损失给予被保险人经济上的补偿。

根据货物运输方式的不同，国际货物运输保险有海洋运输货物保险、陆上运输货物保险、航空运输货物保险、邮包运输保险等。在现代对外贸易和航海运输中，船舶越来越大，虽然装备精良且现代化，但一旦遭遇海难，经济上的损失更加严重，因此办理海洋运输货物保险十分必要。货物在海上运输及在海陆交接过程中，可能遭遇各种风险和损失，保险人并不是对所有的风险都予以承保，也不是对任何损失都予以补偿。为了明确责任，必须首先对保险人所承保的风险、损失和费用有准确的理解。

一、保险保障的范围

（一）风险

海洋运输货物的风险主要有海上风险和外来风险（见图3－5）。

- 风险
  - 海上风险
    - 自然灾害
    - 意外事故
  - 外来风险
    - 一般外来风险
    - 特殊外来风险

图3-5　海洋运输货物风险的种类

1. 海上风险

海上风险（Perils of the Sea）又称海难，是指船舶或货物在海洋运输过程中所遇到的自然灾害和意外事故，在保险业中，它们都有特定的范围。

（1）自然灾害。自然灾害（Natural Calamities）是指由于自然界力量造成的灾害。但在海运保险业中，它并不是泛指一切由于自然力量而造成的灾害，而是仅指恶劣气候、雷电、海啸、地震或火山爆发等人力不可抗拒的自然力量造成的灾害。

（2）意外事故。意外事故（Fortuitous Accidents）一般是指由于意料之外的原因所造成的事故。但意外事故并不是泛指海上所有的意外事故，而是仅指运输工具搁浅、触礁、沉没、船舶与流冰或其他物体碰撞以及失踪、失火、爆炸等。

2. 外来风险

外来风险（Extraneous Risks）是指除海上自然灾害和意外事故以外其他外来原因造成的风险。所谓外来原因，必须是意外的、事先难以预料的，而不是必然发生的外来因素。因此，类似货物的自然损耗和本质缺陷等属于必然发生的损失，都不应包括在外来风险引起的损失之列。外来风险又分为一般外来风险和特殊外来风险两种。

（1）一般外来风险。是指货物在运输途中由于偷窃、雨淋、短量、渗漏、破碎、受潮受热、串味、沾污、钩损、生锈、碰损等原因所导致的风险。

（2）特殊外来风险。是指由于战争、罢工、拒绝交付货物等政治、军事、国家禁令及管制措施所造成的风险与损失。如因政治或战争因素，运送货物的船只被敌对国家扣留而造成交货不到；某些国家颁布的新政策或新的管制措施以及国际组织的某些禁令，都可能造成货物无法出口或进口而造成损失。

（二）损失

有风险就可能有损失，不仅有货物本身的损失，而且会有对遭遇风险的货物进行施救而支出的费用损失。

1. 海损

海洋运输货物的损失简称海损（Average），是指货物在海洋运输过程中遇到海上风险所造成的各种损失。海损也包括与海洋运输相连的陆上或内河航运过程中的货物损失。按照损失的程度不同，可分为全部损失和部分损失。

（1）全部损失（Total Loss）。全部损失简称全损，是指保险标的由于承保风险造成的全部灭失或视同全部灭失的损害。从损失的性质看，全损又可分为实际全损和推定全损两种。

1）实际全损（Actual Total Loss）又称绝对全损，是指保险标的在运输途中全部灭失或变质而失去原有用途，即货物完全损失已经发生或者不可避免。

2）推定全损（Constructive Total Loss）又称商业全损，是指保险标的因实际全损不可避免而被放弃，或者为了避免实际全损而花费的费用将超过保险标的本身的价值。被保险货物在发生推定全损时，被保险人可以要求保险人按投保货物的部分损失赔偿，也可以要求获得全损的赔偿。如果被保险人期望获得全损的赔偿，则必须向保险人提出委付。所谓委付是指保险标的发生推定全损时，被保险人自愿将保险标的的一切权利转移给保险人，请求保险人按保险标的全部保险金额予以赔偿的表示。被保险人必须及时发出委付通知（Notice of Abandonment），委付时必须将被保险货物全部进行委付，而且委付不能附带任何条件。保险人接到委付后，可以接受，也可以拒绝。根据我国《海商法》的规定，对于被保险人所提出的委付要求，保险人无论是否接受，都应在合理的时间内作出决定，并通知被保险人。委付只有经过保险人的承诺才能生效，即只有经保险人同意，才能按推定全损赔付。

（2）部分损失（Partial Loss）。部分损失是指被保险货物没有达到全部损失的程度，包括共同海损和单独海损。

1）共同海损（General Average）是指载货的船舶在海上航行中，遭遇自然灾害或意外事故，威胁到船舶、货物和其他财产的共同安全，船方为了解除共同危险或使航行得以继续进行，有意识地采取合理的措施所引起的特殊牺牲和额外费用，这种损失由受益各方按其财产价值进行分摊。

2）单独海损（Particular Average）是指在海上运输中，由于承保风险所直接造成的船舶和货物的部分损失。例如：载货船舶在航行中遇到狂风巨浪，海水进入货舱造成部分货物受损，即属于单独海损。单独海损由各受损方自行承担，或者按海上货物运输合同的有关规定处理。

2. 外来风险的损失

外来风险的损失是指海上风险以外的外来风险造成的被保险货物的损失。一般外来风险所造成的损失即一般外来风险损失，特殊外来风险所造成的损失即特殊外来风险损失。前者如偷窃、雨淋、短量等风险造成的货物的损失，后者如战争、罢工等风险所造成的损失。

（三）费用

费用是指被保险货物遭受保险责任范围内的事故时，除了能使货物本身受到损毁而导致的经济损失外，还会产生费用的支出。保险人负责赔偿的海上费用主要包括施救费用和救助费用。

1. 施救费用

施救费用（Sue and Labour Charges）是指被保险货物遭受保险责任范围内的自然灾害和意外事故时，被保险人或其代理人、雇用人员和保险单受让人对保险标的所采取的各种抢救被保险货物，防止或减少货物损失的措施所支出的合理费用。

2. 救助费用

救助费用（Salvage Charges）是指海上保险财产在遭受承保范围内的风险时，由被保险人和保险人以外的第三者采取救助措施，并获救成功时，由被保险人向救助的第三者所支付的报酬。国际上遵循“无效果、无报酬”原则。

二、选择适合海洋运输货物的保险险别

世界上主要国家都有自己的保险条款，其中影响最大、最为普遍采用的是英国伦敦保险业协会制定的“协会货物条款”（Institute Cargo Clauses，ICC）。中国人民保险公司根据我国保险业务的实际情况，并参照国际保险市场的习惯做法，分别制定了海洋、陆地、航空等运输方式的货物运输保险条款，总称为“中国保险条款”（China Insurance Clause，CIC）。

保险险别是保险人对风险和损失的承保责任范围，它是保险人与被保险人履行权利与义务的基础，也是保险人承保责任大小和被保险人交付保险费多少的依据。海洋运输货物保险的险别很多，概括起来分为基本险别和附加险别两大类。

（一）中国海洋运输货物保险条款与险别

根据中国人民保险公司（PICC）海洋运输货物保险条款的规定，海洋运输货物保险条款包括基本险别与附加险别的责任范围、除外责任及保险责任起讫等内容。

1. 基本险别

基本险别是指可以独立投保的险别，依据承保责任范围的大小，分为平安险、水渍险和一切险三种（见表3-4）。

表3-4　中国海洋运输货物保险条款三种基本险别对照表

险别名称	平安险	水渍险	一切险
英文全称和缩写	Free from Particular Average，FPA	With Particular Average，WPA或WA	All Risks，AR
责任范围	参见资料卡（平安险的承保范围）	平安险＋自然灾害造成的部分损失	水渍险＋11种一般附加险
除外责任	（1）被保险人的故意行为或过失所造成的损失，例如：被保险人未能及时提货而造成的货损或损失扩大。 （2）属于发货人责任所引起损失，例如：由发货人装箱引起的短装、积载不当、错装所造成的货损。 （3）在保险责任开始前，被保险货物已存在的品质不良或数量短差所造成的损失。 （4）被保险货物的自然损耗、本质缺陷、特性以及市价跌落、运输延迟所引起的损失或费用。 （5）战争险条款、罢工险条款规定的责任范围和除外责任。		
责任起讫	“仓至仓条款”（Warehouse to Warehouse Clause），是指保险人的承保责任从被保险货物运离保险单所载明的起运地发货人仓库或储存处开始运输时生效，包括正常运输过程中的海上、陆上、内河和驳船运输在内，直到该项货物到达保险单所载明目的地收货人的最后仓库或储存处所，或被保险人用作分配、分派或非正常运输的其他储存处所为止。如未抵达上述仓库或储存处所，则以被保险货物在最后卸载港全部卸离海轮后满60天为止。如在上述60天内被保险货物需转运到非保险单所载明目的地时，则以该项货物开始转运时终止。		
索赔时效	自保险事故发生之日起算，最多不超过两年。		

保险的责任起讫亦称保险期间或保险期限，指保险人承担责任的起讫时限。非在保险期间内发生的保险责任范围内的风险损失，被保险人无权索赔。被保险人可以要求扩展保险期限。例如：对某些内陆国家出口货物，如在港口卸货转运内陆，无法按保险条款规定的保险期限内到达目的地，即可申请扩展。经保险公司出立凭证予以延长，每日加收一定的保险费。

资料卡

平安险的责任范围

2. 附加险别

附加险别是对基本险别的补充和扩展，它不能单独投保，只能在投保了基本险别的基础上加保。根据损失的性质，附加险别分为一般附加险和特殊附加险。

(1) 一般附加险（General Additional Risk）。一般附加险承保一般外来风险所造成的损失，包括：

1）偷窃、提货不着险条款（Theft，Pilferage and Non-delivery Clause，TPND）。承保被保险货物因偷窃行为所致的损失和整件提货不着的损失。

2）淡水雨淋险条款（Fresh Water and /or Rain Damage Clause，FWRD）。是指货物在运输中，由于淡水、雨水以及冰雪融化所造成的损失。淡水包括船上淡水舱、水管漏水以及舱汗等。

3）短量险条款（Shortage Clause）。承保货物数量和重量发生短少的损失。对于有包装货物的短少，保险公司必须查清外包装是否发生异常现象，如破口、破裂、扯缝等。对于散装货物，往往以装船重量和卸船重量之间的差额作为计算短量的依据，但不包括正常的途耗。

4）混杂、沾污险条款（Intermixture and Contamination Clause）。承保货物在运输过程中混进杂质所造成的损失。

5）渗漏险条款（Leakage Clause）。流质、半流质的液体物质和油类物质，在运输过程中因为容器损坏而引起的渗漏损失；或因流体渗漏而引起的以流体浸装的货物（如湿肠衣、酱菜等）的腐烂变质所造成的损失。

6）碰损、破碎险条款（Clash and Breakage Clause）。承保货物碰损和破碎的损失。碰损主要是对金属、木质等货物而言的，破碎则主要是对易碎性物质而言的。前者是指在运输途中，因为受到震动、颠簸、挤压而造成货物本身的损失；后者是在运输途中由于装卸野蛮、粗鲁、运输工具的颠震造成货物本身的破裂、断碎的损失。

7）串味险条款（Taint of Odor Clause）。承保货物在运输途中因受其他带异味货物的影响而造成串味的损失。例如：茶叶、香料、药材等在运输途中受到一起堆储的皮张、樟脑等异味的影响而使品质受到影响。

8）受潮受热险条款（Sweating and Heating Clause）。承保货物在运输途中因受气温变化或水蒸气的影响而使货物发生变质的损失。例如：船舶在航行途中，由于气温骤变，或者因为船上通风设备失灵等使舱内水汽凝结、发潮、发热引起货物的损失。

9）钩损险条款（Hook Damage Clause）。货物在装卸过程中因为使用手钩、吊钩等工具所造成的损失。例如：粮食包装袋因吊钩钩坏而造成粮食外漏所造成的损失。

10）包装破裂险条款（Breakage of Packing Clause）。承保因包装破裂造成物资短少、沾污等损失以及为续运安全需要而产生的候补包装、调换包装所支付的费用。

11）锈损险条款（Rust Clause）。承保货物在运输过程中因为生锈造成的损失。不过这种生锈必须在保险期内发生，如原装船时就已生锈，保险公司不负责任。

上述11种附加险，不能独立投保，只能在投保平安险或水渍险的基础上加保。但当投保“一切险”时，因上述险别均包括在内，故无须加保。

（2）特殊附加险（Special Additional Risk）。是指承保由于军事、政治、国家政策法令以及行政措施等特殊外来原因所引起的风险与损失的险别。中国人民保险公司承保的特殊附加险包括：

1）战争险（War Risk）。承保战争或类似战争行为等引起货物直接损失，不能单独投保，只能在投保一种基本险的基础上加保。保险公司对此种险别的承保责任范围包括：由于战争、类似战争行为和敌对行为、武装冲突或海盗行为以及由此而引起的捕获、拘留、限制、扣押所造成的损失，或者由于各种常规武器（包括水雷、鱼雷、炸弹）所造成的损失，由于上述原因所引起的共同海损的牺牲、分摊和救助费用。但对原子弹、氢弹、核武器所造成的损失，保险公司不予赔偿。

战争险的保险责任起讫与基本险的保险责任起讫不同，它不采用“仓至仓条款”，仅限于“水上危险”。保险责任自货物装上保险单所载明的起运港的海轮或驳船时开始，直到保险单所载明的目的港卸离海轮或驳船时为止。如果货物不卸离海轮或驳船，则保险责任最长延至货物到目的港之当日午夜起算15天为止。如在中途港转船，则不论货物在当地卸载与否，保险责任以海轮到达该港或卸货地点的当日午夜起算满15天为止，待再装上续运海轮时恢复有效。

2）罢工险（Strike Risk）。承保由于罢工者、被迫停工工人或参加工潮、暴动、民众斗争的人员的行为或任何人的恶意行为造成的直接损失及由此引起的共同海损牺牲、分摊和救助费用。

但与罢工有关的间接损失，如在罢工期间由于劳动力短缺或不能正常履行职责所致的货物的损失，包括因此而引起的动力或燃料缺乏使冷藏机停止工作所致的冷藏货物的损失，皆不在保险人的责任范围之内。罢工险对保险责任的起讫的规定与其他海运货物保险险别一样，采取“仓至仓条款”。按国际保险业的惯例，已投保战争险后另加保罢工险，不另收保险费。如仅要求加保罢工险，则按战争险费率收费。

其他特殊附加险可扫描二维码获得。

二维码

其他特殊附加险

（二）伦敦保险业协会海洋运输货物保险条款

在国际海运保险业务中，英国是一个具有悠久历史和比较发达的国家。该国制定的保险规章制度，特别是保险单和保险条款对世界各国的影响很大。目前，世界上大多数国家在海上保险业务中直接采用英国伦敦保险业协会所制定的“协会货物条款”（ICC)。“协会货物条款”最早制定于 1912 年，后来经过多次修改，新修订条款于 2009 年 1 月 1 日起生效。主要修订内容包括：澄清条款所载的不承保事项；条款改用现代化文字，以及加入某些词语的新释义。条款经过修订后，更易看懂，更重要的是扩大了保障范围，令投保人获得更全面的保障。

在我国按 CIF 或 CIP 条件的出口交易中，国外客户要求采用伦敦保险业协会制定的“协会货物条款”时，我出口企业和保险公司一般都可接受。

1. ICC 的险别

ICC 险别见表 3－5。

表 3－5　ICC 险别列表

险别名称	英文	险别性质	对应 CIC 险别	主要区别
协会货物条款（A）	Institute Cargo Clause（A），ICC（A）	基本险	相当于一切险	一切风险减除外责任
协会货物条款（B）	Institute Cargo Clause（B），ICC（B）	基本险	相当于水渍险	列明风险方式
协会货物条款（C）	Institute Cargo Clause（C），ICC（C）	基本险	相当于平安险	列明风险方式
协会战争险条款	Institute War Clause	附加险（可单独投保）		列明风险方式
协会罢工险条款	Institute Strike Clause	附加险（可单独投保）		列明风险方式
恶意损害险条款	Malicious Damage Clause	附加险（包括在 A 险中）		列明风险方式

2. ICC 基本险的承保责任范围与除外责任

ICC（A）、ICC（B）、ICC（C）的承保范围类似于我国海洋运输货物保险中的一切险、水渍险和平安险，但不同之处在于：

二维码

ICC 基本险的承保责任范围与除外责任

（1）海盗行为所造成的损失属于 ICC（A）的承保责任范围，而在一切险中是除外责任。

（2）ICC（A）包括恶意损害险，而一切险中不包括此种险。

（3）ICC（B)、ICC（C）改变了水渍险与平安险对承保范围中某些风险不明确的弊病，采取“列明风险”的办法，即把承保风险和损失逐一列明。

3. ICC 附加险的承保责任范围与除外责任

（1）战争险的承保责任范围与除外责任。

承保责任范围：

1）直接由于战争、内战、革命、造反、叛乱或由此引起的内乱或任何交战方之间的敌对行为所造成的运输货物的损失；

2）由上述原因所引起的捕获、扣押、扣留或羁押以及此种行为结果或任何进行此种行为的企图所造成的运输货物的损失；

3）各种常规武器（被遗弃的水雷、鱼雷、炸弹或其他被遗弃战争武器）所造成的运输货物的损失。

除外责任：

ICC 战争险的一般除外责任与 ICC（A）的除外责任相同，除此之外，还包括：

1）基于航程或冒险的损失或受阻的任何索赔；

2）因敌对性使用原子或核裂变和/或聚变或其类似反应、放射性力量或物质所制造的战争武器产生的损失、损害或费用。战争险的责任起讫适用于“水面”条款，以“水上危险”为限。

（2）罢工险的承保责任范围与除外责任。

承保责任范围：

1）由于罢工者、被迫停工工人，或参与工潮、暴动的人员所造成的货物损失；

2）由于恐怖分子或出于政治动机而行动的人员所造成的货物损失。

除外责任：

罢工险的一般除外责任与 ICC（A）的一般责任相同，除此之外，还包括因罢工、关厂、工潮、暴动造成的各种劳动力缺乏、短缺或抵制引起的损失、损害或费用；基于航程或冒险的损失或受阻的任何索赔；战争、革命、造反、叛乱或由此引起的内乱或交战方之间的敌对行为造成的损失、损害或费用。

ICC 罢工险的责任起讫适用于“仓至仓条款”。

（3）恶意损害险所承担的是被保险人以外的其他人（如船长、船员等）的故意破坏行为导致被保险货物的灭失和损害。它属于 ICC（A）的责任范围，但在 ICC（B）、ICC（C）中，则被列为“除外责任”。

二维码

陆运险和陆运一切险的承保责任范围

三、选择适合各种运输方式的保险条款

在国际贸易中，不仅海洋运输的货物需要办理保险，而且陆上运输、航空运输、邮包运输的货物也都需要办理保险。保险公司对不同方式运输的货物都制定了相应的专门条款。现将中国人民保险公司对其他各种运输方式的货运保险分别介绍如下：

(一) 陆上运输货物保险条款

中国人民保险公司（2018 版）陆上运输货物保险条款规定：本保险分为陆运险和陆运一切险两种。

(二) 航空运输货物保险条款

中国人民保险公司（2018 版）航空运输货物保险条款规定：本保险分为航空运输险和航空运输一切险两种基本险别。

航空运输险和航空运输一切险的承保责任范围

(三) 邮包运输保险条款

邮包运输保险是承保邮包在运输途中因自然灾害、意外事故和外来原因所造成的损失。中国人民保险公司（2018 版）邮包险条款规定，邮包运输保险分为邮包险和邮包一切险两种基本险别。在投保这两种基本险别之一的基础上，还可酌情加保一种或若干种附加险。

邮包险和邮包一切险的承保责任范围

四、合同中保险条款的内容

保险条款主要包括：投保责任的归属、保险金额的确定、保险险别的选择及保险条款的选择等内容。

(一) 保险责任的归属

凡以 FOB、CFR 条件成交的出口合同，由买方承担货物在运输途中的风险，并负责办理保险和支付保险费，因此合同中的保险条款，只要明确规定由买方办理即可。

凡以 CIF、CIP 条件成交的出口合同，均需向保险公司按照投保金额、险别和适当的条款投保，并订明由卖方办理保险。

(二) 保险金额的确定

1. 保险金额的计算

保险金额（Insured Amount）是指一个保险合同项下保险公司承担赔偿或给付保险金责任的最高限额，即投保人对保险标的的实际投保金额；同时，又是保险公司收取保险费的计算基础。按照国际保险市场的习惯做法，出口货物的保险金额一般按 CIF 货价另加 10%计算，这增加的 10%即保险加成率。之所以要加一成投保，主要为了在货物发生损失时，使被保险人所支出的费用（开证费、电报费、借款利息、税款等）及进口商的预期利润能获得补偿。

保险金额的计算公式为：

保险金额＝CIF 价×(1＋投保加成率)

2. 保险费的计算

投保人按约定方式交纳保险费是保险合同生效的条件。保险费率（Premium Rate）是由保险公司根据一定时期不同种类的货物的赔付率，按不同险别和目的地确定的。保险费根据保险费率表按保险金计算，其计算公式是：

保险费＝保险金额×保险费率

如按 CIF 加成投保：

保险费＝CIF 价×(1＋投保加成率)×保险费率

【实例 3－2】 某公司出口一批纺织品到欧洲某港口，单价为 CIF 欧洲某港口，每打 105 美元，保险费率为 8‰，按加成 10％投保。问：保险金额为多少？保险费为多少？

解：保险金额＝CIF×(1＋加成费率)＝105×(1＋10％)＝115.5（美元）

保险费＝保险金额×保险费率＝115.5×8‰＝0.924（美元）

答：每打保险金额为 115.5 美元，应支付保险费 0.924 美元。

（三）保险险别的选择

由于保险人对不同的险别承保不同的责任范围，因此投保人在投保时必须选择适当的险别进行投保。选择投保险别时，应掌握两个原则：一是保障的充分性，即该投保的不漏报，否则在货物遭受损失时将得不到损失赔偿；二是保障的合理性，即不该投保的不投保，否则造成浪费。选择投保险别时，还应充分考虑货物的特性与包装、货物的残损规律、运输方式和运输路线及港口情况以及国际形势的变化等因素的影响。

（四）保险条款的选择

不同的保险条款其责任有所不同。目前我国通常采用中国人民保险公司 2009 年或 2018 年修订的货物运输保险条款为依据。但有时国外客户要求按照英国伦敦保险业协会货物保险条款为准，我方也可以接受。

条款示例

［例 1］ 保险：由卖方按发票金额的 110％投保伦敦保险业协会 2009 年 1 月 1 日订立的货物 A 险。

Insurance: To be covered by the seller for 110% of total invoice value against ICC (A), as per Institute Cargo Clauses dated 1/1/2009.

［例 2］ 保险：由卖方按照发票金额的××％投保陆运（火车、汽车）一切险和海洋运输货物一切险，按中国人民保险公司×年×月×日陆上运输货物保险条款和海洋运输货物保险条款承保，包括战争险，按×年×月×日陆上运输货物战争险（火车）条款和×年×月×日海洋运输货物战争险条款承保。

Insurance: To be covered by the seller for... of the total invoice value against Overland Transportation All Risks as per Overland Transportation Cargo Insurance Clauses "Trains, Truck" and Ocean Marine Cargo Clauses of the People's Insurance Company of China dated... including War Risk as per Overland Transportation Cargo War Risks Clauses (By Train) dated... and Ocean Marine Cargo War Risks Clauses dated...

问题探究

1. 当采用的运输方式为多式联运时，应投保什么样的险别？

2. 若一个客户在两个保险公司就一票货物都进行了投保，当货物发生了承保责任范围内的损失时，他会从两家保险公司得到双倍的赔偿吗？为什么？

3. 在买方和卖方分别办理保险的情况下，保险公司的责任起讫是不是都是“仓至仓条款”？为什么？

4. 中国海洋运输货物保险条款中的基本险和伦敦保险业协会的基本险，承保的范围有什么区别？

思考练习

一、填空题

1. 海上风险分为__________和__________。海上损失按损失程度的不同分为__________和__________。

2. 我国在进出口货物时通常使用的保险条款是__________，现行的是__________年__________月__________日制定的。

3. CIC 条款中的《海洋运输货物保险条款》中将险别分为__________和__________，其中，能单独进行投保的三种险别是__________、__________和__________。

4. ICC 条款中共有__________种险别，它们是__________险、__________险、__________险、__________险、__________险和__________险。其中__________险是不能单独投保的。

5. 投保人在投保一切险后，根据需要还可加保__________险。

6. 共同海损的损失与费用通常是由__________、__________和__________按获救价值的比例共同分摊。

7. 我国《陆上运输货物保险条款》的基本险叫作__________和__________，这两项险别中保险公司的责任起讫是__________。

8. UCP600 规定，如果由卖方投保，则投保金额一般应是 CIF 发票金额的__________。

9. 我国航空运输货物保险的险别包括__________和__________。

10. 我国邮包运输保险的险别包括__________和__________。

二、判断、单选题

判断、单选题

三、计算题

1. 某公司对外出售商品一批，报价 CIF 伦敦 23 000 欧元，按发票金额 110%投保一切险和战争险，两者费率合计为 0.88%，现客户要求改报 CFR 价。试计算：在不影响收汇额的前提下，应报多少？

2. 我方出口一批货物，发票总金额为 USD 12 000，设加一成投保一切险和战争险，费率分别为 0.8%、0.08%。试计算：该批货物的投保金额和保险费各是多少？

四、案例分析题

1. 我方向澳大利亚出口坯布 100 包，我方按合同规定加一成投保水渍险，在海运途中因舱内食用水管破裂漏水，致使该批坯布中的 30 包浸有水渍。试问：此项损失应该向保险公司索赔还是向船公司索赔？

2. 某货轮从青岛港驶往孟买，在船行驶途中船舶货舱起火，大火蔓延到机舱，船长为了船货的共同安全，决定采取紧急措施，往舱中灌水灭火。火虽然被扑灭，但由于主机受损，无法继续航行，于是船长决定租用拖船将货船拖回青岛修理，检修后重新驶往孟买。事后调查，这次事件造成的损失有：

A. 560 箱货物被火烧毁　　B. 320 箱货物由于灌水灭火受到损失

C. 主机和部分甲板被烧坏　　D. 拖船费用

E. 额外增加的燃料和船长、船员工资

试问：以上哪些损失属于单独海损？哪些属于共同海损？

3. 某外贸公司按 CIF 术语出口一批货物，装运前已向保险公司按发票总值 110%投保平安险，6 月份货物装妥顺利开航。载货船舶 6 月 13 日在海上遇到暴风雨，致使一部分货物受到水渍，损失价值为 2 500 美元。数日后，该轮又突然触礁，致使该货又遭部分损失，价值为 7 600 美元。试问：保险公司对该批货物的损失是否赔偿？为什么？

4. 某公司以 CIF 上海从国外进口一批货物，并据卖方提供的装船通知及时向中国人民保险公司投保了水渍险，后来由于国内用户发生变更，我方通知承运人货物改卸宁波港。在货物由宁波装火车运往温州途中遇到山洪，致使部分货物受损，我进口公司据此向保险公司索赔，但遭拒绝。试问：保险公司拒赔有无道理？如海轮正常于 6 月 1 日抵达上海港并开始卸货，6 月 3 日全部卸在码头货棚中而未运往收货人仓库，则保险责任于何日终止？

5. 某外贸公司与德国某商达成一项皮衣出口合同，价格条件为 CIF 悉尼，支付方式为不可撤销即期信用证，投保协会货物保险条款 ICC（A）。由于赶工期交货，生产厂家在皮衣未晾干的情况下装入双层瓦楞纸箱，再装入集装箱。货物到达目的港后，检验结果表明，全部货物湿、霉、沾污、变色，损失达 8 万美元。据分析，该批货物出口地不异常热，进口地不异常冷，完全属于正常运输。试问：（1）保险公司对该批货物是否负责赔偿？为什么？（2）进口商对受损货物是否支付货款？为什么？

五、实务操作题

请根据以下资料缮制保险单（见表 3-6）。

The Seller：Qingdao Golden Bridge Import & Export Co.，LTD.

The Buyer：Singapore ABC Trading Co.

Trade Term：CIF Singapore

Description of Goods：Caned Yellow Peach

Quantity：500 Cartons

Invoice Value & No.：USD 10,000，123456

Shipping Mark：ABC/Singapore/S/C 202103001/No. 1-500

Insurance Policy No.：2021031312

Covering：to be covered by the seller for 110% of invoice value against all risk and war risk as per ocean marine cargo insurance clause of PICC dated 01/01/2009

S. S：DONGFANG V. 123

Shipment：from Qingdao China to Singapore

Issuing Date：March 13，2021

表 3-6 货物运输保险单

中国人民财产保险股份有限公司

PICC Property and Casualty Company Limited

总公司设于北京　　　　一九四九年创立

Head Office Beijing　　Established in 1949

货物运输保险单

CARGO TRANSPORTATION INSURANCE POLICY

保险单号（Policy No.）

被保险人（Insured）：________________

中国人民财产保险股份有限公司（以下简称“本公司”）根据被保险人要求，以被保险人向本公司缴付约定的保险费为对价，按照本保险单列明条款承保下述货物运输保险，特订立本保险单。

THIS POLICY OF INSURANCE WITNESSES THAT PICC PROPERTY AND CASUALTY COMPANY LIMITED (HEREIN AFTER CALLED "THE COMPANY") AT THE REQUEST OF THE INSURED AND IN CONSIDERATION OF THE AGREED PREMIUM PAID TO THE COMPANY BY THE INSURED, UNDERTAKES TO INSURE THE UNDERMENTIONED GOODS IN TRANSPORTATION SUBJECT TO CONDITIONS OF THIS POLICY AS PER THE CLAUSES PRINTED BELOW.

标记 MARKS & NOS.	包装及数量 PACKAGE & QUANTITY	保险货物项目 GOODS	保险金额 AMOUNT INSURED

总保险金额（Total Amount Insured）：________________

保费（Premium）：________________

启运日期（Date of Commencement）：________________

装载运输工具（Per Conveyance）：________________

自：　　　　　　　　经：　　　　　　　　至：

From ________________ Via ________________ To ________________

承保险别（Conditions）：

所保货物如发生保险单项下可能引起索赔的损失，应立即通知本公司或下述代理人查勘。如有索赔，应向本公司提交正本保险单（本保险单共有____份正本）及有关文件。如一份正本已用于索赔，其余正本自动失效。

IN THE EVENT OF LOSS OR DAMAGE WHICH MAY RESULT IN A CLAIM UNDER THIS POLICY, IMMEDIATE NOTICE MUST BE GIVEN TO THE COMPANY OR AGENT AS MENTIONED CLAIMS, IF ANY, ONE OF THE ORIGINAL POLICY WHICH HAS BEEN ISSUED IN ____ ORIGINAL (S) TOGETHER WITH THE RELEVENT DOCUMENTS SHALL BE SURRENDERED TO THE COMPANY. IF ONE OF THE ORIGINAL POLICY HAS BEEN ACCOMPLISHED, THE OTHERS TO BE VOID.

保险人：中国人民财产保险股份有限公司青岛市分公司

UNDERWRITER: PICC Property and Casualty Company Limited Qingdao Branch

电话（TEL）：0532-85715888/85719335　　传真：0532-85719335

地址：中国，青岛香港中路66号19楼

ADD: 19/F NO. 66 XIANGGANG ZHONG ROAD QINGDAO, CHINA

邮编（POSTCODE）：266071

赔款偿付地点（Claim Payable at）：________________　　授权人签字 Authorized Signature

签单日期（Issuing Date）：________________

核保人：　　　　制单人：　　　　经办人：

任务六 拟定合同的价格条款

任务导入

某年8月，我国某进出口公司A接到瑞典B公司购买某种产品的询盘，其中价格条款为USD 59/PC CIF GOTHENBURG。A公司业务员核算该产品的价格后，认为USD 39/PC比较合理，他认为可能是对方报错了价格。本着诚实和友好的原则，经过与主管领导商量，A公司业务员复电告知对方价格可能报太高了。B公司立刻复电同意A公司的价格条件USD 39/PC CIF GOTHENBURG，并寄来已经签名的成交合同。A公司也在合同上签字，并寄回一份给瑞典方存档。但事后不久，A公司分别接到加拿大和澳大利亚等国公司的询盘，价格都在USD 60/PC左右，这时A公司才意识到可能自己报价太低。经了解，该商品的国际市场价格确实在USD 60/PC左右，这笔业务使A公司少收了10万美元。

分析： 负责这笔业务的业务员和主管领导整体素质都不高，报价时严重违背了国际市场价格，不重视对国际市场行情的调查。同时在核算价格上也有严重错误，习惯性地将成本加成法用于国际贸易商品的报价，盲目成交。

任务分解

在国际贸易中，买卖双方洽谈交易时，最关心的是成交价格。商品的价格是交易的核心内容，关系到买卖双方最根本的经济利益，直接对合同中的其他条款产生重大影响。双方在合同其他条款上的利害得失，都会在价格上体现出来。因此，价格是合同的核心条款，讨价还价往往成为双方交易磋商的主要内容。正确掌握进出口商品的价格，合理采用各种作价办法，选用有利的计价货币，适当运用佣金和折扣，并根据客户要求进行不同情况下的价格换算，订好合同中的价格条款，对于外贸企业提高经济效益具有十分重要的意义。

一、选择适合的贸易术语

（一）贸易术语的含义

国际贸易术语被称为“对外贸易的语言”，是在长期的贸易实践中形成的。贸易术语是指用一个简短的概念或三个字母的英文缩写来表示商品的价格构成，说明交货地点，明确货物交接过程中有关的责任、风险、费用的划分问题的专门用语。

国际贸易术语是国际商事惯例的一种，是伴随着18、19世纪世界范围内商品货物贸易的大规模开展而出现的。在最早的商事贸易活动中，由于海上航运业的兴起，海上货物运输开始较早，并且比其他运输方式发展也较为成熟，货物通常通过海洋长途运输自卖方交付给买方。在这一贸易过程中，买卖双方须就货物的运输、保险、在不同国家之间办理进出口清关手续以及支付货款等问题，明确各自的责任、费用以及风险的承担。由于国家间法律制度和文化差异，买卖双方不仅要承担货物在运输途中灭失或损害的风险，而且会面对法律的解释和适用上的困难，从而加大了商人参与国际贸易的成本和风险，交易过程中的不确定性增加，对国际贸易的发展造成了一定的障碍。

贸易术语的出现，仅用简短的概念明确了买卖双方的权利和义务，规范了各国货物贸易，从而促进了全球范围内商事贸易活动的进行与发展。每种术语代表特定的交货条件，表明买卖双方各自承担的不同的责任、费用和风险，供交易双方选择使用，从而取代了烦琐、冗长的交易磋商。同时，卖方因承担具体责任、风险而产生的成本、费用会作为货价的组成部分，所以贸易术语又具有了另一重性质：表示商品的价格构成。承担的责任、费用和风险的大小影响成交商品的价格。例如：如果出口商承担的风险大、责任广、费用多，他便会将这些计入货价中，货价自然会高；反之，如果进口商承担的风险、责任、费用多，而出口商承担的少，货价自然就会低。按不同的贸易术语成交，会体现成交商品具有不同的价格，所以，贸易术语有时也被称为“价格术语”或“价格条件”。

因此，贸易术语具有两重性质：一是表明交货条件，即交货地点、责任划分、风险划分、费用分担；二是表示商品的价格构成。

（二）贸易术语的作用

1. 简化交易手续，缩短洽商时间，节约费用开支

由于贸易术语代表特定的交货条件和价格构成，买卖双方只要约定按何种贸易术语成交，即可明确彼此在货物交接方面所应承担的风险、责任和费用。一些国际贸易惯例对贸易术语作了统一的解释和规定，作为国际贸易的行为准则，便于买卖双方遵照执行。

2. 有利于交易双方进行比价和加强成本核算

贸易术语代表商品的价格构成，卖方因承担具体义务而产生的费用会相应地体现在货价中。因此，贸易术语便于卖方在报价前将所有成本费用统计好，进行成本核算，也便于买方清楚地了解卖方所报价格中的构成因素，从而促进交易的顺利达成。

3. 有利于防止和解决贸易争端

买卖双方签约时，可能对某些问题规定得不明确，导致履约时产生争议，这时可援引国际贸易惯例中对贸易术语的一般解释来处理。

（三）与国际贸易术语有关的国际贸易惯例

早在19世纪初，国际贸易中就已开始使用贸易术语。但在相当长的时间内，国际上对贸易术语并没有形成统一的解释，导致一份合同的当事人往往因对一个术语的理解不同而形成分歧，甚至产生争议。为了解决这一问题，以适应国际贸易的发展，国际商会、国际法协会等国际组织以及美国的一些商业团体纷纷制定了解释国际贸易术语的规则，这些

规则被广泛采用，形成了有关贸易术语的国际贸易惯例。

目前，国际上有关贸易术语的惯例有以下三种：

1.《1932 年华沙-牛津规则》

1928 年，国际法协会在华沙举行会议，制定了《关于 CIF 买卖合同的统一规则》，共 22 条，称为《1928 年华沙规则》。后又经 1930 年纽约会议、1931 年巴黎会议和 1932 年牛津会议修订为 21 条，定名为《1932 年华沙-牛津规则》（*Warsaw-Oxford Rules 1932*）。

《1932 年华沙-牛津规则》对 CIF 合同的性质、特点及买卖双方的权利和义务都作了具体的规定和说明。

《1932 年华沙-牛津规则》对 CIP 合同买卖双方的规定

2.《1990 年美国对外贸易定义（修订本）》

1919 年，美国九大商业团体在纽约制定了《美国出口报价及其缩写》，即美国的有关贸易术语的条例。后来，随着国际贸易习惯的变化，该条例在 1941 年美国第 27 届对外贸易会议上被修订，命名为《1941 年美国对外贸易定义（修订本）》（*Revised American Foreign Trade Definitions 1941*），并被美国商会、美国进口商协会和美国对外贸易协会所组成的联合委员会通过，由美国对外贸易协会予以公布，成为在美洲国家通用的主要贸易惯例，1990 年再次修订。

六种贸易术语的解释

该修订本对六种贸易术语可通过二维码获得。

3.《2020 年国际贸易术语解释通则》

1936 年，国际商会制定了一套解释贸易术语的具有国际性的统一规则，称为《国际贸易术语解释通则》。随后，为了适应国际贸易业务的不断发展，国际商会先后于 1953 年、1967 年、1976 年、1980 年、1990 年、2000 年、2010 年、2020 年推出该通则的修订本，现在通用的是 2020 年 1 月 1 日生效的新修订本，名为《2020 年国际贸易术语解释通则》（Incoterms® 2020），简称《2020 通则》。它是内容最多、使用范围最广、影响最大的有关贸易术语的国际贸易惯例。

（1）《2020 通则》与《2010 通则》的对比。已装船批注提单和 FCA Incoterms® 规则；费用（如列出）；CIF 和 CIP 中保险险别的不同级别；将 DAT 的三个首字母的缩写改为 DPU；在 FCA、DAP、DPU、DDP 中使用卖方或买方自己的运输工具安排运输；在运输义务和费用中加入与安全有关的要求；用户解释说明。

《2020 通则》中的 11 个贸易术语，分为特征明显的两大类：

适用于任何运输方式或多种运输方式的术语：EXW、FCA、CPT、CIP、DPU、DAP、DDP 7 种。在这 7 个规则中，交货和风险转移何时发生取决于使用的特定规则。适用于海运及内河水运的术语有 FAS、FOB、CFR、CIF 4 种，适用于卖方在海港或内河港口将货物装到船上，或在 FAS 下的船边交货，即卖方在此地点向买方交货。使用这些规则时，货物灭失或损坏的风险从该港口起由买方承担。为了避免误用不正确的规则，需要明确 Incoterms®规则并不是专门是价格指标，它们是公认买卖合同中卖方和买方相互承担的一般义务的清单，主要任务之一是指明风险转移的交货港口、地方和地点。具体见表3-7。

表3-7 《2020通则》贸易术语一览表

适用的运输方式	术语缩写	含义	
		英文	中文
适合任何运输方式或多种运输方式	EXW	EX Works	产地交货
	FCA	Free Carrier	货交承运人
	CPT	Carriage Paid to	运费付至
	CIP	Carriage Insurance Paid to	运费、保险费付至
	DAP	Delivered at Place	目的地交货
适合任何运输方式或多种运输方式	DDP	Delivered Duty Paid	完税后交货
	DPU	Delivered at Place Unloaded	目的地卸货后交货
适合海运及内河运输	FAS	Free alongside Ship	船边交货
	FOB	Free on Board	船上交货
	CFR	Cost and Freight	成本加运费
	CIF	Cost Insurance and Freight	成本加保险费、运费

（2）Incoterms®不规定什么？

Incoterms®规则反映了企业之间货物买卖合同的实务，主要描述买卖双方义务、风险和费用。Incoterms®规则不是一份销售合同，因此不能作为销售合同的替代，只有在被并入一份已经存在的合同后才成为合同的一部分。

Incoterms®规则不处理下列事项：

销售合同究竟是否存在；出售的货物的规格；价款支付的时间、地点、方式或币种；可供寻求的销售合同的违约救济；延迟或其他违反合同履行义务所导致的绝大多数后果；制裁的影响；征收关税；进出口禁令；不可抗力或艰难情形；知识产权；或违约情况下纠纷解决的方式、地点和法律；不涉及所售货物的财产/权利/所有权的转移问题。

当事人需要在销售合同中明确规定上述事项，避免日后产生履约或违约纠纷。

（3）如何将《2020通则》最佳地并入合同？

根据《2020通则》的规定，如果当事人希望《2020通则》适用于其合同，需要在合同中增加明确意图的措辞，并注明年份以明确使用的版本："［所选择的 Incoterms®规则］［指定的港口、地方或点］Incoterms®2020"。例如：

FOB Shanghai Incoterms®2020

DAP No. 123，ABC Street，Importland Incoterms®2020

（4）买卖双方义务的划分。《2020通则》在每种术语的解释上，对买卖双方各列出10项义务，在每条具体义务前则分别加注"卖方必须"和"买方必须"（见表3-8）：

表3-8 买卖双方的义务

A卖方义务	B买方义务
A1 卖方一般义务	B1 买方一般义务
A2 许可证、授权、安检通关和其他手续	B2 许可证、授权、安检通关和其他手续

续表

A 卖方义务	B 买方义务
A3 运输合同和保险合同	B3 运输合同和保险合同
A4 交货	B4 收取货物
A5 风险转移	B5 风险转移
A6 费用划分	B6 费用划分
A7 通知买方	B7 通知卖方
A8 交货凭证	B8 交货证据
A9 检验—包装—标记	B9 货物检验
A10 协助提供信息及相关费用	B10 协助提供信息及相关费用

如前所述，以上这些有关贸易术语的规则、定义、解释通则，并不具有普遍的法律约束力。买卖合同的交易当事人可以自主决定采用某惯例，并有权在合同中做出与某项惯例不符的规定。只要合同有效成立，买卖双方都要履行合同规定的义务，一旦发生争议，法院和仲裁机构也要维护合同的有效性。但如果买卖双方在合同中既未排除，也未注明适用某项惯例，则在合同执行中发生争议时，法院或仲裁机构往往会引用某一国际贸易惯例进行判决或裁决。因此，贸易惯例对国际贸易实践具有重大的指导意义。

（四）选择适合水运的贸易术语

国际商会《2020 通则》解释的 11 种贸易术语中，仅适合水运的术语有 FOB、CFR、CIF 和 FAS，尤其是 FOB 术语、CFR 术语、CIF 术语使用非常广泛。掌握这三种主要贸易术语的含义、买卖双方的义务以及在使用中应注意的事项十分重要。

1. FOB 术语

FOB 的全称是 Free on Board（…named port of shipment），即船上交货（……指定装运港）。“船上交货”是指卖方以在指定装运港将货物装上买方指定的船舶或通过取得已交付至船上货物的方式交货。货物灭失或损坏的风险在货物交到船上时转移，同时买方承担自那时起的一切费用。FOB 术语只适用于海运或者内河运输，不适用于货物在上船前已经交给承运人的情况，如在集装箱终端被交给承运人，应考虑使用 FCA 术语。

（1）卖方义务。

1）负责在合同规定的日期或期限内，在指定装运港内的装货点，将货物置于买方指定的船舶之上，或以取得已经如此交付的货物的方式交货，并给予买方充分的通知。

2）卖方必须办理出口国要求的所有出口清关手续并支付费用和任何其他官方授权。

3）承担完成交货前货物灭失或损坏的一切风险。

4）负责提交商业发票、证明交货的通常证据，或者同等效力的电子单证。

（2）买方义务。

1）负责租船订舱，支付运费，并给予卖方关于船名、装船地点和要求交货时间的充分通知。

2）负责办理货物进口和从他国过境运输所需的一切海关手续。

3）承担卖方交货后货物灭失或损坏的风险。

4）接受卖方提交的与合同相符的单据，受领与合同相符的货物并支付价款。

（3）使用FOB术语应注意的问题。

1）船货衔接。按FOB术语成交的合同，卖方应按合同规定的装船期和装运港，将货物装上船；在链式销售中，取得已经在船上交付的货物。但订立运输合同、安排船只是买方的义务，买方应租船订舱，将船名、装船时间等及时通告卖方，以便卖方备货装船。这就存在船货衔接的问题，如果处理不好这一问题，发生货等船或船等货的情况，势必影响合同的正常履行。

按有关法律和惯例对买卖双方义务的规定，如果买方按期派船到装运港并给予了卖方充分的通知，而卖方因货未备妥未能及时装运，则卖方应承担未按合同履约的后果，包括负担空舱费或滞期费；如果买方延迟派船导致卖方不能按合同规定时间装船交货，则由买方承担由此产生的损失和费用。

资料卡

二维码

FOB 术语下风险的提前转移

2）FOB术语下卖方的通知义务。为了配合买方及时派船和办理保险，在交货期比较长的情况下，要求卖方发送货已备妥通知，货物装船后发送已装船通知。在《2020通则》中规定“船舶未在约定时间内提货，给予买方充分的通知”，以便买方在船舶接货出现问题时，及时掌握信息，进行适当的调整，避免不必要的损失。

3）《1990年美国对外贸易定义（修订本）》对FOB的不同解释。《1990年美国对外贸易定义（修订本）》将FOB分成六种解释，其中的第五种“指定装运港船上交货”与《2020通则》的解释基本相近。与美洲国家的商人进行交易，要注意两个惯例规定的区别。

一是《1990年美国对外贸易定义（修订本）》中的第五种解释“FOB Vessel”是指“装运港船上交货”，要注意在FOB术语后加上“Vessel”一词，如：FOB Vessel New York。

二是关于出口清关问题，《2020通则》规定卖方办理出口清关，而《1990年美国对外贸易定义（修订本）》规定卖方只是“在买方请求并由其负担费用的情况下，协助买方取得由原产地及/或装运地国家签发的，为货物出口或在目的地进口所需的各种证件”，即买方应负担一切出口捐税及各种费用。

二维码

FOB 的变形

4）FOB的变形。

2. CFR术语

CFR的全称是Cost and Freight（…named port of destination），即成本加运费（……指定目的港）。“成本加运费”是指卖方在装运港将货物装上船，或者取得已如此交付的货物。货物灭失或损坏的风险在货物交到船上时转移，而不论货物是否实际以良好的状态、约定的数量或是否确实到达目的地。卖方必须签订合同，并支付必要的成本和运费，将货物运至指定的目的港。CFR 术语可能不适用于货物在上船前已经交给承运人的情况，应当使用 CPT 术语。

（1）卖方义务。

1）负责租船订舱，支付货物运至目的港的运费；在合同规定的时间和交货地的约定交货点，将货物装上船，或者取得已装船货物的方式交货；装船后及时通知买方，以便买方投保。

2）承担货物在装运港交货前的一切费用和风险。

3）负责办理货物出口清关。

4）负责提供商业发票，以及合同可能要求的其他与合同相符的证据，或具有同等效力的电子单证。

（2）买方义务。

1）接受卖方提供的与合同相符的单据，受领货物，支付货款。

2）承担货物在装运港交货后的一切风险。

3）负责办理货物进口清关。

如上所述，按 CFR 术语成交的合同，卖方要自负风险和费用，在合同规定期限内，将符合合同规定的货物装上船，并及时通知买方。货物在装上船或者取得已装船货物的方式交货时，风险即由卖方转移至买方。这与 FOB 条件下卖方承担的义务是相同的。不同的是，CFR 条件下的卖方要负责租船订舱，支付到指定目的港的运费（包括装船费用以及根据运输合同由卖方支付的在约定卸货港的任何卸货费用）。因此，CFR 术语代表的价格构成，除“成本”（即 FOB 价）外，还应包括出口运费。

（3）使用 CFR 术语应注意的问题。

1）卖方应及时发出装船通知。采用 CFR 术语，卖方应按约定或惯常方式，在货物装船后及时以电传、传真、电子邮件等方式向买方发出装船通知。

在 CFR 条件下，卖方仅负责办理货物的出口运输，不负责办理货物自装运港至目的港的货运保险，而货物在装运港装上船后，风险即由买方负担，因此，卖方应在装船后及时向买方发出装船通知，以便买方及时投保。按有关法律及惯例的规定，如果货物在运输途中受损，而卖方未及时发出装船通知导致买方漏保，那么卖方不能以风险在装运港装上船后转移为由免除责任。

2）CFR 的变形。在程租船运输中，如果船方不愿负担卸货费，买卖双方就必须在合同中明确由谁负担卸货费。这在实践中是通过 CFR 术语的变形，即在 CFR 术语后加列附加条件来说明的。

二维码

CFR 的变形

与 FOB 术语的变形相同，CFR 术语的变形通常也仅仅说明卸货费用的划分，并不改变买卖双方交货地点、风险划分等。但按《2020 通则》的规定，最好在合同中明确注明费用划分的方法，或注明附加的条件并不改变除费用划分外的任何规定。

3. CIF 术语

CIF 的全称是 Cost，Insurance and Freight（...named port of destination），即成本加保险费、运费（……指定目的港）。“成本加保险费、运费”是指卖方在装运港船上交货或以取得已经这样交付的货物方式交货，货物灭失或损坏的风险在货物交到船上时转移。卖方必须签订合同，并支付必要的成本和运费，以将货物运至指定的目的港。卖方订立保险合同，并支付保险费。买方应注意到，在 CIF 术语下卖方只需按最低险别投保。如果买方要得到更大责任保险险别的保障，需向卖方明示并与之达成协议，或者自行安排额外保险。本术语只能用于海运和内河运输。如果使用多种运输方式（常见于货物在集装箱终端交给承运人的情形），则适合使用的规则是 CIP。

（1）卖方义务。

1）负责租船或订舱，支付至目的港的运费；在合同规定的日期或期限内，在装运港将符合合同的货物装上船或者取得已这样交付的货物的方式交货；装船后及时通知买方。

2）承担货物在装运港交货之前的一切费用和风险。

3）负责办理货物运输保险，支付保险费。

4）负责办理货物出口清关。

5）负责提供商业发票、保险单和在目的港提货用的运输单据或具有同等效力的电子单证。

（2）买方义务。

1）接受卖方提供的交货凭证，受领货物，支付货款。

2）承担货物在装运港交货后的风险。

3）负责办理货物进口清关。

CIF 术语与 FOB 术语、CFR 术语同属于装运港交货的术语，卖方只要在装运港将货物装上船或者取得这样交付的货物，就完成了交货义务，对货物交付后发生的一切风险和由此产生的额外费用，不负责任。不同的是，在 CIF 术语下，卖方为运输过程中的买方风险办理保险，并支付保险费，因此从商品的价格构成来说，CIF 价等于在 CFR 价基础上加上保险费。

（3）使用 CIF 术语应注意的问题。

1）象征性交货是指卖方只要按期在约定地点完成装运，并向买方提交包括物权证书在内的有关单证，就算完成了交货义务，而无须保证到货。与此相对的交货方式是实际交货，是指卖方必须按照合同规定的时间和方式，将符合合同的货物交给买方或其指定人，不能以交单代替交货。

CIF 是一个典型的象征性交货术语。在这种交货方式下，卖方凭单交货，买方凭单付款。只要卖方如期向买方提交了合同规定的全套单据（种类、名称、内容、份数相符），即使货物在运输途中损坏或灭失，买方也必须履行付款义务。反之，如果卖方提交的单据不符合要求，即使货物完好无损地到达目的地，买方仍有权拒付货款。

2）卖方办理保险的责任。在 CIF 合同中，卖方是为了买方的利益而办理货运保险的。

按《2020 通则》的规定，如合同中没有另外规定，卖方只需按 ICC（C）条款或类似条款的最低险别；如果买方有要求并承担费用，卖方应办理买方要求的附加险别。例如：协会战争险条款、协会罢工险条款或类似条款的险别。最低保险金额是合同规定价格另加 10%（即 110%），并采用合同货币。例如：由卖方按发票金额的 110%投保水渍险和战争险，按 1981 年 1 月 1 日修订的中国人民保险公司“海运货物保险及战争险条款”负责。

3）CIF 的变形。采用程租船运输时，如果船方不愿承担卸货费，买卖双方就要通过 CIF 的变形来明确卸货费用由谁承担。与 CFR 相同，CIF 的变形仅是为了说明卸货费用的负担，并不改变交货地点和风险划分。

二维码

CIF 的变形

4. FAS 术语

FAS 的全称是 Free alongside Ship（...named port of shipment），即船边交货（……指定装运港），是指当卖方在指定装运港将货物交到买方指定的船边（如置于码头或驳船上）时，即为交货。货物灭失或损坏的风险在货物交到船边时发生转移，同时买方承担自那时起的一切费用。

与 FOB 术语相同，FAS 适用于海运和内河航运，但卖方的交货地点不是在装运港船上，而是在装运港船边，因而卖方所负担的风险、费用仅止于船边。卖方应负责货物的出口清关。由于卖方承担在特定地点交货前的风险和费用，而且这些费用和相关作业费可能因各港口管理不同而变化，特别建议双方尽可能清楚地订明指定的装运港内的装货点。

当货物装在集装箱里时，卖方通常将货物在集装箱码头移交给承运人，而非交到船边。这时，FAS 术语不适用，而应当使用 FCA 术语。

（五）选择适合各种运输方式的贸易术语

1. EXW 术语

EX Works（...named place），即产地交货（……指定地点），是指当卖方在其所在地或其他指定地点将货物交给买方处置时，即完成交货。卖方不需将货物装上任何前来接收货物的运输工具，需要清关时，卖方也无须办理出口清关手续。

EXW 术语是卖方承担责任最小的术语，使用时应注意以下问题：

（1）明确交货地或精准的交货点，建议双方在指定交货地范围内尽可能明确具体交货地点，因为在货物到达交货地点之前的所有费用和风险由卖方承担。

（2）卖方对买方没有装货的义务，即使实际上卖方也许更方便这样做。

（3）买方负责办理货物的出口清关手续。因此，在买方不能直接或间接地办理出口清关手续时，不建议使用该术语。

（4）买方仅有限度地承担向卖方提供货物出口相关信息的责任。

但在实际操作中，卖方经常会帮助买方将货物装至买方的运输工具上，或是买方要求卖方承担更多的义务。在这种情况下，双方应在买卖合同中写明。

EXW 术语本属按国内贸易的办法进行交易，但也可用于国际贸易。由于《2020 通则》规定EXW术语适用于各种运输方式，因此该术语在一些国家，特别是在陆地接壤国家之间应用得比较普遍。

在使用该术语时，买方要承担的责任、风险和费用是所有术语中最大的。但按该术语成交的价格低廉，对许多进口商具有一定的吸引力。买方应认真考虑可能遇到的各种风险、运输环节及在出口国的出口清关问题，权衡利弊。如果买方不能直接或间接地办理出口手续，则不应使用该术语，而应使用FCA术语。

2. FCA术语

FCA的全称是Free Carrier（...named place），即货交承运人（……指定交货地点），是指卖方在卖方所在地或其他指定地点将货物交给买方指定的承运人或其他人。

（1）卖方义务。

1）负责办理货物出口清关。

2）在合同规定的时间、地点，将货物交给买方指定的承运人或其他人，并及时通知买方。

3）承担货交承运人之前的一切费用和风险。

4）负责向买方提交交货的单据或同等效力的电子单证。

（2）买方义务。

1）签订自指定地点承运货物的合同，支付货物运至目的地的运费，将承运人名称及有关情况及时通知卖方。

2）负担货交承运人后的一切费用及风险。

3）负责办理货物进口清关。

4）根据合同规定受领货物，支付货款。

FCA术语实际是在FOB术语的基础上发展起来的，买卖双方的义务划分原则与FOB术语相同，只不过在适用的运输方式上作了很大的扩展，既可用于海运，又可用于空运、陆运、多式联运，而尤其适用于集装箱运输和多式联运。卖方的交货责任都是在装运地将经出口清关的货物交给买方指定的承运人（FOB术语要求卖方将经出口清关的货物交到装运港船上），因此，FOB术语实际上是FCA术语的一个特例。但在实际业务中，显然是FCA术语应用更为广泛，并对卖方更为有利。

（3）使用FCA术语应注意的问题。

1）承运人。由买方指定、卖方在销售合同的约定地方或地点将货物交付的承运人。因此，即便卖方安排公路货运公司将货物运往约定的交货地点，风险的转移也不是发生在卖方将货物交给其指定的公路货运公司的地点，而是发生在货物交付买方雇佣的承运人处置的地点。

2）关于交货。《2020通则》规定，如果在卖方所在地交货，卖方负责装货（指卖方要负责将货物装到买方提供的运输工具上）；在某些情况下，则卖方不负责卸货（如当货物在卖方的运输工具上可供卸载，并可由承运人或买方指定的其他人处置时）。

3）关于运输。《2020 通则》规定，FCA 术语适用于任何运输方式，包括多式联运。FCA 术语由买方负责指定承运人，订立自装运地至目的地的运输合同。但《2020 通则》同时又规定，如卖方被要求协助与承运人订立合同，只要买方承担风险和费用，卖方可以办理，也可以拒绝。如卖方拒绝，应立即通知买方，以便买方另作安排。

4）FCA 销售方式下已装船批注提单。为了满足卖方用 FCA 术语销售时对已装船批注提单的可能需求，FCA Incoterms® 2020 首次提供了可选机制。如果双方在合同中规定提交已装船提单，则买方必须指示承运人出具已装船批注提单给卖方。承运人可能同意或不同意买方的请求，只有货物在装运港装船，承运人才有义务并且有权出具已装船提单。但是，如果并且在买方承担费用与风险情况下，承运人已经向卖方出具了提单，卖方必须将该提单提供给买方，以便买方用该提单从承运人处提取货物。

如果双方已约定卖方将提交给买方一份仅声明货物已收妥待运而非已装船的提单，则不需要选择该方案。即使采用该可选机制，卖方对买方也不承担运输合同条款下的义务。

如果采用该可选机制，内陆交货及装船的日期将可能不同，这将可能对信用证下的卖方造成困难。

3. CPT 术语

CPT 的全称是 Carriage Paid to（...named place of destination），即运费付至（……指定目的地）。运费付至是指卖方将货物在双方约定地点交给卖方指定的承运人或其他人。卖方必须签订运输合同并支付将货物运至指定目的地所需费用。

CPT 术语适用于任何运输方式，包括多式联运。

（1）卖方义务。

1）负责办理货物出口清关。

2）订立将货物运至目的地的合同并支付运费，在合同规定的时间、地点将货物交给承运人，及时通知买方。

3）承担货交承运人前的一切风险。

4）向买方提供交货的单据或具有同等效力的电子单证。

（2）买方义务。

1）负责办理货物进口清关。

2）承担货交承运人后的一切风险。

3）接受卖方提交的单据，受领货物，支付货款。

从以上买卖双方义务划分可知，CPT 术语下的卖方义务仅比 FCA 术语下多了办理出口运输，因此 CPT 的价格构成中含有出口运费，即 CPT 价＝FCA 价＋运费。其余在交货地点、风险划分上，两者是相同的。

（3）使用 CPT 术语应注意的问题。

1）风险划分。建议双方尽可能精准地确定交货地点（风险在这里转移至买方），以及指定的目的地（卖方必须签订运输合同运到该目的地）。CPT 术语虽然要求卖方负责办理货物的运输并支付运费，但并不要求卖方负担运输途中的风险和由此产生的额外费用。卖方只承担货物交给承运人控制之前的风险，在多式联运情况下，承担货物交给第一承运人之前的风险。

2）装运通知。CPT术语实际上是CFR术语在运输方式上的延伸。两者除适用的运输方式不同，在买卖双方义务划分原则上，是完全相同的，卖方要负责订立自装运地至目的地的运输合同并支付运费，但不负担货物在运输途中发生的风险及产生的额外费用。因此，两者都属于装运合同。与CFR术语一样，卖方要在装货后及时通知买方，以便买方投保。

3）目的地卸货费。如果卖方在其运输合同项下承担了在指定目的地的相关卸货费用，除非双方另有约定，卖方无权另行向买方追偿该费用。

4. CIP术语

CIP的全称是Carriage and Insurance Paid to（...named place of destination），即运费和保险费付至（……指定目的地）。“运费和保险费付至”是指卖方将货物在双方约定地点交给其指定的承运人或其他人。卖方必须签订运输合同并支付将货物运至指定目的地的所需费用，还必须为买方在运输途中货物的灭失或损坏风险签订保险合同。

CIP术语下的卖方义务是在CPT术语基础上，增加了办理保险并支付保险费，其他如运输方式、交货地点、风险划分都相同。

使用CIP术语应注意的问题：

（1）保险。按CIP术语成交的合同，卖方要办理货运保险并支付保险费，但货物从交货地点运往目的地的运输途中的风险由买方承担，所以卖方的投保属于代办性质。根据《2020通则》的规定，如买卖双方未约定具体投保险别，按惯例卖方投保《协会货物保险条款》ICC（A）或任何适于货物运输方式的类似条款，保险金额为CIP价格基础上加成10%。

（2）价格的确定。从价格构成来看，CIP价＝CPT价＋保险费＝FCA价＋运费＋保险费，因此，卖方对外报价时，要认真核算运费和保险费，并要预计运价和保险费的变动趋势等情况，以免价格低报，造成损失。

资料卡

二维码

FCA、CPT、CIP术语与FOB、CFR、CIF术语的比较

5. DAP术语

DAP的全称是Delivered at Place（...named place of destination），即目的地交货

(……指定目的地)。“目的地交货”是指卖方在指定目的地将仍处于抵达的运输工具上，且已做好卸载准备的货物交由买方处置时，即为交货。卖方承担将货物运到指定地点的一切风险。这是一个表示在目的地实际交货的术语，代替了《2010通则》中的DAF、DES和DDU 3个术语，适用于各种运输方式。

由于卖方承担在特定地点交货前的风险和费用，建议双方尽可能精准确定交货地/交货点、目的地/目的点。建议卖方取得完全符合该选择的运输合同，但是卖方无义务办理进口清关、支付任何进口关税或办理任何进口海关手续。如果双方希望卖方办理进口清关，支付所有进口关税，并办理所有进口海关手续，则应当使用DDP术语。

6. DPU术语

DPU的全称是Delivered at Place Unloaded (…named place of destination)，目的地卸货后交货(……指定目的地)。目的地交货是指当卖方在指定目的地将货物从抵达的运输工具上卸载，交由买方处置时，即为交货。卖方承担将货物运至目的地并将其卸下期间的一切风险。“运输终端”意味着任何地点，如码头、仓库、集装箱堆场或公路、铁路、航空货运站。卖方负责办理货物的出口手续，买方负责办理货物的进口手续，是一个表示实际交货的术语。

本术语由《2010通则》中的DAT修改而成，是唯一一个要求卖方在目的地卸货的术语。

7. DDP术语

DDP的全称是Delivered Duty Paid to (…named place of destination)，即完税后交货(……指定目的地)。“完税后交货”是指当卖方在指定目的地将仍处于抵达的运输工具上，但已完成进口清关，且已做好卸载准备的货物交由买方处置时，即为交货。卖方承担将货物运至目的地的一切风险和费用，并且有义务完成货物的出口和进口清关，支付所有出口和进口的关税和办理所有海关手续。

这一术语是卖方负担义务最大的术语。按《2020通则》的规定，卖方可以要求买方协助办理进口清关，但费用和风险仍由卖方负担。如果双方当事人愿意从卖方的义务中扣除货物进口时需支付的某些费用，如增值税，应在合同中订明。本术语可适用于任何运输方式。因为卖方承担的风险、责任、费用太大，这一术语较少使用。

【实例3-3】某公司需通过水运出口一批货物到纽约，愿意自行寻找船公司，但不愿承担保险责任，应选用哪个术语？

分析：

(1) 根据《2020通则》，了解到适合水运的贸易术语共有4种，分别是FOB、CFR、CIF和FAS。

(2) 分析、比较这4种术语(见表3-9)。

表 3-9　FOB、CFR、CIF 和 FAS 4 种术语比较

贸易术语	风险划分	谁办理运输	谁支付运费	谁办理保险	谁支付保费
FOB	货物交到装运港船上	买方	买方	买方	买方
CFR	货物交到装运港船上	卖方	卖方	买方	买方
CIF	货物交到装运港船上	卖方	卖方	卖方	卖方
FAS	货物交到装运港船边	买方	买方	买方	买方

（3）先找出由卖方办理运输的术语，有 CFR 和 CIF。但是 CIF 要求卖方办理保险，不符合要求，因此排除。因为目的港为纽约，所以最后选择的贸易术语应为 CFR 纽约。

【实例 3-4】青岛金桥进出口公司要向德国 GH 公司出口圣诞玩具一批，数量为 5 000 个，装入 1 个 20 英尺的集装箱，供货商是济南一家玩具厂。赵经理希望王明华从《2020 通则》中选择一种适合的贸易术语，出口商在济南完成交货，不承担济南到青岛的国内运费，不负责办理海运订舱，不承担海运保险费，但是卖方可以办理货物的出口手续。王明华应如何选择？

分析：

（1）根据《2020 通则》，了解到能够在出口国内陆交货的术语有 EXW、FCA、CPT 和 CIP 4 种，DAT、DAP 和 DDP 的交货地点都是在进口国目的地，不符合要求。

（2）分析、比较这 4 种术语（见表 3-10）。

表 3-10　EXW、FCA、CPT 和 CIP 4 种术语比较

贸易术语	风险划分	谁办理出口清关	谁办理运输	谁支付运费	谁办理保险	谁支付保费
EXW	货物交给买方（指定人）	买方	买方	买方	买方	买方
FCA	货交承运人	卖方	买方	买方	买方	买方
CPT	货交承运人	卖方	卖方	卖方	买方	买方
CIP	货交承运人	卖方	卖方	卖方	卖方	卖方

（3）首先将需要买方办理出口清关的术语 EXW 排除，再将卖方办理保险的术语 CIP 排除，最后将由卖方办理运输、支付运费的 CPT 术语去除，剩下的 FCA 就是需要的术语。又因为赵经理要求货物在济南就完成交付，并且不支付从济南到青岛的国内运费，所以术语为 FCA 济南，而非 FCA 青岛。

二、分析价格构成

（一）商品单价

国际贸易中的价格，除个别交易按总价或总值（Total Amount）达成外，通常是指商品的单价（Unit Price）。它由计价数量单位、单位价格、计价货币和贸易术语 4 部分构成。例如：

每公吨	200	美元	CIF 纽约
（计价数量单位）	（单位价格）	（计价货币）	（贸易术语）

1. 计价数量单位

计价数量单位简称计量单位。一般来说，计量单位应该与合同数量条款中所用的计量单位相一致。

2. 单位价格

在交易磋商过程中，进出口双方应慎重报价，避免报错价格造成被动。价格经双方协商一致后，应正确填写在合同中。

3. 计价货币

国际贸易中的“元”有美元、日元、加元等多种，使用哪国的货币作为合同中货物的计价货币，必须明确规定出来。在选用计价货币时应注意问题可通过二维码获得。

二维码

选用计价货币时应注意问题

（二）作价方法

进出口商品的作价方法主要有以下两种：

1. 固定价格

买卖双方明确约定成交价格，履约时按此价格结算货款。这是我国进出口贸易中最常见的作价方法，也是国际上常用的方法。采用固定价格，买卖双方在协商一致的基础上明确规定货物的价格，一般是货物的单价，例如：每公吨 300 美元 CIF 纽约（USD 300 per metric ton CIF New York）。

这种定价是双方履约时必须遵守的价格，即使在订约后市价发生重大变化，任何一方也不得擅自变更原定价格。有的合同甚至对此作出明确规定。例如：合同成立后，不得提高（调整）价格。

2. 非固定价格

非固定价格是指一般业务上所说的“活价”，适用于行情频繁变动、价格涨落不定且交货期较长的合同，可以使买卖双方避免承担市价变动的风险。从我国进出口合同的实际来看，主要有以下几种做法：

（1）具体价格待定。即在价格条款中不规定具体价格，而是规定定价时间和定价方法或只规定作价时间而不规定作价方法。例如：“在装运月前 30 天参照当地及国际市场价格水平协商确定价格”，或“按提单日期的国际市场价格计算”。

（2）暂定价格。在合同中先订立一个初步价格，作为开立信用证和初步付款的依据，在双方确定最后价格后再进行清算。有时与信用可靠、业务关系密切的客户洽商大宗货物的远期交易时，采用这种做法。例如：每件 150 港元 CIF 香港（备注：上列价格为暂定价，于装运月份 15 天前由买卖双方另行协商确定价格）。

（3）部分固定价格、部分非固定价格。为了照顾买卖双方的利益，解决在定价方法上可能存在的分歧，可以采用部分固定价格、部分非固定价格的方法。尤其是分期交货的合同，可以在订约时将近期交货的部分合同价格固定，其余的在交货前一定期限内由双方议定价格。

（三）价格具体构成

各种贸易术语所代表的价格构成都包括三部分：进货成本、费用和利润。

1. 进货成本

进货成本是出口商品购进价。实际计算中应将进货成本扣除出口退税收入。

2. 费用

费用是价格构成中最复杂的部分，通常包括国内费用和国外费用两部分（见表3-11）。

表3-11　国内费用和国外费用的内容

分类	具体费用
国内费用	加工整理费用
	包装费用
	保管费（包括仓租、火险等）
	国内运输费用（仓至码头、车站、空港、集装箱货运站、集装箱堆场）
	装船费（装船、起吊费和驳船费等）——采用FOB、CFR、CIF装运港交货术语时 拼箱费（货物构不成一整集装箱）——采用FCA、CPT、CIP货交承运人术语时
	证件费（包括商检费、公证费、产地证费、许可证费、报关单费等）
	银行费用（贴现利息、手续费等）
	预计损耗（耗损、短损、漏损、破损、变质等）
	邮电费（电报、电传、邮件等费用）
国外费用	国外运费（自装运港至目的港的海上运输费用——装运港交货术语；自出口国启运地至国外目的地的运输费用——货交承运人术语）
	国外保险费
	如果以含佣价成交，还应包括付给中间商的佣金

3. 利润

利润是进出口价格的三要素之一。价格中所包含的利润的大小往往根据商品、行业、市场需求以及企业的价格策略等因素来决定。与保险费、银行费用和佣金的计算不同，利润作为企业自己的收入，其核算的方法由企业自行决定，通常采用一定的百分比作为经营的利润率来核算。计算利润的基数，一般是出口成本，也有采用成交价格计算的。

（四）主要贸易术语的价格换算

1. CIF价的价格换算

CIF价＝CFR价＋国外保险费（I）

　　＝FOB价＋国外运费（F）＋国外保险费（I）

三种价格之间的换算为：

已知FOB价时，

CFR价=FOB价+国外运费

$$CIF价=\frac{FOB价+国外运费}{1-(1+投保加成率)\times 保险费率}$$

已知CFR价时，

FOB价=CFR价−国外运费

$$CIF价=\frac{CFR价}{1-(1+投保加成率)\times 保险费率}$$

已知CIF价时，

FOB价=CIF价×[1−(1+投保加成率)×保险费率]−国外运费

CFR价=CIF价×[1−(1+投保加成率)×保险费率]

【实例3-5】 我某公司出口货物1 000公吨，出口价格为每公吨2 000美元CIF纽约，现客户要求改报FOB上海价。已知该种货物每公吨出口运费为150美元，原报CIF价中，投保险别为一切险，保险费率为1%，按CIF价的110%投保。求应报的FOB上海价。

FOB价= CIF价×[1−(1+投保加成率)×保险费率]−国外运费

= 2 000×(1−110%×1%)−150

= 1 828（美元）

应报FOB上海价为每公吨1 828美元。

2. CIP价的价格换算

CIP价=CPT价+国外保险费

=FCA价+国外运费+国外保险费

三种价格之间的换算为：

已知FCA价时，

CPT价= FCA价+国外运费

$$CIP价=\frac{FCA价+国外运费}{1-(1+投保加成率)\times 保险费率}$$

已知CPT价时，

FCA价=CPT价−国外运费

$$CIP价=\frac{CPT价}{1-(1+投保加成率)\times 保险费率}$$

已知CIP价时，

FCA价=CIP价×(1−投保加成×保险费率)−国外运费

CPT价=CIP价×(1−投保加成×保险费率)

（五）改报含佣价与含折扣价

在价格条款中，有时会涉及佣金（Commission）和折扣（Discount），价格条款中所规定的价格，可分为包含佣金或折扣的价格和不包含这类因素的净价（Net Price）。

1．佣金

佣金是指代理人或经纪人为委托人服务而收取的报酬。在国际贸易中，有些交易是通过中间代理商进行的，中间商因介绍生意或代买代卖而需收取一定的佣金。例如：出口商支付佣金给销售代理人，进口商支付佣金给采购代理人。因此，凡是进出口商同代理人或佣金商订立的合同，通常都会涉及佣金的支付。

（1）佣金的表示方法。凡成交价格中含有需支付给中间商的佣金的，称为含佣价。不含佣金的价格，称为净价。佣金可以明确表示在价格条款中（明佣），也可以不在合同中表示出来，由当事人按约定另行私下交付（暗佣）。国外的一些中间商或买主为了赚取“双头佣”（从买卖双方处都获取佣金），或为了达到逃汇或逃税的目的，往往提出使用“暗佣”。

1）规定佣金率。例如：每公吨1 000美元CIF香港包括佣金3％（USD 1,000 per metric ton CIF Hong Kong including 3％ commission）。

也可以在贸易术语后直接加注佣金的英文缩写“C”并注明百分比。例如：每公吨1 000美元CIF C3％香港（USD 1,000 per metric ton CIF C3％ Hong Kong）。

2）以绝对数表示佣金。例如：每公吨支付佣金30美元。

在实践中，规定佣金率的做法比较常见。给予中间商佣金会提高其与己方成交的积极性，但也意味着出口方费用的增加，因此，佣金率的高低影响着商品的成交价格，合理的佣金率应在1％～5％。

（2）佣金的计算方法。在国际贸易中，佣金的计算方法各不一样，主要体现在以佣金率的方法规定佣金时，计算佣金的基数怎样确定。常用的方法是将成交金额（发票金额）作为计佣基数，例如：按CIF C3％成交，发票金额为10 000美元，则应付佣金为10 000×3％＝300美元。

佣金的计算公式：

$$\text{单位货物佣金额}=\text{含佣价}\times\text{佣金率}$$

$$\begin{aligned}\text{净价}&=\text{含佣价}-\text{单位货物佣金额}\\&=\text{含佣价}\times(1-\text{佣金率})\end{aligned}$$

$$\text{含佣价}=\frac{\text{净价}}{1-\text{佣金率}}$$

【实例3-6】某出口公司对外报价某商品每公吨2 000美元CIF纽约，外商要求4％佣金。在保持我方净收入不变的情况下，应该报含佣价为：

$$\text{CIF C4\%}=\frac{\text{CIF 净价}}{1-4\%}=\frac{2\ 000}{1-4\%}=2\ 083.33\ (\text{美元})$$

【实例3-7】对外报价为每公吨2 000美元CIF C2％纽约，外商要求将佣金率提高至4％。在保持我方净收入不变的情况下，应报价：

$$\text{CIF C4\%}=\frac{\text{CIF 净价}}{1-4\%}=\frac{\text{CIF C2\%}\times(1-2\%)}{1-4\%}=2\ 041.67\ (\text{美元})$$

(3) 佣金的支付。佣金的支付要按中间商提供服务的性质和内容而定，有以下做法：

1) 出口企业收到全部货款后将佣金另行支付给中间商或代理商。

2) 中间商在付款时直接从货价中扣除佣金。

3) 有的中间商要求出口企业在交易达成后就支付佣金。

第二种做法不能保证交易的顺利履行，因而一般不能接受。我国出口业务中常用的是第一种方法，即收到全部货款后再另行支付佣金。可以在合同履行后逐笔支付，也可以与中间商或代理商签订协议，按月、按季、按半年甚至一年汇总支付。

2. 折扣

折扣是指卖方给予买方一定的价格减让，即在原价基础上给予适当的优惠。在我国对外贸易中，使用折扣主要是达到照顾老客户、确保销售渠道、扩大对外销售等目的。在实际业务中应根据具体情况，针对不同客户，灵活运用各种折扣方式，如为了扩大销售而使用数量折扣，为发展客户关系而使用特别折扣等。

(1) 折扣的规定方法。折扣一般在合同的价格条款中明确规定（明扣），也有买卖双方私下就折扣问题达成协议而不在合同中表示出来的（暗扣或回扣）。

1) 用百分比表示折扣比例。例如：每公吨 1 000 美元 CIF 香港折扣 2%（USD 1,000 per metric ton CIF Hong Kong including 2% discount）。或写成：每公吨 1 000 美元 CIF 香港减 2%折扣（USD 1,000 per metric ton CIF Hong Kong less 2% discount）。

2) 用绝对数表示折扣。例如：每吨折扣 10 美元。

(2) 折扣的计算与支付。折扣通常是以成交额或发票金额为基础计算出来的。计算方法为：

单位货物折扣额＝原价（或含折扣价）×折扣率

卖方实际净收入＝原价（含折扣价）－折扣额

折扣一般可在买方支付货款时预先扣除。如果是暗扣，在合同中并不表示出来，而按双方私下达成的协议，由卖方另行支付给买方。

三、合理折算价格

为了实现企业的经济效益，避免不计成本、不计盈亏、单纯追求成交量的倾向，应对每笔进出口交易进行成本核算。尤其是出口业务，为了确保盈利，应该在对外成交前将出口总成本、出口外汇净收入、出口换汇成本和出口盈亏率等数据一一确定，进行盈亏核算。

（一）出口总成本

出口总成本是指出口企业为出口商品支付的国内总成本，包括两部分：进货成本和国内费用（出口前的一切费用和税金）。

进货成本即出口商品购进价，其中包含增值税。如企业自营出口，进货成本即其生产成本。

资料卡

二维码

增值税

国内费用通常由各企业按进货成本的5%～10%不等的定额费率自行核定。

出口总成本＝出口商品购进价（含增值税）＋定额费用－出口退税收入

出口退税收入＝出口商品购进价（含增值税）÷(1＋增值税税率)×退税率

出口成本价格是指以出口总成本为基础计算出来的单位成本价格。它不涉及任何国外费用，是出口定价的基础。

（二）出口外汇净收入

出口外汇净收入是指出口外汇总收入中扣除劳务费用如运费、保险费、佣金等非贸易外汇后的外汇收入，即以FOB价成交所得的外汇收入。如果以CFR或CIF术语成交，价格中扣除国外运费、保险费后，为出口外汇净收入。以含佣价成交的，还要扣除佣金。

出口人民币净收入是指出口外汇净收入按当时外汇牌价折算的人民币数额。

根据出口商品的这些数据，可以计算出口换汇成本、出口盈亏率。

（三）出口换汇成本和出口盈亏率

1. 出口换汇成本

出口换汇成本是指出口商品净收入一个单位的外汇需多少元本国货币。其计算公式如下：

$$出口换汇成本=\frac{出口总成本(人民币)}{出口外汇净收入(美元)}$$

【实例3-8】 出口某商品1 000件，每件22.30美元CIF纽约，总价为22 300美元，其中运费2 160美元，保险费112美元。进价每件人民币113元，共计113 000元（含增值税13%），费用定额率为10%，出口退税率为6%。当时银行美元买入价为每100美元兑换628元。求该笔业务的出口换汇成本。

$$\begin{aligned}出口换汇成本&=\frac{出口总成本(人民币)}{出口外汇净收入(美元)}\\&=\frac{进货成本+定额费用-出口退税收入}{FOB出口外汇净收入}\\&=\frac{113\ 000+(113\ 000\times10\%)-113\ 000\div(1+13\%)\times6\%}{22\ 300-2\ 160-112}\\&=5.91\ (人民币元/美元)\end{aligned}$$

出口换汇成本是衡量外贸企业进出口盈亏的重要指标，与外汇牌价相比，能直接反映出商品出口是否盈利。出口换汇成本如高于银行外汇牌价，说明出口亏损；出口换汇成本低于银行外汇牌价，则说明出口盈利。

2. 出口盈亏率

出口所得人民币净收入扣除出口总成本，即为出口盈亏额。出口盈亏率是指出口盈亏额与出口总成本的比例，用百分比表示。它是衡量出口盈亏程度的重要指标，其计算公式为：

$$出口盈亏率=\frac{出口盈亏额}{出口总成本}\times 100\%$$
$$=\frac{出口销售人民币净收入-出口总成本}{出口总成本}\times 100\%$$

【实例 3-9】某公司出口商品 1 250 只，出口总价为 USD 13 500 FOB 上海。商品进价总计为 62 000 元人民币（含增值税 13%），费用定额率为 6%，出口退税率为 6%，当时银行汇价美元买入价为 6.89 元人民币。求该笔业务出口盈亏率。

$$出口盈亏额=出口销售人民币净收入-出口总成本$$
$$=13\,500\times 6.89-[62\,000\times(1+6\%)-62\,000\div(1+13\%)\times 6\%]$$
$$=93\,015-(65\,720-3\,292.04)=30\,587.04\text{（人民币元）}$$
$$出口盈亏率=\frac{出口盈亏额}{出口总成本}\times 100\%=\frac{30\,587.04}{62\,427.96}\times 100\%=49.00\%$$

在实际定价时，必须以出口成交价为基础，认真核算出口换汇成本和出口盈亏率，在确保盈利的前提下达成交易，纠正不计成本、不算盈亏和不讲效益的做法。片面强调出口数量，不计成本，削价竞销，不仅自身效益下降甚至亏损，而且会使一些国家借此对我国出口产品采取限制措施，使我国失去一些传统出口市场。

进出口合同中的价格条款一般包括单价和总值两项基本内容。对于成套设备、大型机械等货物，从合同签订到履行完毕需要较长的时间，少则几个月，多则一年甚至几年。其中，货物的价格可能要受到工资、原材料变动的影响。价格调整条款的做法是在合同中规定一个基础价格，交货时或交货前一定时间，按工资、原材料价格变动的指数作出相应的调整，以确定最后价格，在合同中一并订明调整价格的方法。

拟定价格条款时应注意的事项：

（1）合理确定商品的单价，防止偏高或偏低。

（2）根据经济意图和实际情况，在权衡利弊的基础上选用适当的贸易术语。

（3）争取选择于己有利的计价货币，以免遭受币值变动带来的风险。如采用了对我方不利的计价货币，应争取订立外汇保值条款。

（4）灵活运用各种不同的作价办法，以避免价格变动的风险。

（5）参照国际贸易的习惯做法，注意佣金和折扣的运用。

（6）如果货物品质和数量约定有一定的机动幅度，则对机动部分的作价也应一并规定。

（7）如果包装材料和包装费用另行计算，对其计价方法也应一并规定。

单价中涉及的计量单位、计价货币、装卸地名称等必须书写正确、清楚，以利于合同的履行。

条款示例

▪ 拟定净价条款。

[例1] 单价：每箱20美元FOB青岛

总值：10 000美元

Unit Price：at USD 20 per box FOB QINGDAO

Total Value：USD 10,000（Say US Dollars TEN Thousand Only）

[例2] 单价：CIF伦敦每公吨97英镑

总值：14 550英镑

Unit Price：at GBP 97 per metric ton CIF LONDON

Total Value：GBP 14,550（Say Pounds Sterling Fourteen Thousand Five Hundred and Fifty Only）

▪ 拟定含佣价条款。

[例3] 单价：每吨200美元CIF C2%伦敦

总值：100 000美元

Unit Price：at USD 200 per metric ton CIF C2% London

Total Value：USD 100,000（Say US Dollars One Hundred Thousand Only）

[例4] 单价：每打24加元CFR C2%温哥华

总值：24 000加元

Unit Price：at CAD 24 per dozen CFR C2% Vancouver

Total Value：CAD 24,000（Say Canadian Dollars Twenty-four Thousand Only）

[例5] 单价：每公吨1 000人民币元CIF新加坡含3%佣金

总值：50 000元人民币

Unit Price：at CNY 1,000 per M/T CIF Singapore including 3% Commission

Total Value：CNY 50,000

▪ 拟定含折扣价条款。

[例6] 单价：每件45欧元CIF汉堡折扣2%

总值：44 100欧元

Unit Price：at EUR 45 per piece CIF Hamburg including 2% discount

Total Value：EUR 44,100（Say Euro Forty-four Thousand One Hundred Only）

[例7] 单价：每码1 000日元FOB青岛减2%折扣

总值：998 000日元

Unit Price：at JPY 1,000 per yard FOB Qingdao less 2% discount

Total Value：JPY 998,000（Say Japanese Yen Nine Hundred and Ninety-eight Thousand Only）

问题探究

1. FOB、CIF 和 CFR 三个术语的相同点和不同点有哪些？

2. 在《2020 通则》的 CFR 和 CIF 术语中，货物在目的港的卸货费用应由谁承担？

3. 在《2020 通则》的 11 种术语中，哪个术语需要买方办理货物的出口手续？哪个术语需要卖方办理货物的进口手续？

4. 拟定合同价格条款的注意事项有哪些？

5. 为什么佣金最好是在收到货款后支付给中间商，而不是一签合同就直接支付？

思考练习

一、填空题

1. 有关贸易术语的国际贸易惯例有＿＿＿＿＿、＿＿＿＿＿、＿＿＿＿＿。

2. 《2020 通则》规定，由买方办理出口报关手续的术语是＿＿＿＿＿，由卖方办理进口手续的术语是＿＿＿＿＿。

3. FOB 术语变形主要是为了明确＿＿＿＿＿费用的负担，而 CFR、CIF 的变形主要是为了明确＿＿＿＿＿费用的负担。

4. 国际贸易惯例不是法律，它对合同当事人没有＿＿＿＿＿，只有当事人在合同中规定加以采用时，才对合同当事人有＿＿＿＿＿。

5. 在同北美国家的商人进行交易时采用 FOB 术语，应在 FOB 后加上＿＿＿＿＿字样，才是装运港船上交货。

6. 在象征性交货方式下，卖方是＿＿＿＿＿交货，买方是＿＿＿＿＿付款。

7. 《1932 年华沙-牛津规则》是＿＿＿＿＿专门为解释＿＿＿＿＿合同而制定的。

8. 《1990 年美国对外贸易定义（修订本）》是由美国几个＿＿＿＿＿制定的。它最早于＿＿＿＿＿年在纽约制定，原称为＿＿＿＿＿＿＿＿＿＿＿。

9. 在国际贸易中，出口商品的单价由以下四部分组成：＿＿＿＿＿、＿＿＿＿＿、＿＿＿＿＿、＿＿＿＿＿。

10. 出口换汇成本与＿＿＿＿＿成正比，与＿＿＿＿＿成反比。

11. 合同中的价格条款一般包括＿＿＿＿＿和总值两项基本内容。

二、判断、单选题

判断、单选题

三、计算题

1. 我某外贸企业与英国商人达成一笔交易，合同规定我方出口某商品 500 公吨，每公吨 600 美元 CFR C2%利物浦，海运运费每公吨 29 美元，出口收汇后，企业向英商汇付佣金。试计算：（1）该出口企业向中国银行购买支付佣金的美元共需多少人民币？（2）该出口企业的外汇净收入为多少美元？（按照当时中行外汇牌价：100 美元＝638.36 人民币元）

2. 某商品 FOB C2%上海每件 300 欧元，现在客户要求将佣金增加到 5%。试计算：若想不减少外汇收入，应改报的价格为多少？

3. 以 FOB 香港每公吨 400 美元出口一批货物，共 10 吨，每吨购货成本为 2 000 元人民币，国内费用为 20%，出口后获得退税收入 1 600 元。试计算：求换汇成本和盈亏率各为多少？（假设 100 美元折 638 人民币元）

4. 以每箱 50 元购进 1 000 箱货物，设国内费用定额率为 15%，退税总额为 5 000 元，以 FOB 上海价格出口，客户要求 2%的佣金。试计算：若换汇成本要求控制在 6 元，最低的报价为多少？

5. 某公司向加拿大出口某商品，外销价为每公吨 500 美元 CIF 温哥华，支付运费为 70 美元，保险费为 6 美元。如果该公司收购该商品的收购价为每公吨 1 800 元人民币，且国内直接和间接费用定额率为 10%、增值税税率为 13%、退税率为 13%。试计算：该商品的出口总成本、出口销售外汇净收入和出口换汇成本各为多少？

四、案例分析题

1. 某公司进口一批货物以 FOB 条件成交，结果在目的港卸货时，发现货物有两件外包装破裂，里面的货物有被水浸湿的痕迹。经查证，外包装是货物在装船时因吊钩不牢掉到船甲板上摔破的，因包装破裂导致里面货物被水浸泡。试问：在这种情况下，进口方能否以卖方没有完成自己的交货义务为由向卖方索赔？请按照《2020 年国际贸易术语解释通则》分析。

2. 我某公司以 FOB 条件出口一批圣诞饰品，合同签订后接到买方来电称租船较困难，委托我方代为租船，有关费用由买方承担。因为疫情期间海运费价格上涨舱位紧张，我方在规定的装运港无法订到舱位，到装运期满时，货物仍未装船。买方因销售季节即将结束，便来函以我方没有履行交货义务为由撤销合同。试问：我方应如何处理？

3. 我某公司以 CIF 条件对外出口一批罐头。（1）合同签订后，接到买方来函，声称合同规定的目的港最近经常发生暴乱，要求我方在办理保险时加保战争险，对此我方应如何处理？（2）这批货物到达目的港后，我方接到买方付款的通知，声明该批货物在运输途中躲避风暴增加的运费已经代我方支付给船公司，故支付的款项中已经将该项费用扣除。试问：对此，我方应如何处理？

4. 我某出口公司按 CIF 条件向欧洲某国进口商出口一批纺织品，向中国人民保险公司投保了一切险，并规定了用信用证方式支付。我方在规定的期限、指定的我国某港口装船完毕，船公司签发了提单，然后去工商银行议付款项。第二天，我方接到客户来电，称装货的海轮在海上失火，该批纺织品全部烧毁，客户要求我方出面向中国人民保险公司提出索赔，否则要求我方退回全部货款。试问：对客户的要求，我方该如何处理？为什么？

5. 我某公司以 CFR 条件出口一批瓷器，我方按期在装运港装船后业务员没有向买方发装船通知。后来货物在运输途中因海上风险而损毁。试问：该损失由谁承担？

6. 有一份 FOB 合同，买卖一批蜡烛，货物装船时，经公证人检验合格，符合合同的规定。货到目的港，买方发现有 15%的蜡烛有弯曲现象，因而向卖方索赔。但卖方拒绝，其理由是：货物在装船时，品质是符合合同规定的。事后又查明起因是承运人把该批货物装在靠近机房的船舱内，由于舱内温度过高而造成的。试问：上述情况下，卖方拒赔的理由是否成立？为什么？

7. 我国东北地区某外贸公司某年 8 月按 DAP 满洲里条件与某俄罗斯商人签订了一份矿产品的买卖合同。合同规定的数量为 10 000 吨，可分批装运，交货期限为当年 12 月底之前。签约后，卖方即开始备货，安排铁路运输，并于 12 月 30 日前将 10 000 公吨产品分批发运出去。买方在满洲里接受了货物，经检验发现有短量现象，同时发现有一部分货物实际是在次年 1 月份到达满洲里的。于是买方向卖方提出异议，指出卖方违反交货期和短交货物，并就此提出索赔。但卖方以铁路承运人出具的运输单据证明自己按时交了货，并以商检证和铁路运单上所载明的数量说明自己是按量交货的，因此拒绝理赔。试问：卖方的拒赔是否有理？为什么？

任务七　拟定合同的支付条款

任务导入

某年 8 月，我国 A 公司与新加坡 B 商签订了一份进口胶合板的合同。合同总金额为 700 万美元，支付方式为付款交单，合同规定允许分批装运。第一批价值为 60 万美元的胶合板准时到货，经检验，A 公司认为质量良好，对双方合作很满意。但在第二批交货期前，新加坡B商向A公司提出："鉴于A公司资金周转困难，允许A公司对B商开出的汇票远期付款，汇票的支付条款为：见票后一年付款700万美元。但要求该汇票要请中国某国有商业银行某市分行承兑。承兑后，B商保证将700万美元的胶合板在一年内交货。A公司全部收货后，再付B商700万美元货款。"A公司对此建议欣然接受。A公司认为只要承兑了一张远期汇票，就可以得到货物，并在国内市场销售。这是一笔无本生意，而且货款还可以投资。但令A公司始料不及的是，B商将这张由中国某国有商业银行某市分行承兑的远期汇票在新加坡的一家银行贴现了600万美元，从此一张胶合板都不交给A公司了。事实上，B商将这笔巨额资金骗到手后就无影无踪了。一年后，新加坡银行将这张承兑了的远期票据请中国某国有商业银行某市分行付款。尽管B商没有交货，承兑银行却不得以此为理由拒绝向善意持票人新加坡银行支付票据金额。本票金额巨大，中国某国有商业银行某市分行报请上级批准，由我方承兑银行付给新加坡银行600万美元而结案。

分析：票据的最大特点就是票据法律关系一经形成，即与基础关系相分离。票据基础关系的存在和有效与否并不对善意持票人的票据权利产生影响。所以，B商实际上没有交货，或者A公司没有足够的美元存在银行，都不影响新加坡银行对承兑人的付款请求权。

任务分解

一、选择适合的支付工具

国际贸易货款的收付，采用现金结算的较少，绝大部分采用非现金结算，即使用代替现金作为流通手段和支付手段的信贷工具来结算国际债权、债务。票据是国际通行的结算和信贷工具，是可以流通转让的债权凭证。票据具有无因性、流通性、要式性和文义性的特点。

国际贸易中使用的票据主要有汇票、本票和支票，其中以汇票为主。

（一）汇票

于1995年5月10日公布的《中华人民共和国票据法》（以下简称《票据法》）（自1996年1月1日施行，于2004年8月修订）第19条规定："汇票是出票人签发的，委托付款人在见票时或者在指定日期无条件支付确定的金额给收款人或者持票人的票据。"

1. 汇票的基本内容

我国《票据法》第22条规定，汇票必须记载下列事项：（1）表明"汇票"的字样；（2）无条件支付的委托；（3）确定的金额；（4）付款人名称；（5）收款人名称；（6）出票日期；（7）出票人签章。汇票上未记载前款规定事项之一的，汇票无效。

2. 汇票的种类

汇票从不同的角度可以分为以下几种：

(1) 按出票人分类，分为银行汇票和商业汇票。

银行汇票（Banker's Draft），是指汇款人将款项交存当地出票银行，由出票银行签发，多用于办理异地转账结算和支取现金，由其在见票时，按照实际结算金额无条件支付给收款人或持票人的票据。

商业汇票（Commercial Draft），是指公司或个人签发的，委托付款人在指定日期无条件支付确定的金额给收款人或者持票人的票据。

(2) 按有无随附商业单据分类，分为光票和跟单汇票。

光票（Clean Bill），是指不附带商业单据的汇票。银行汇票多是光票。光票的流通全靠出票人、付款人或出让人的信用。

跟单汇票（Documentary Bill），又称押汇汇票，是指附带商业单据的汇票，商业汇票一般是跟单汇票。跟单汇票体现了钱款与单据对流的原则，向进出口双方提供了一定的安全保证。因此，在国际货款结算中，大多采用跟单汇票作为结算工具。

(3) 按付款时间分类，分为即期汇票和远期汇票。

即期汇票（Sight Draft），是指在提示或见票时立即付款的汇票。

远期汇票（Time Bill or Usance Bill），是指在一定期限或特定日期付款的汇票。远期汇票的付款时间，有以下几种规定方法：

1) 见票后若干天付款（At ×× days after sight）；

2) 出票后若干天付款（At ×× days after date）；

3) 提单签发日后若干天付款（At ×× days after date of Bill of Lading）；

4) 指定日付款（Fixed Date）。

(4) 按承兑人分类，分为商业承兑汇票和银行承兑汇票。

商业承兑汇票（Commercial Acceptance Draft），是由工商企业或个人承兑的远期汇票，是建立在商业信用的基础上的。

银行承兑汇票（Banker's Acceptance Draft），是由银行承兑的远期汇票，通常由出口人签发，银行对汇票承兑后成为主债务人，而出票人为次债务人，所以银行承兑汇票是建立在银行信用的基础上的，便于在金融市场上进行流通。

一张汇票往往可以同时具备几种性质。例如：一张商业汇票可以是即期的跟单汇票，一张远期汇票同时又是银行承兑汇票。

3. 汇票的使用

汇票的使用有出票、提示、承兑、付款等。如果需转让，通常经过背书后转让。汇票遭到拒付时，持票人要做成拒绝证书并行使追索权。

(1) 出票（Issue）。出票是指出票人签发票据并将其交付给收款人的票据行为。出票包括两个动作：一是写成汇票，并在汇票上签字；二是将汇票交付给收款人。在出票时，对收款人通常有三种写法：

1）限制性抬头。例如："仅付××公司"（Pay ×× Co. only）或"付给××公司，不准流通"（Pay ×× Co. not negotiable）。这种抬头的汇票，不能流通转让，只有指名的公司有权收取货款。

2）指示性抬头。例如："付××公司或指定人"（Pay ×× Co. or order 或 Pay to the order of ×× Co.）。这种抬头的汇票，××公司除可以收取票款外，也可以经过背书转让给第三者。

3）持票或来人抬头。例如："付给来人"（Pay Bearer）或"付给持票人"（Pay Holder），做成这种抬头的汇票，无须由持票人背书，仅凭交付即可转让。

（2）提示（Presentation）。提示是指持票人将汇票提交付款人要求承兑或付款的行为。付款人见到汇票叫见票。提示可以分成两种：

承兑提示（Presentation for Acceptance），是指远期汇票的持票人向付款人出示汇票，要求付款人承诺付款的行为。

付款提示（Presentation for Payment），是指持票人向付款人提交汇票，要求付款的行为。

（3）承兑（Acceptance）。承兑是指汇票付款人承诺对远期汇票承担到期付款责任的行为。付款人在汇票正面写明"承兑"字样，注明承兑日期，并由付款人签字，交还持票人。付款人对汇票做出承兑，即成为承兑人。承兑人负有在远期汇票到期时付款的责任。我国《票据法》规定："付款人承兑汇票后，应当承担到期付款的责任。"因此，汇票一经承兑，付款人就成为汇票的承兑人，并成为汇票的主债务人，而出票人便成为汇票的从债务人（或称次债务人）。

（4）付款（Payment）。对即期汇票，在持票人提示汇票时，付款人即应付款；对远期汇票，付款人经过承兑后，在汇票到期日付款。付款后，汇票上的一切债权债务即告解除。

（5）背书（Endorsement）。在国际市场上，汇票又是一种流通工具（Negotiable Instrument），可以在票据市场上流通转让。背书是转让汇票权利的一种法定手续，就是由汇票持有人在汇票背面记载有关事项经签章，或再加上受让人的名字，并将汇票交受让人的行为。

汇票可以经背书不断地转让下去，汇票的收款权利便经背书转移给受让人。对受让人来说，所有在他之前的背书人以及原出票人都是他的"前手"；而对出让人来说，所有在他让与以后的受让人都是他的"后手"，前手对后手负有担保汇票必然会被承兑或付款的责任。

在国际市场上，一张远期汇票的持有人如果想在付款人付款以前取得票款，可以经过背书转让汇票，即将汇票进行贴现。贴现（Discount）是指远期汇票承兑以后，尚未到期，由银行或贴现公司从票面金额中扣除从转让日到汇票付款日止的利息后将余额付给持票人的行为。

(6) 拒付（Dishonour)。持票人提示汇票要求承兑时，遭到拒绝承兑，或持票人要求付款时，遭到拒绝付款，均称拒付，也称退票。除了拒绝承兑和拒绝付款以外，付款人拒不见票，死亡或宣布破产，以致付款事实上已经不可能，也称拒付。例如：汇票在合理时间内提示，遭到拒绝承兑，或在到期日提示，遭到拒绝付款，对持票人立即产生追索权，他有权向背书人和出票人追索票款。按照有些国家的法律，持票人为了行使追索权应及时做出拒绝证书。所谓追索权（Right of Recourse）是指汇票遭到拒付，持票人对其前手（背书人、出票人）有请求其偿还汇票金额及费用的权利。拒绝证书是由付款地的法定公证人或其他依法有权做出证书的机构，如法院、银行、公会、邮局等，做出证明拒付事实的文件，是持票人凭以向其前手进行追索的法律依据。如拒付的汇票已经承兑，出票人可凭以向法院起诉，要求承兑汇票的承兑人付款。

我国《票据法》规定：持票人行使追索权时，应当提供被拒绝承兑或者被拒绝付款的有关证明。持票人提示承兑或提示付款被拒绝的，承兑人或付款人必须出具拒绝证明，或者出具退票理由书。否则，应当承担由此产生的民事责任，持票人可以依法取得其他有关证明。

此外，汇票的出票人或背书人为了避免承担被追索的责任，可在出票时或背书时加注“不受追索”字样，但是这种汇票在市场上难以流通。

（二）本票

二维码

本票的含义和种类

（三）支票

二维码

支票的含义和种类

二、选择适合的汇付方式

案例分析

未确认汇款入账发货损失案

我国A公司与国外B公司签订了一份空运出口合同，合同规定支付方式为电汇方式付款。B公司先传真汇款凭证后我方再发货。在周五收到了B公司发来的汇款凭证，A公司人员认为货款已经汇出，再加上第二天就是周末，银行不上班，要等到周一才能查货款是否到账。为了能按时履约，立即办理了货物的出运手续，并向买方发出装运通知。发货后一直没有款项到账，原来B公司利用一张银行签字的汇票促使A公司发货，待收到A公司发货的电文后，便撤销了该项汇款。B公司的欺诈行为使A公司损失惨重。

分析：汇款业务中，当款项没有进入收款人的账户前，汇款人可以随时取消汇款。

按资金的流向与支付工具的传递方向是否一致，支付方式可以分为顺汇和逆汇两种。顺汇是指资金的流动方向与支付工具的传递方向相同，汇付属于顺汇。逆汇是指资金的流动方向与支付工具的传递方向相反，托收和信用证属于逆汇。

（一）汇付方式的含义及当事人

汇付（Remittance），又称汇款，是指付款人主动通过银行或其他途径将款项汇交收款人。国际贸易货款的收付如采用汇付，一般是由买方按合同约定的条件（如收到单据或货物）和时间，将货款通过银行，汇交卖方。

在汇付业务中，通常有四个当事人：

（1）汇款人（Remitter），是指汇出款项的人，在进出口交易中，通常是进口人。

（2）收款人（Payee或Beneficiary），是指收取款项的人，在进出口交易中，通常是出口人。

（3）汇出行（Remitting Bank），是指受汇款人的委托汇出款项的银行，通常是在进口地的银行。

（4）汇入行（Paying Bank），是指受汇出行的委托解付汇款的银行，因此又称为解付行，在对外贸易中，通常是出口地的银行。

（二）汇付的种类及其业务流程

汇付方式有电汇、信汇和票汇3种。

1. 电汇

电汇（Telegraphic Transfer，T/T）是指汇出行应汇款人的申请，通过拍发加押电报或电传等电讯手段将电汇付款委托书给汇入行，指示解付一定金额给收款人的一种汇款方式。

2. 信汇

信汇（Mail Transfer，M/T）是指汇出行应汇款人的申请，将信汇付款委托书寄给汇入行，授权解付一定的金额给收款人的一种汇款方式。

3. 票汇

票汇（Remittance by Banker's Demand Draft，D/D）是指汇出行应汇款人的申请，代汇款人开立以其分行或代理行为解付行的银行即期汇票，支付一定金额给收款人的一种汇款方式。

电汇和信汇的业务流程见图3-6。

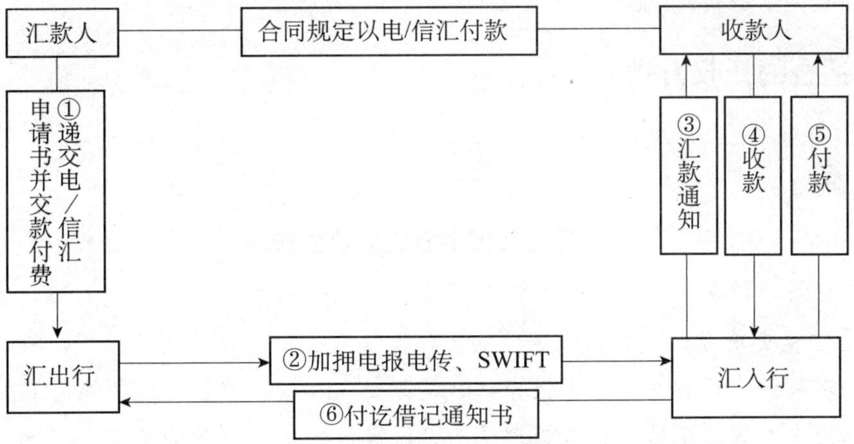

图 3-6　电汇和信汇的业务流程

票汇的业务流程见图 3-7。

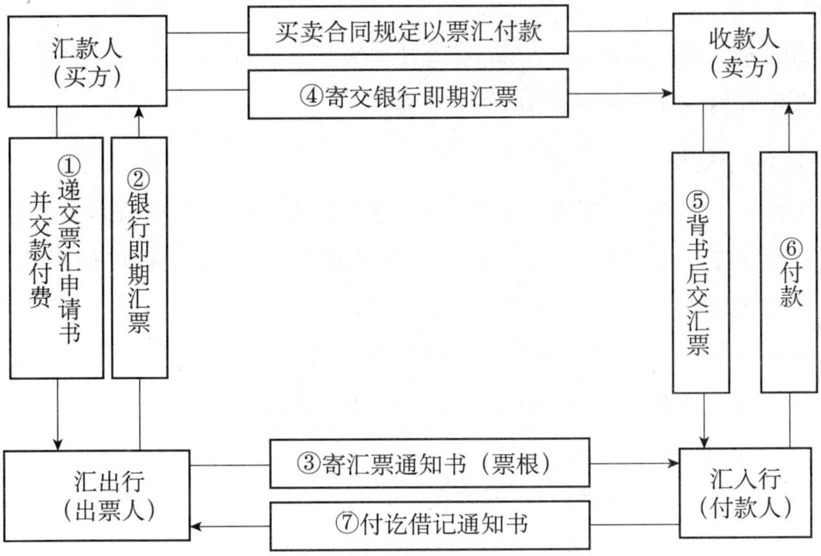

图 3-7　票汇的业务流程

（三）汇付方式的性质及其在国际贸易中的应用

由于在国际贸易中使用汇付方式结算货款，银行只提供服务，因此，使用汇付方式完全取决于买卖双方的信任，卖方交货后或交出单据后，买方是否按时付款，则取决于买方的信用。据此，汇付方式的性质属于商业信用。

在国际贸易中，汇付方式通常用于预付货款（Payment in Advance）、随订单付现（Cash with Order）和赊销（Open Account）等业务。采用预付货款和随订单付现，对卖方来说，就是先收款，后交货，资金不受占压，对卖方最有利；反之，采用赊销贸易时，对卖方来说，就是先交货，后付款，卖方不仅要占压资金，而且要承担买方不付款的风险，因此，对卖方不利，对买方最为有利。此外，汇付方式还用于支付订金、分期付款、货款尾数以及佣金等费用的支付。

三、选择适合的托收方式

案例分析

银行违反指示擅自放单损失案

上海某家纺公司曾多次向美国物源公司售货，同时将物权单证通过上海某银行交予美国F银行按付款交单方式托收。F银行在未向物源公司收妥货款的情况下，将单证交给了物源公司。现物源公司宣告破产，该家纺公司因此向美国新墨西哥联邦地区法院起诉F银行，以挽回损失。该法院首席法官审理认为，F银行在未收货款的情况下将物权凭证交给物源公司是一种总体上的疏忽行为，由于这一疏忽，造成了家纺公司的损失。F银行的抗辩试图将责任转至家纺公司的商业决策上。而后，家纺公司与F银行达成和解协议，F银行支付了相应款项。

分析： 托收业务属于商业信用，如果银行没有按照委托人的指示，擅自将单据提交给付款人，银行在付款人拒付时，要承担付款责任。

（一）托收的含义

按照《托收统一规则》（国际商会第522号出版物）第2条的规定：托收是指由接到托收指示的银行根据所收到的指示，处理金融单据和/或商业票据以便取得付款或承兑，或凭付款或承兑交出商业单据，或凭其他条款或条件交出单据。金融单据是指汇票、本票、支票、付款收据或其他用于取得付款或款项的凭证。商业单据是指发票、运输单据、物权单据或其他类似单据，或除了金融单据以外的其他单据。

（二）托收方式的当事人

托收方式的基本当事人有四个，即委托人、托收行、代收行和付款人。

（1）委托人（Principal），是指委托银行办理托收业务的客户，通常是出口人。

（2）托收行（Remitting Bank），是指接受委托人的委托，办理托收业务的银行，一般为出口地银行。

（3）代收行（Collecting Bank），是指托收行的代理人，是接受托收行的委托代向付款人收款的银行，通常为进口地银行。

（4）付款人（Payer），是指汇票的受票人，通常是买卖合同中的买方。

（三）托收的种类

托收分为光票托收和跟单托收。光票托收是指金融票据不附有商业单据的托收，即仅把金融票据委托银行代为收款。跟单托收是指金融票据附有商业单据或不附有金融票据的商业单据的托收。国际贸易中货款的收取大多数采用的是跟单托收。在跟单托收情况下，根据交单条件的不同，又可以分为付款交单和承兑交单两种。

1. 付款交单

付款交单（Documents against Payment，D/P）是指出口人的交单是以进口人的付款为条件，即出口人发货以后，取得货运单据，委托银行办理托收，并在托收委托书中指示银行，只有在进口人付清货款后，才能把商业单据交给进口人。

按付款时间的不同，付款交单又可以分为即期付款交单和远期付款交单。

（1）即期付款交单（Documents against Payment at sight，D/P at sight），是指出口人发货后开具即期汇票连同商业单据，通过银行向进口人提示，进口人见票后立即付款，进口人在付清货款后向银行领取商业单据。其业务流程见图 3-8。

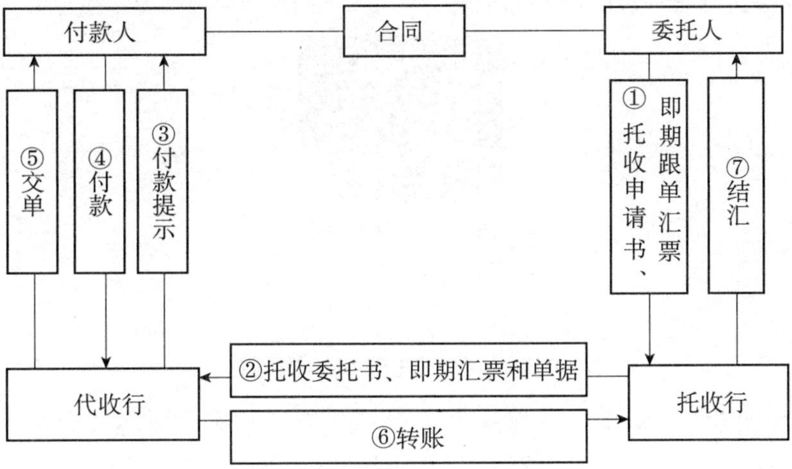

图 3-8 即期付款交单业务流程

（2）远期付款交单（Documents against Payment after sight，D/P after sight），是指出口人发货后开具远期汇票连同商业单据，通过银行向进口人提示，进口人审核无误后即在汇票上进行承兑，于汇票到期时付清货款后再领取商业单据。

2. 承兑交单

承兑交单（Documents against Acceptance，D/A）是指出口人的交单以进口人在汇票上承兑为条件，即出口人在装运货物后出具远期汇票，连同商业单据，通过银行向进口人提示，进口人承兑汇票后，代收行即将商业单据交给进口人，在汇票到期时，方履行付款义务。承兑交单只适用于远期汇票的托收。由于承兑交单是进口人只要在汇票上办理承兑之后，即可取得商业单据，凭以提取货物。也就是说，出口人先交出商业单据，其收款的保障依赖进口人的信用，一旦进口人到期不付款，出口人便会遭受货物和货款全部落空的损失。因此，对于这种方式，出口人一般采用很慎重的态度。

（四）托收的性质及利弊

托收的性质为商业信用。银行办理托收业务时，只是按委托人的指示办事，并不承担付款人必然付款的义务。如果进口人破产或丧失清偿债务的能力，出口人则可能收不回或晚收回货款。在进口人拒不付款赎单后，除非事先约定，银行没有义务代为保管货物。如果货物已经到达，还要发生在进口地办理提货、缴纳进口关税、存仓、保险、转售以至被低价拍卖或运回国内的损失。在承兑交单条件下，进口人只要在汇票上办理承兑手续，即可取得商业单据，凭以提货；出口人收款的保障就是进口人的信用，一旦进口人到期不付款，出口人就会遭受货、款两空的损失。跟单托收对出口人有一定的风险，但是对进口人却有利，他不仅可免去申请开立信用证的手续，不必预付银行押金，减少费用支出，而且有利于资金融通和周转。由于托收对进口人有利，因此在出口业务中使用托收，有利于调动进口商采购货物的积极性，从而有利于促成交易和扩大出口，故很多出口商都把采用托收作为推销库存货和加强对外竞销的手段。

（五）使用托收业务应注意的问题

二维码

使用托收业务应注意的问题

资料卡

国际商会《托收统一规则》

国际商会于1995年公布了《托收统一规则》修订本，为国际商会第522号出版物（Uniform Rules for Collection，ICC Publication No. 522），简称URC522，于1996年1月1日起实施。《托收统一规则》自公布实施以来，被各国银行所采用，已成为托收业务的国际惯例。

四、选择适合的信用证

案例分析

信用证改托收致损案

海南某出口公司与英国商人按CIF术语成交20万条干蛇皮，装运期为7/8月，总价24万美元。进口方由英国渣打银行伯明翰分行开来一张即期循环信用证，指定由英国渣打银行广州分行议付，金额为12万美元，即总数量一半的金额可循环使用一次。信用证规定在第一批10万条干蛇皮装船并取得海运提单后可自动恢复原金额、原数量。出口公司在第一批货装船并取得海运提单，备好第一批的全套单据准备向指定银行交单议付时，该地区受强台风影响，银行停业2天。出口公司在银行开业后交单议付时已逾第一批规定的交单有效期，议付行在出口公司出具补偿保证书后，向开证行寄单，在面函上提出其不符点内容并附“凭担保议付单”。开证行随即复电：“第×××信用证项下×××号单据已收到。议付行面函所提出的不符点不能接受，建议改为信用证项下的托收，单据暂代保管，听候你方处理意见。”出口公司只得把第一批货物改成信用证项下托收处理。随后，卖方及时准备第二批货物、报验、托运和报关，做到如期出运、正点交单，但银行又提出拒付第二批货款或仍按照第一批一样作托收处理。货抵达伦敦，市价疲软，两批托收单据均被拒付，经出口公司多次交涉，最后以让价20%结案。

分析：（1）卖方未规范使用循环信用证；

（2）卖方未掌握和运用UCP600条款的规定；

（3）卖方轻易将信用证结汇改为托收结汇，失去了银行信用的保护；

（4）本案卖方所承担的托收业务风险比正常情况更大。

（一）信用证的含义、种类和特点

1. 信用证的含义

信用证（Letter of Credit，L/C）支付方式是随着国际贸易的发展，在银行与金融机构参与国际贸易结算的过程中逐步形成的。

根据国际商会《跟单信用证统一惯例》（UCP600）的解释，信用证是指一项不可撤销的安排，不论其名称或描述如何，该项安排构成开证行对相符交单予以承付的确切承诺。

2. 信用证的种类

信用证可根据其性质、期限、流通方式等特点，作如下划分：

（1）跟单信用证和光票信用证。以信用证项下的汇票是否附有货运单据划分，信用证可分为跟单信用证和光票信用证。

1）跟单信用证（Documentary Credit）是指凭跟单汇票或仅凭规定的单据付款的信用证，单据是指代表货物或证明货物已经交付的单据，即货运单据。依照UCP600，跟单信用证的范围包括备用信用证，在备用信用证项下的“单据”泛指任何信用证规定所提供的用以记录或证明某一事实的书面文件。

2）光票信用证（Clean Credit）是指开证行仅凭受益人开具的汇票或简单的收据而无需附带货运单据付款的信用证。

在国际贸易中使用的信用证大部分是跟单信用证，在使用信用证方式预付货款时，通常是用光票信用证。

（2）不可撤销信用证和可撤销信用证。以开证行对开出的信用证所负的责任来分类，信用证分为不可撤销信用证和可撤销信用证。

1）不可撤销信用证（Irrevocable L/C）是指信用证一经开出，在有效期内，未经受益人及有关当事人的同意，开证行不得片面修改和撤销的信用证。只要受益人提交的单据符合信用证的规定，开证行必须履行付款义务。这种信用证对受益人较有保障，在国际贸易中使用较为广泛。

2）可撤销信用证（Revocable L/C）是指开证行对所开信用证不必征得受益人或有关当事人的同意，有权随时撤销或修改的信用证。

（3）保兑信用证和不保兑信用证。在不可撤销信用证中，按其是否有另一家银行对之加以保兑，可分为保兑信用证和不保兑信用证两种。

1）保兑信用证（Confirmed L/C）是指开证行开出的信用证，由另一家银行保证对符合信用证条款规定的单据履行付款义务。对信用证加以保兑的银行叫作保兑行（Confirming Bank）。

按UCP600的规定，信用证一经保兑，即构成保兑行在开证行以外的一项确定承诺。保兑行与开证行一样承担付款责任，并对受益人以独立的“本人”身份对受益人独立负责，并对受益人负首先付款责任。保兑行对受益人或其他前手无追索权。

保兑信用证不仅有开证行不可撤销的付款保证，而且还有保兑行的兑付保证。两者的付款人都是负第一性的付款责任，所以这种有双重保证的信用证对出口人最有利。保兑行通常是通知行，有时也可以是出口地的其他银行或第三国银行。保兑的手续一般是由保兑行在信用证上加列保兑文句。

2）不保兑信用证（Unconfirmed L/C）是指开证行开出的信用证没有经另一家银行保兑。当开证行资信好和成交金额不大时，一般都使用这种不保兑的信用证。

（4）即期付款信用证、延期付款信用证、承兑信用证及议付信用证。UCP600规定：一切信用证都必须清楚表明该证适用于即期付款、延期付款、承兑或议付。除非信用证规定只能由开证行办理，一切信用证均须指定某家银行并授权其付款，承担延期付款责任，承兑汇票或议付。对自由议付信用证，任何银行均为指定银行。

1）即期付款信用证（Sight Payment L/C）是指开证行或付款行收到符合信用证条款的汇票和单据后，立即履行付款义务的信用证，即兑现方式是即期付款方式的信用证。即期付款信用证一般不要求受益人开立汇票。如开证行本身是付款行，开证行应保证履行即期付款的承诺；如由通知行或第三银行任付款行，开证行应保证该款的即期照付。付款行一经付款，对受益人均无追索权。这种信用证在国际结算中使用最为广泛。

2）延期付款信用证（Deferred Payment L/C）。延期付款信用证是远期信用证的一种，是指开证行在信用证上规定货物装船后若干天付款或受益人交单后若干天付款的信用证。这类信用证不要求受益人开具汇票，所以出口商不能利用贴现市场资金，只能自行垫款或向银行借款。

3）承兑信用证（Acceptance L/C）。承兑信用证是指付款行在收到符合信用证规定的远期汇票和单据时，先在汇票上履行承兑手续，待汇票到期日再行付款的信用证。按UCP600的规定，开立信用证时不应以申请人作为汇票的付款人，承兑信用证的汇票付款人可以是开证行或其他指定的银行，不论由谁承兑，开证行均负责该汇票的承兑及到期付款。这种信用证又称为银行承兑信用证（Banker's Acceptance L/C）。承兑信用证一般适用于远期付款的交易。

4）议付信用证（Negotiation L/C）。议付信用证是指开证行允许受益人向某一指定的银行或任何银行交单议付的信用证。

议付是指议付行对汇票和（或）单据付出代价。只审单据不支付对价，不能构成议付。议付信用证按是否限定议付银行分为公开议付信用证和限制议付信用证。

公开议付信用证（Open Negotiation L/C），又称自由议付信用证（Free Negotiation L/C），是指开证行对愿意办理议付的任何银行作公开议付邀请和普遍的付款承诺的信用证，即任何银行均可按信用证条款自由议付的信用证。

限制议付信用证（Restricted Negotiation L/C）是指开证行指定某一银行或开证行本身进行议付的信用证。议付和付款的主要区别之一是：议付银行在议付后如由于单据与信用证条款不符的原因而不能向开证行收回款项时，还可以向受益人追索；而付款银行（以及开证行、保兑银行）一经付款，即丧失对受益人的追索权。

（5）即期信用证和远期信用证。根据付款时间的不同，信用证又分为即期信用证和远期信用证。

1）即期信用证（Sight L/C）是指开证行或付款行在收到符合信用证条款的跟单汇票或装运单据后，立即履行付款义务的信用证。这种信用证的特点是出口人收汇迅速、安全，有利于资金周转。在即期信用证中，有时还加列电汇索偿条款（T/T Reimbursement Clause），这是指开证行允许议付行用电报或传真通知开证行或指定银行，说明各种单据与信用证要求相符，开证行或指定付款银行接到电报或电传通知后，有义务立即用电汇将货款拨交议付行。付款后如发现收到的单据与信用证规定不符，开证行或付款行有对议付行行使追索的权利。这是因为此项付款是在未审单的情况下进行的。

2）远期信用证（Usance L/C）是指开证行或付款行收到符合信用证条款的单据时，在规定期限内履行付款义务的信用证。远期信用证主要包括承兑信用证、延期付款信用证和远期议付信用证。其主要作用是便于进口人资金融通。

（6）可转让信用证和不可转让信用证。根据受益人对信用证的权利可否转让，分为可转让信用证和不可转让信用证。

1）可转让信用证（Transferable L/C）是指受益人（第一受益人）有权将信用证的全部或部分金额转让给第三者，即第二受益人使用的信用证。

2）不可转让信用证（Non-transferable L/C）是指受益人不能将信用证的权利转让给他人使用的信用证。凡信用证中未注明“可转让”者，就是不可转让信用证。

（7）循环信用证（Revolving L/C）是指信用证被全部或部分使用后，其金额又恢复到原金额，可再次使用，直至达到规定的次数或规定的总金额为止。

（8）对开信用证（Reciprocal L/C）是指信用证的开证申请人可以对方为受益人而开立的信用证。对开信用证的特点是第一张信用证的受益人（出口人）和开证申请人（进口人）就是第二张信用证的开证申请人和受益人，第一张信用证的通知行通常就是第二张信用证的开证行。两张信用证的金额相等或大体相等，两证可同时互开，也可以先后开立。对开信用证多用于易货贸易或来料加工贸易业务，交易的双方都担心对方凭第一张信用证出口或进口后，另外一方不履行进口或出口的义务，于是采用这种相互联系、互为条件的开证办法，彼此互为约束。

（9）对背信用证（Back to Back L/C），又称转开信用证、从属信用证或桥式信用证，是指原证的受益人要求原证的通知行或其他银行以该证为基础和担保，另开立的一张内容相似的新信用证。对背信用证的受益人可以是国外的，也可以是国内的，对背信用证的开证行只能根据不可撤销信用证来开立。

（10）预支信用证（Anticipatory L/C）是指开证行授权代付行（通常是通知行）向受益人预付信用证金额的全部或一部分，由开证行保证偿还并支付利息。由于预支款是提供受益人收购及包装货物所用的，因此这种信用证又叫打包放款信用证（Packing L/C）。

3. 信用证的特点

根据UCP600的规定，信用证支付方式有以下三个特点：

（1）信用证是一种银行信用。信用证支付方式是一种银行信用，由开证行以自己的信用作出付款保证。在信用证付款条件下，开证行对信用证负首要的即第一性的付款责任。按UCP600第2条规定：在规定的单据符合信用证条款的情况下，开证行自己或授权另一银行向受益人或其指定人进行付款或承兑并支付受益人开立的汇票，或授权另一银行议付。因而，信用证开证行的付款责任，不仅是首要的，而且是独立的，即使进口人在开证后失去偿付能力，只要出口人提交的单据符合信用证条款，开证行也要付款。

（2）信用证是一种自足文件。信用证的开立是以买卖合同为依据，但信用证一经开出，就成为独立于买卖合同的另一种契约，不受合同的约束。UCP600规定：信用证按其性质与凭以开立信用证的销售合同或其他合同，均属不同的业务。即使信用证中援引这些合同，银行也与之毫无关系并不受其约束。银行的付款、承兑并支付汇票或议付及/或履行信用证下任何其他义务的保证，不受申请人提出的因其与开证行之间或与受益人之间的关系所产生的索赔或抗辩的约束。

（3）信用证是一种纯单据买卖。在信用证方式下，实行的是凭单付款的原则。UCP600规定：在信用证业务中，各有关方面处理的是单据，而不是与单据有关的货物、服务或其他行为。所以，信用证业务是一种纯粹的单据业务。在信用证业务中，只要受益人或其指定人提交的单据符合信用证规定，开证行就应当承担付款或承兑并支付的责任。反之，单据与信用证规定不符，银行有权拒绝付款。但应指出，按UCP600的规定，银行虽有义务“合理小心地审核一切单据”，但这种审核只是用以确定单据表面是否符合信用证条款，开证银行只根据表面上符合信用证条款的单据付款。因此，银行对任何单据的形式、完整性、准确性、真实性，以及伪造或法律效力，或单据上规定的或附加的一般和/或特殊条件，概不负责。所以在信用证条件下，实行“严格符合原则”。“严格符合原则”不仅要求做到“单证一致”，即受益人提交的单据表面上与信用证规定的条款一致，还要做到“单单一致”，即受益人提交的各种单据之间表面上一致。

（二）信用证的当事人

1. 开证申请人

开证申请人（Applicant），又称开证人，是指向银行提出申请开立信用证的人，即进口人或实际买方。

2. 开证行

开证行（Opening Bank/Issuing Bank）是指接受开证申请人的委托，开立信用证的银行，承担保证付款的责任，一般是进口人当地的银行。

3. 受益人

受益人（Beneficiary）是指信用证上规定的有权使用该信用证的人，通常为出口人。它有按信用证的规定签发汇票向指定的付款行使索取价款的权利，但也在法律上以汇票的出票人的身份，对其后的持票人负有担保该汇票必获承兑和付款的责任。

4. 通知行

通知行（Advising Bank/Notifying Bank）是指接受开证行的委托，将信用证转交给受益人的银行。它只证明信用证的真实性，并不承担其他的责任。

5. 议付行

议付行（Negotiating Bank），又称押汇银行、购票银行或贴现银行，是指愿意买入受益人的跟单汇票的银行。议付行可以是指定的银行，也可以是非指定的银行，由信用证的条款来决定。在信用证业务中，议付行通常又是以受益人的指定人和汇票的善意持有人的身份出现的。因此，它对作为出票人的受益人的付款有追索权。

6. 付款行

付款行（Paying Bank/Drawee Bank）是指开证行授权进行信用证项下付款或承兑并支付受益人出具的汇票的银行。付款行通常是汇票的受票人，故亦称受票行。付款行如同一般汇票受票人，一经付款，即使事后发现有误，对收款人也无追索权。

7. 偿付行

偿付行（Reimbursing Bank），又称信用证的清算行，是指受开证行的指示或授权，对有关代付银行的索偿予以照付的银行。偿付不视作开证行终局性的付款，因为偿付行并不审查单据，不承担单证不符的责任。开证行在见单后发现单证不符时，可直接向寄单的议付行、代付行追回业已付讫的款项。

8. 保兑行

保兑行（Confirming Bank）是指应开证行请求在信用证上加具保兑的银行，它具有与开证行相同的责任地位。保兑行在信用证上加具保兑以后，即对受益人独立负责，承担必须付款或议付的责任。一旦付款没有追索权。

（三）信用证的内容

信用证虽然尚无统一格式，但其基本的内容大致相同，主要包括以下几个方面：

（1）关于信用证本身的说明。如信用证的种类、性质、编号到期日和到期地点、交单期限等。

（2）信用证的当事人：开证行、开证申请人、受益人、通知行等。此外，有的信用证还指定付款行、偿付行、承兑行、议付行等。

（3）对货物的要求。货物的名称、品种、规格、数量、包装、价格、金额等。

（4）对运输的要求。装运的最迟日期、启运地和目的地、运输方式、可否分批装运、可否转运等。

（5）对单据的要求。单据主要分为三类：1）货物单据（以发票为中心，包括装箱单、重量单、产地证、商检证明书等）；2）运输单据（如提单，这是代表货物所有权的凭证）；3）保险凭证（保险单）。除上述三种单据以外，还有可能提出其他单证，如寄样证明、装船通知电报副本等。

（6）特殊要求。视具体交易的需要而异，常见的有要求通知行加保兑，限制由某银行议付，限制装某船或不许装某船等。

（7）开证行对受益人及汇票持有人保证付款的责任条款，根据UCP600开立的文句、开证行签字和密押等。

（四）信用证的一般收付程序

信用证的收付程序随信用证的类型不同，其具体的做法有所差异，但就其基本流程而言，大体要经过申请、开证、通知、议付、索偿、付款、赎单等环节。现以最为常见的即期不可撤销跟单议付信用证为例，简要说明其收付程序（见图3-9）以及各环节的具体内容。

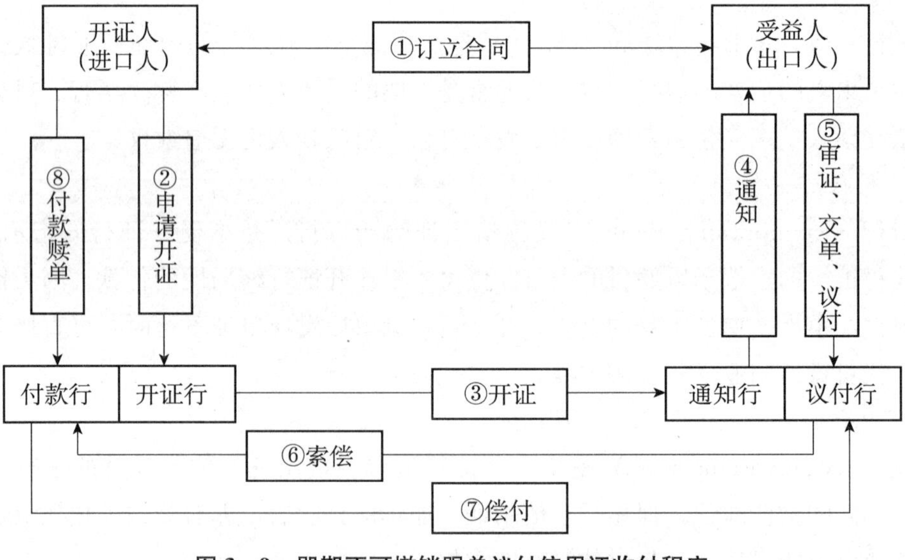

图3-9 即期不可撤销跟单议付信用证收付程序

1. 订立合同

进出口双方经过交易磋商签订合同，规定支付方式为信用证，一般还应规定开证行、信用证的类型、金额、到期日、信用证开立并送达卖方的时间等。

2. 申请开证

进口人向当地银行提出申请，填写开证申请书，依照合同填写各项规定和要求，并交押金或提供其他担保，请开证行开证。

3. 开证

开证行根据申请书内容，向受益人（出口人）开出信用证，并寄交出口人当地的分行或代理行（统称通知行）。

信用证的开立方式有信开（Open by Airmail）和电开（Open by Telecommunication）两种。前者是开证行通过航空方式邮寄信用证正本给通知行。后者是指开证行通过电报、电传或通过 SWIFT 等电讯工具将加注密押的信用证通知受益人当地的代理行。

4. 通知

通知行核对印鉴与密押无误后，将信用证交给受益人。如果收到的信用证是以通知行为收件人的，则通知行应以自己的通知书格式照录信用证全文通知受益人。

5. 审证、交单、议付

受益人收到经通知行转来的信用证后，对照合同条款审核信用证。如果发现信用证中的条款有差错、表述不清等不能接受或者无法照办的内容，均应通知开证申请人，请求修改信用证。修改后的信用证的传递方式与信用证相同。

受益人收到信用证审核无误，或需修改的经收到修改通知书认可后，按信用证规定装运货物，并备齐各项货运单据，开立汇票，连同信用证（如经过修改还有修改通知书）在信用证有效期内递交当地银行（议付行）议付。

议付就是由议付行向受益人购进由它出具的汇票及所附单据。根据 UCP600 的解释：议付是指指定银行在相符交单下，在其应偿付的银行工作日当天或之前向受益人预付或者同意预付款项，从而购买汇票及/或单据的行为。议付也是一种汇票的贴现行为，在我国习惯上称为“买单”。议付行办理议付后成为汇票的善意持有人，如遇开证行拒付，有向其前手出票人进行追索的权利。

6. 索偿

索偿就是议付行办理完议付后，根据信用证规定，凭单向开证行或其指定的银行请求偿付的行为。其具体做法是：由议付行按信用证要求将单据连同汇票和索偿证明（证明单据符合信用证规定）分次以航邮寄给开证行或其指定的付款行。

7. 偿付

偿付是指开证行或被指定的付款行或偿付行向议付行进行付款的行为。如果发现单据与信用证规定不符，可以拒付，但应在收到单据的次日起 5 个银行营业日内通知议付行表示拒绝接受单据。

8. 付款赎单

开证行履行完偿付责任后，应向开证申请人提示单据，开证人审核单据无误后，办理付款手续。

资料卡

《跟单信用证统一惯例》

拓展阅读

信用证修改案例分析与启示

五、跨境电商的主流支付方式

随着跨境电商的快速发展，新型跨境支付方式应运而生，可解决传统模式的痛点，降低金融服务的成本和门槛，提高服务频次，扩大金融服务的受众群体。

（一）国际电汇

国际电汇（Telegraphic Transfer，T/T）是汇出行应汇款人的申请，拍发加押电报或电传给在另一国家的分行或代理行（汇入行），指示其付一定金额给收款人的一种汇款方式。

（1）“前T/T”：在安排生产或交货前，买方先将全部货款以电汇的方式汇付给卖方。

（2）“后T/T”：在交货或装运后，于寄单前或寄单后，再将全部货款以电汇的方式汇付给卖方。

（3）混合式，即“前T/T”与后“T/T”的结合：先电汇部分货款，然后于寄单前电汇所余货款。

例：T/T 30% in advance and 70% after copy of B/L。

（二）信用证和信用卡

跨境电商实务中支持的信用卡有：维萨卡（Visa）、万事达卡（MasterCard）、美国运通卡（American Express）、日本国际信用卡（JCB）、中国银联卡（UnionPay）、大莱信用卡（Diners Club）等。

例：信保订单，信用卡支付手续费2.95%，买家付款时手续费和货款单独支付。

信用证前文已介绍。

（三）西联汇款和贝宝

1. 西联汇款（Western Union）

西联汇款是国际汇款公司的简称，是世界上领先的特快汇款公司。

费用：手续费由买家全部承担，卖家线下收款操作方法：(1) 获得汇款监控号；(2) 带上身份证，至西联汇款合作银行网点收款；(3) 填写西联收款单（需要填写汇款监控号）；(4) 银行核对无误后，付款给卖家。交易双方也可通过电子渠道（网上银行和手机银行）收发汇款。

2. 贝宝（PayPal）

PayPal 是世界领先的网络支付公司提供的网络支付服务。

手续费：每笔收 3.9%的手续费；

提现费：提取 3 000 美元以下，每笔要收取 35 美元的手续费。

Paypal 收款步骤：

方法 1：客户直接打款到你的 PayPal 账户；

方法 2：网页端操作，点击开具账单—收款—填写客户需支付的金额和客户信息—点击确定—客户登录自己的邮箱，就可以在邮件中进行付款。

六、选择国际贸易支付方式

选择国际贸易支付方式时，应综合考虑各种支付方式的利弊、买卖双方承担的风险和资金占用的时间等诸多因素。因此，在实践中，通常一笔交易使用一种支付方式，但有时为了促成交易，加快资金周转速度，确保收付的安全，在同一笔交易中也可以使用两种以上的支付方式，常见的有以下几种：

（一）信用证与汇付相结合

信用证与汇付相结合是指部分贷款用信用证，余款用汇付。例如：对于散装货物，90%货款用信用证结算，其余 10%等货物运抵目的港后，按照检验后的实到数量确定余款金额以汇付方式支付。或者是以汇付方式支付预付款，其余货款以信用证支付。

（二）信用证与托收相结合

这种方式是指不可撤销信用证和跟单托收结合使用。一般做法是：信用证规定出口人开立两张汇票，两张汇票金额相加等于发票金额，属于信用证部分的货款凭光票付款，而全套单据附在托收部分汇票项下，按即期或远期付款交单方式托收。在信用证中必须订明“在发票金额全部付清后才可交单”的条款，以保证安全。例如：40%发票金额凭即期光票支付，其余 60%即期付款交单。100%发票金额的全套货运单据随附于托收项下，于申请人付清发票全部金额后交单。若进口人不付清全部金额，货运单据由开证银行掌握，凭出口人指示处理。

（三）汇付、托收和信用证三者相结合

在成套设备、大型机械和大型交通工具的交易中，由于成交金额大、制造周期长、检验手段复杂、交货条件严格，因此一般采用按工程进度或交货进度分若干期付清货款，即分期付款和延期付款的方式。一般采用汇付、托收和信用证相结合的方式。

1. 分期付款

分期付款（Pay by Installments）是指买方预交部分定金，其余货款根据所订购商品的制造进度或交货进度分若干期支付，在货物交付完毕时付清或基本付清。在买方付出定金前，卖方应向买方提供出口许可证的副本和银行开具的保证书和备用信用证，若卖方不履约，由银行保证负责退还定金、已付款项加上自付款日到退款日止的利息。

2. 延期付款

延期付款（Deferred Payment）是指买方在预付一部分定金后，大部分货款在交货后一段相当长的时间内分期摊付。其做法是：买卖双方签订合同后，买方一般要预付一小部分货款作为定金，有的合同还规定按工程进度和交货进度分期支付部分货款，但大部分货款是在交货后若干年内分期摊付，即采用远期信用证支付。延期支付的那部分货款实际上是一种赊销，等于是卖方给买方提供的商业贷款。因此，买方应承担延期付款的利息。在延期付款的条件下，货物的所有权一般在交货时转移。

条款示例

▪ 拟定合同中的汇付条款。

［例1］买方应不晚于2021年5月31日将全部货款用电汇（信汇或票汇）方式预付给卖方。

The Buyer shall not be later than 31st May, 2021, effect payment by T/T (mail transfer or demand draft) to the Seller in advance.

［例2］买方同意在本合同签字之日起，一个月内将本合同总金额30%的预付款，以电汇方式汇交卖方，70%在见到提单复印件后电汇。

The Buyer agreed to remit to the Seller 30% advance payment of the total amount of this contract by T/T within one month, after the date of signing this contract, 70% by T/T after receiving the copy of the B/L.

▪ 拟定合同中的托收条款。

［例3］即期付款交单：

买方应凭卖方开具的即期汇票于见票时立即付款，付款后交单。

After first presentation, the Buyer shall pay against documentary draft by the Seller at sight. The shipping documents are to be delivered against payment only.

［例4］远期付款交单：

买方应对卖方开具的见票后30天付款的跟单汇票，于提示时立即予以承兑，并应于汇票到期日即予付款，付款后交单。

The Buyer shall duly accept the documentary draft drawn by the Seller at 30 days sight upon first presentation and make payment on its maturity. The shipping documents are to be delivered against payment only.

■ 拟定合同中的信用证条款。

［**例 5**］买方应通过为卖方所接受的银行于装运月份前 30 天开立并送达卖方不可撤销即期信用证，有效期至装运月份后第 15 天在中国议付。

The Buyer shall open through a bank acceptable to the Seller an Irrevocable Sight Letter of Credit to reach the Seller 30 days before the month of shipment, valid for negotiation in China until the 15th days after the month of shipment.

拓展阅读

二维码

有序推进人民币国际化

问题探究

1. 汇票、本票和支票的区别是什么？

2. 付款交单与承兑交单相比较，哪种情况对出口商风险更大？

3. 在信用证支付方式下，如果买方直接将信用证快递给卖方，卖方应如何处理？

4. 在出口业务中，采用赊销和托收等商业信用方式结算货款时，出口人需承担较大的风险，出口人为了减少收汇风险，可以使用国际保理或出口信用保险。请你查找有关保付代理和出口信用保险的资料，以小组为单位向其他同学进行介绍，填写表 3-12、表 3-13。

表 3-12　项目考核检查评价表

评分指标	权重	考核等级				得分		
		A	B	C	D	自评	他评	老师评价
方案	60%	完美	基本正确	勉强	错误			
态度	10%	积极	一般	勉强	消极			
沟通	10%	完美	一般	勉强	较差			
团队意识	10%	完美	一般	勉强	较差			
礼仪与角色	10%	完美	一般	勉强	较差			
合计	100%							

表3-13　项目能力测评表

项目名称：　　　　　　　　　班级：　　　　　　评分人：　　　　　　　　时间：

学生互评内容（每项20分）	组1	组2	组3	组4	组5	组6	组7	组 n
项目报告的形成能力								
资料查阅、收集、分析能力								
知识应用能力								
语言表达能力								
回答问题、应变能力								

思考练习

一、填空题

1. 国际贸易结算中使用的票据主要有__________、__________和__________。

2. 票据的特点是__________、__________、__________和__________。

3. 汇票按出票人不同分为__________和__________；按付款人付款时间不同分为__________和__________。

4. 在信用证业务中，通知行审核的是__________，而受益人主要审核__________。

5. 远期汇票的付款时间可规定为__________、__________、__________、__________。

6. 汇票出票时收款人抬头可填成__________、__________或__________。

7. 汇付有三种方式可选，即__________、__________和__________。

8. 远期信用证可以分为__________、__________和__________。

9. 托收按出口方交单条件不同可分为__________和__________。

10. 调整托收业务及当事人之间关系的国际惯例是1996年实施的国际商会第__________号出版物《____________________》。

11. 在国际结算中，如果资金的流动方向与支付工具的传递方向相同，称之为__________，比如__________；如果资金的流动方向与支付工具的传递方向相反，称之为__________，包括__________和__________支付方式。

12. 现行的调整信用证业务及当事人关系的国际惯例是__________制定的《____________________》，简称__________。

二、判断、单选题

判断、单选题

三、案例分析题

1. 我某公司与韩国一客户按 CFR 术语成交，出口一批货物发往美国，采用 T/T 方式支付，货到后付款。我方按合同发货后收到韩国客户传真称，货到美国经最终客户检验认为质量不好，要求减价 30%，并请我公司确认。我方立即回复：所交货物完全符合合同规定，发货前韩国客户代表及我方检验机构已经检验，要求韩国客户马上付款。但该韩商既不答复我方传真也不履行付款义务，使我公司遭受损失。试问：此案的教训有哪些？

2. 我某出口公司向国外 K 公司出口一单工艺品，合同规定航空运输。K 公司开来信用证要求：装运不晚于 6 月 20 日，所有单据须于装运日后 5 天向银行议付交单。我出口公司在 5 月 4 日向机场办妥装运手续。后因连日暴雨，飞机延至 7 日才起飞。后因 8 日和 9 日是双休日，单证人员于 10 日才向银行交单办理议付。结果开证行以交单期与信用证不符为由拒绝付款，而 K 公司又借航空公司可以不凭运单提货的有利条件向承运人提走了货物。试问：(1) 开证行拒付有无道理？(2) 出口公司有无责任？此案如何了结为好？

3. 我某公司与一韩商初次谈判出口货物一批，双方同意以 T/T 方式支付，款到空运发货。货物备齐且品质经韩商确认后，我公司收到该客户通过某银行电汇货款的银行水单的传真，为配合客户我公司立即安排空运将货物发出。但凭传真向我方银行查询始终没有收到该笔货款。正本空运单托运人一联仍在我公司手中，但查询空运公司得知货物早已被收货人提走。试问：为什么会出现上述情况？我公司应吸取什么教训？

4. 我某公司与外商 A 达成一份出口合同，付款条件为“D/P AT 45 DAYS AFTER SIGHT”。我公司发货后通过银行办理托收寄单，且没有收到买方拒绝承兑的任何消息。但在预计的付款时间内我公司一直没有收到该笔货款，后来代收行通过托收银行告知我公司，A 商因经营不善拒付货款，并要求我公司直接向 A 商索偿。经核查船公司，该票货物 A 商已凭正本提单提走。试问：我公司应如何处理？

5. 我某公司自国外某客户进口一批钢材，货物分两批装运，支付方式为不可撤销即期信用证，每批分别由中国银行开立一份信用证。第一批货物装运后，卖方在有效期内提交了合格的单据，中国银行对外进行支付。我公司收到货物后发现品质与合同规定不符，随即要求银行拒付第二份信用证项下的单据，但遭到银行拒绝。试问：银行这样做是否合理？

6. 我出口企业收到国外开来的不可撤销信用证一份，由设在我国境内的外资银行通知并加保兑。我出口企业在货物装运后，正拟将有关单据交银行议付时，忽接该外资银行通知，由于开证行已宣布破产，该行不承担对该信用证的议付和付款责任，但是可接受我出口公司委托向买方直接收取货款的业务。对此，你认为我方应如何处理为好？简述理由。

7. 某食品进出口公司向某国出口货物一批，规定信用证付款。买方在信用证中规定：一旦开证人收到单证相符的单据并承兑后，我行立即付款。银行审证之后，要求受益人注意此条款，但业务员认为对方是老客户，问题不大，就将货物装运出口。当单据交到开证行时，开证行以开证人拒绝承兑为由拒付货款。试问：开证行拒付有无道理？我方失误在哪里？

五、实务操作题

1. 请根据销售确认书（见表3－14）审核下面的信用证（见表3－15）有何不符点。

表3－14　销售确认书

销售确认书
SALES CONFIRMATION

S/C NO.：SPT－211
DATE：JULY 8，2021

The Seller：SHANGHAI SPORTING GOODS IMP. & EXP. CO.
Address：215 HUQIU ROAD SHANGHAI CHINA
The Buyer：PETRRCO INTERNATIONAL TRADING CO.
Address：1100 SHEPPARD AVENUE EAST SUITE 406 WILLOWDALE ONTARIO，CANADA M2K 2W2

Commodity & Specification	Unit	Quantity	Unit Price（USD）	Amount（USD）
			CIF VANCOUVER	
SBW32 BASKETBALL	PIECE	2,000	16.98	33,900.00
GBW322 FOOTBALL	PIECE	2,000	21.33	42,660.00
ERVS VOLLEYBALL	PIECE	1,000	12.15	12,150.00
				88,710.00

TOTAL CONTRACT VALUE：
SAY U. S. DOLLARS EIGHTY EIGHT THOUSAND SEVEN HUNDRED AND TEN ONLY

PACKING：To be packed in cartons of 50 pcs each，total 100 cartons.
PORT OF LOADING AND DESTINATION：From Shanghai to Vancouver with transshipment and partial shipment allowed.
TIME OF SHIPMENT：During September 2021.
TERMS OF PAYMENT：The buyer shall open through a bank acceptable to the seller an irrevocable letter of credit at sight to reach the seller 30 days before the month of shipment valid for negotiation in Vancouver until the 15th day after the date of shipment.
INSURANCE：To be covered by the seller for 110% of the invoice value against all risks and war risks as per the relevant ocean marine cargo clauses of the People's Insurance Company of China dated 01/01/1981.

表3－15　信用证

33062 BOCSH CN
ROYALBANK BCR
OUR L/C NO. PIT310
JULY 30，2021
FROM：THE ROYAL BANK OF CANADA，COLUMBIA INTERNATIONAL
CENTER，1055 WEST GEORGIA STREET，VANCOUVER，B. C. V6E 3P3
TO：BANK OF CHINA，SHANGHAI BRANCH
BENEFICIARY：SHANGHAI SPORTING GOODS IMP. & EXP. CO.
215 HUQIU ROAD SHANGHAI CHINA
APPLICANT：PETRRCO INTERNATIONAL TRADING CO.
1100 SHEPPARD AVENUE EAST SUITE 406
WILLOWDALE ONTARIO，CANADA M2K 2W2

FOR USD 88,710.00 (SAY U. S. DOLLARS EIGHTY EIGHT THOUSAND SEVEN HUNDRED AND TEN ONLY) TO EXPIRE APRIL 15th 2021 IN OUR COUNTRY AVAILABLE BY NEGOTIATION OF YOUR DARFTS AT 30 DAYS SIGHT FOR 100 PERCENT OF INVOICE VALUE DRAWN ON US THE ROYAL BANK OF CANADA ACCOMPANIED FOLLOWING DOCUMENTS:

a. COMMERCIAL INVOICE IN TWO COPIES INDICATING BENEFICIARY'S CONTRACT NUMBER.

b. PACKING LIST/WEIGHT MEMO IN TRIPLICATE MENTIONING TOTAL NUMBER OF CARTONS, GROSS WEIGHT AND MEASUREMENTS PER EXPORT CARTON.

c. FULL SET OF CLEAN ON BOARD OCEAN BILLS OF LADING MADE OUT TO ORDER MARKED FREIGHT COLLECT AND NOTIFY APPLICANT.

d. INSURANCE POLICY OR CERTIFICATE IN DUPLICATE ENDORSED IN BLANK COVERING OCEAN MARINE CARGO CLAUSE ALL RISKS AND WAR RISKS FOR 100 PERCENT OF INVOICE VALUE AS PER CIC DATED 01/01/1981.

e. INSPECTION CERTIFICATE IN DUPLICATE ISSUED AND SIGNED BY AUTHORIZED PERSON OF APPLICANT WHOSE SIGNATURE MUST COMPLY WITH THAT HELD IN OUR BANK'S RECORD.

COVERING:

2,000 PCS GBW32 BASKETBALL USD 16.95/PC

2,000 PCS GBW322 FOOTBALL USD 21.33/PC

1,000 PCS EV5 VOLLEYBALL USD 12.15/PC

TERMS OF SHIPMENT CIF VANCOUVER FROM SHANGHAI CHINA TO VANCOUVER CANADA DURING OCTOBER 2021 GOODS TO BE PACKED IN WOODEN CASES AND CONTAINER SHIPMENT PREFERABLE. TRANSSHIPMENT PERMITTED AND PARTIAL SHIPMENT PROHIBITED.

SHIPPING MARKS:

PIT
VANCOUVER
NO. 1-UP

ALL BANK CHARGES INCLUDING REIMBURSEMENT COMMISSION OUTSIDE CANADA ARE FOR ACCOUNT OF BENEFICIARY.

DOCUMENTS TO BE PRESENTED WITHIN 2 DAYS AFTER THE DATE OF ISSUANCE OF THE SHIPPING DOCUMENTS BUT WITH THE VALIDITY OF THE CREDIT.

SPECIAL INSTRUCTIONS:

—T. T. REIMBURSEMENT IS NOT ACCEPTABLE.
—THIS CREDIT IS NOT TRANSFERABLE.
—DOCUMENTS PRIOR TO THE ISSUANCE OF THIS CREDIT ARE NOT ACCEPTABLE.

WE HEREBY ENGAGE WITH DRAWERS AND/OR BONA FIDE HOLDERS THAT DRAFTS DRAWN AND NEGOTIATED IN CONFORMITY WITH THE TERMS OF THIS CREDIT WILL BE DULY HONOURED ON PRESENTATION AND THAT DRAFTS ACCEPTED WITHIN THE TERMS OF THIS CREDIT WILL BE DULY HONOURED ON MATURITY.

THIS CREDIT IS ISSUED SUBJECT TO UNIFORM CUSTOMS AND PRACTICE FOR DOCUMENTARY CREDITS (2007 REVISION) ICC PUBLICATION NO. 600.

2. 请根据下列资料缮制汇票（见表 3－16）。

Drawer：China National Chemicals Import & Export Corporation

Drawee：The Citibank New York，USA

Payee：the order of the Bank of China Qingdao Branch

L/C NO.：NY150234 DATED 20210315

Sum：USD 1,000

Date of issue：25 March，2021

Place of issue：Qingdao

Tenor：at 90 days after sight

No. CNC20210615

表 3-16　汇票

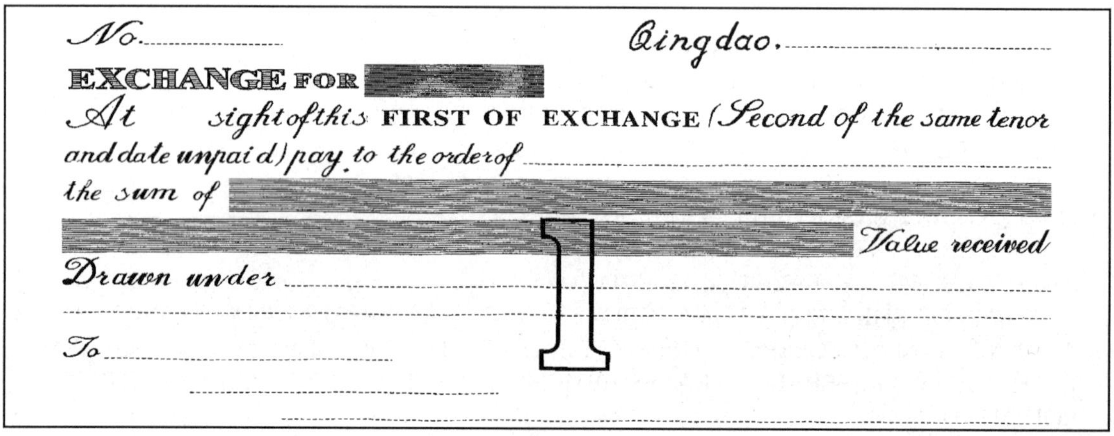
No. ....　　Qingdao. ....

EXCHANGE FOR

At　　sight of this FIRST OF EXCHANGE (Second of the same tenor and date unpaid) pay to the order of ....

the sum of

Value received

Drawn under ....

To ....

任务八　拟定合同的一般交易条件

任务导入

中方公司出口一批冷冻食品到荷兰，共计50公吨，凭规格买卖。其规格为“去毛、头及内脏”，并在“异议与索赔条款”中规定：“除另有约定外，卖方售出货物均以离岸品质、数量、重量为交货依据。货物在运输途中如品质、数量和重量如有异议，并经核实和证明系在装运前发生者，应于到货20天内向卖方提出索赔。”不久，买方开出信用证，卖方及时办理装运，并提交全套的单据向银行议付货款，其中包括商检机构出具的品质检验证书。该证书证明：“本产品加工及冷冻良好，完全适合人类食用。”

货到目的港后，买方来电称：“到货有鱼腥味，卫生局认为不适合人类食用，禁止出售，要求退货，赔偿全部货值50%的损失。”

中方公司认为，所交货物的品质完全符合该公司正常出口标准，并且商检机构已出具检验证书，证明完全适合人类食用，至于其中部分带有鱼腥味，这是国际市场上中方供货的通常品质，而且中方供给荷兰公司的货物与供给欧洲其他地区的货物在品质上是相同的，其他地区都反映良好，销量逐年增加，更没有由于带有鱼腥味而称之为“不适合人类食用”。因此，中方按照合同规定供货是无可指责的，最后使对方撤回了索赔的诉讼。

分析：对卖方提供的货物进行检验是买方的权利，但是检验的项目需要双方在合同中进行明确。如果买方提供的检测报告不符合合同规定，同样不具有效力。异议与索赔条款是解决双方争端的条款，通过友好协商解决双方问题的重要方法，对今后的业务也不会产生不良的影响。

任务分解

由于国际货物买卖履约时间长，涉及面广，业务环节多，因此买卖双方在合同履行过程中常常因种种原因发生争议，甚至导致索赔、仲裁或诉讼等情况的发生。为了尽量减少争议或在争议发生时能妥善解决，在国际货物买卖合同中通常都要订立一些商检、索赔、仲裁和不可抗力条款，以求公平、公正、合理地划分责任归属，最大限度地保护有关当事人的合法权益。

一、商品检验概述

（一）商品检验的含义

商品检验（Commodity Inspection），又称货物检验（Inspection of the Goods），是指在国际货物买卖中，对卖方所交付货物的质量、数（重）量和包装进行检验和鉴定，以确定其是否符合合同规定。有时，还对装载技术条件、卫生、疫情、运输途中发生的残损、短损以及安全等方面进行检验和鉴定，以明确事故起因及责任归属。商品检验还包括根据一国的法律或行政法规对某些进出口货物进行质量、数量、包装、卫生、安全等方面的强制性检验或检疫。

（二）商品检验的作用

（1）商品检验体现了国家对进出口商品实施的质量管制。

（2）商品检验促进了进出口商品质量的提高，增强了企业在国际市场上的竞争力。

（3）商品检验能严格把好进口商品质量关，有效地维护了国家和人民的利益。

（4）商品检验为买卖双方交接货物、结算货款、通关计税和索赔理赔提供了依据。

由此可见，商品检验不仅能够促进国际贸易的正常发展，而且还关系到本国的国民经济能否顺利协调发展、生态环境能否保持平衡、人民的健康和动植物的生长能否得到保证，因此，很多国家的法律和国际公约都对商品检验作了明确规定。

（三）商品检验的机构及任务

1. 国外主要商品检验机构

目前，国际上比较著名的检验机构有：瑞士通用公证行（Societe Generale de Surveillance，SGS），是当今世界上最大的检验鉴定公司；美国食品药物管理局（Food and Drug Administration，FDA）；美国保险商实验室（Underwriters Laboratories，UL），是一家在全球范围内享有信誉的从事安全检验和鉴定的公司；日本海事检定协会（Nippon Kaiji Kentei Kyokai，NKKK），是日本最大的综合性商品检验鉴定机构；英国劳氏船级社（Lloyd's Register of Shipping，LR），是世界上规模最大、历史最久的船舶入级和海事鉴定权威公证机构；英国英之杰检验集团（Inchcape Inspection and Testing Service，IITS），总部设在伦敦的国际知名检验机构。

2. 我国的商品检验机构

目前，我国商品检验机构为海关。

（四）商品检验的时间和地点

在国际货物买卖合同中，根据国际贸易习惯做法和我国的业务时间，有关检验的时间和地点的规定办法可归纳为以下三种：

1. 在出口国检验

这种做法可分为在产地（工厂）检验和装运港（地）检验。

（1）产地（工厂）检验。产地（工厂）检验是指货物离开生产地点（如工厂、矿山等）之前由买卖合同中规定的检验机构对货物进行检验或验收，该机构出具的检验证书作为卖方交货的品质、数量或重量等项内容的最后依据。卖方只承担货物离开产地或工厂前的责任，对于货物在运输途中所发生的一切变化，卖方概不负责。

（2）装运港（地）检验。装运港（地）检验，又称"离岸品质、离岸重量"（Shipping Quality and Weight）检验，是指货物在装运港或装运地装运前或装运时由双方所约定的检验机构对货物进行检验，并由该机构出具检验证书作为卖方交货的品质、数量或重量等项内容的最后依据。货抵目的港或目的地后，卖方如对货物进行复验，即使发现问题，也无权表示拒收或提出异议和索赔。

上述两种规定办法从根本上否定了买方的复验权，对买方极为不利。

2. 在进口国检验

这种做法可分为目的港（地）检验和买方营业处所（最终用户所在地）检验。

（1）目的港（地）检验。目的港（地）检验，又称"到岸品质、到岸重量"（Landed Quality and Weight）检验，是指货抵目的港或目的地时，由双方约定的检验机构在规定的时间内，就地对商品进行检验，该机构出具的检验证书作为卖方交货的品质、数量或重量等项内容的最后依据。如检验证书证明货物与合同规定不符，系属卖方责任，卖方应该负责。

（2）买方营业处所（最终用户所在地）检验。该做法是将检验延伸和推迟至货物运抵买方营业处所或最终用户所在地后的一定时间内进行，由双方约定的检验机构所出具的检验证书作为卖方交货的品质、数量或重量等项内容的最后依据。主要适用于那些需要安装调试进行检验的成套设备、机电仪表产品以及在口岸开件检验后难以恢复原包装的商品。

采用上述两种做法时，卖方须承担到岸货物的品质、数量或重量的责任，这对卖方极为不利。

3. 出口国检验、进口国复验

出口国检验、进口国复验是指货物须于装运前由双方约定的装运港或装运地的检验机构进行检验，其检验证书作为卖方要求买方支付货款或要求银行支付、承兑或议付时提交的单据之一；货抵目的港或目的地后的一定时间内，买方有权复验，以双方约定的目的港或目的地的检验机构出具的检验证书作为买方向有关当事人对货损、货差提出异议、索赔的依据。

由于这种做法对买卖双方来说都比较方便而且公平、合理，因此在国际贸易中已被大多数当事人接受，并已成为一条公认的原则，即除非合同另有规定，买方有权在货物到达目的港或目的地后复验，如复验证明在货物的风险转移到买方之前已存在任何不符合同的情形，卖方应负责任。我国的进出口贸易基本上都采用这一做法。

此外，近年来随着国际贸易的不断发展，在检验的时间、地点和具体做法上，国际上也出现了一些新的做法。例如：在出口国装运前预检验，在进口国最终检验，即在买卖合同中规定货物在出口国装运前由买方派员自行或委托检验机构人员对货物进行预检验，货物运抵目的港（地）后，买方有最终检验和索赔权。对进口商品实施装运前预检验，是当前国际上一项较普遍采用的、行之有效的质量保证措施。在我国进口交易中，对关系到国计民生、价值较高、技术复杂的重要进口商品和大型成套设备，必要时也应采用这一做法，以保障我方的利益。

（五）商品检验的内容

二维码

商品检验的内容

（六）检验证书

检验检疫机构对进出口商品检验检疫或鉴定后，根据不同的检验结果或鉴定项目签发的各种检验证书、鉴定证书和其他证明书，统称为检验证书（Inspection Certificate）。在国际贸易中，检验证书起着公证、证明的作用，作为买卖双方交接货物、结算货款和进行索赔和理赔的依据之一，也是通关、征收关税和优惠减免关税、结算运费等的有效凭证。检验证书的种类多种多样，在实际业务中，买卖双方应根据成交货物的种类、性质、有关国家的法律和行政法规、政府的涉外经济贸易政策和贸易习惯等来确定卖方应提供何种检验证书，并在买卖合同中予以明确。

二维码

检测标准改变致损案

二维码

处理质量纠纷，这些技能你学会了吗

二维码

出口企业应预防买方拒收

二、索赔条款

国际贸易涉及面广，业务环节多，履约过程中情况复杂多变，加上国际市场变幻莫测，常常发生一方当事人不履行合同或不完全履行合同而导致另一方当事人的权利受到损害的情况，从而导致索赔和理赔，甚至引起争议和诉讼。

国际货物买卖合同中的任何一方如不履行或不完全履行合同义务，这就在法律上构成违约，违约一方应承担继续履约、采取补救措施或者赔偿损失等违约责任。不同的国家对违约行为的性质划分及其应负责任的规定不很一致。例如：英国法律规定，当事人一方违反合同中带实质性的主要约定条件，如卖方交货的质量或数量不符合同规定，或不按期交货，均称为“违反要件”（Breach of Condition），受损害的一方除可要求损害赔偿外，还有权解除合同；如果违反的是合同中的次要条件，称为“违反担保”（Breach of Warranty），则受损害一方不能解除合同，仍需继续履行所承担的合同义务，但有权请求违约的一方给予损害赔偿。而美国法律却以违约后果的轻重程度分为“重大违约”和“轻微违约”，重大违约中受损害的一方有权解除合同并要求损害赔偿，而轻微违约中受损害的一方只能要求损害赔偿，无权解除合同。

因此，为维护我方的权益，根据我国法律和国际上有关的法律和惯例，订好国际货物买卖合同中的索赔条款并在合同的履行中加以正确运用是十分重要的。

（一）索赔与理赔的定义

索赔（Claim）是指买卖合同的一方当事人因另一方当事人违约致使其遭受损失而向另一方当事人提出要求损害赔偿的行为。理赔（Settlement of Claims）则是一方对于对方提出的索赔进行处理。可见，索赔与理赔是一个问题的两个方面，即对守约方而言是索赔，对违约方而言是理赔。

（二）买卖合同中的索赔条款

买卖双方为了正确处理好索赔与理赔工作，通常在合同中订立索赔条款。在实际业务中，主要采用异议与索赔条款和罚金条款两种。

1. 异议与索赔条款

异议与索赔条款（Discrepancy and Claim Clause）多是针对卖方交货质量、数量或包装不符合同规定而订立的，主要包括索赔依据、索赔期限。

一方当事人提出索赔时，必须要有充分的索赔依据。这包括法律依据和事实依据两个方面。前者是指买卖合同和所适用的法律规定；后者是指对方违约的事实及其书面证明。如果索赔时证据不全或出证机构不符合要求就可能遭对方拒赔。买卖合同中的索赔条款通常包括索赔依据，主要规定索赔时必须具备的证据，以及出具证明文件的机构。

索赔期限是指受损害一方有权向违约方提出索赔的期限。如超出索赔期限，违约方可不予理赔。索赔期限有约定索赔期限与法定索赔期限两种。约定索赔期限是指买卖双方在合同中明确规定的索赔期限，效力优于法定索赔期限；法定索赔期限是指有关法律法规规定的索赔期限，只有合同中未约定索赔期限时才起作用。法定索赔期限较长，如《联合国国际货物销售合同公约》和我国法律都规定，自买方实际收到货物之日起两年之内。

2. 罚金条款

罚金条款（Penalty Clause）又称违约金条款（Liquidated Damage Clause），是指合同当事人一方未履行合同义务而向对方支付一定金额的罚金，多用于卖方延期交货或买方延期收货或延期付款的情况。关于合同的罚金条款，各国的法律有不同的规定。例如：大陆法系国家（法国、德国等）的法律承认并予以保护；而英美法系国家（英国、美国、澳大利亚、新西兰等）的法律则一般不承认罚金。我国《合同法》规定：约定的违约金过分高于或低于违反合同所造成的损失时，当事人可以请求仲裁机构或法院予以适当减少或增加。

拓展阅读

合同中签订“卸港检验具有最终效力”条款的建议

三、不可抗力条款

（一）不可抗力的含义及范围

国际货物买卖合同成立后，有时客观情况会发生非当事人所能控制的根本变化，使之失去原有履行合同的基础，对此，法律可以免除尚未履行或未完全履行合同一方对另一方的责任，即对不可抗力（Force Majeure）的法定免责。何谓不可抗力呢？一般认为构成不可抗力应具备以下三个条件：（1）事件是在有关合同成立以后发生的；（2）不是由于任何一方当事人的故意或过失所造成的；（3）事件的发生及其造成的后果是当事人无法预见、无法控制、无法避免和不可克服的。英美法系称其为“合同落空”，大陆法系称其为“情势变迁”。

不可抗力的范围较广，通常可分为两类：一类是自然原因如水灾、火灾、旱灾、大雪、台风、地震等人类无法控制的自然界力量引起的；另一类是社会原因如战争、罢工、政府禁令等引起的。对不可抗力的认定必须慎重，并与诸如商品价格波动、汇率变化、班轮延期等正常的贸易风险严格区别开来。对于不可抗力事件，目前国际上并无统一的明确的解释。哪些意外事故应视作不可抗力，可由买卖双方在合同的不可抗力条款中约定。

（二）不可抗力的处理

不可抗力发生后，不能按规定履约的一方当事人要取得免责的权利，必须及时通知另一方，并提供必要的证明文件，而且在通知中应提出处理的意见。在实践中，为了防止争议，通常在不可抗力条款中明确规定具体的通知期限和出具证明文件的机构。在我国，出具不可抗力证明文件的机构是中国国际贸易促进委员会；如由对方提供，则大多由当地的商会或登记注册的公证行出具。一方接到对方关于不可抗力的通知或证明后，无论同意与否都应及时答复，否则，按有些国家的法律如《美国统一商法典》的规定，将被视作默认。

按照有关的法律原则和国际贸易惯例，对不可抗力事件的处理应视不可抗力对履行合同的影响的程度，分为解除合同和变更合同两种。如买卖合同中没有明确的规定，一般的解释是，如不可抗力发生使合同履行成为不可能，则可解除合同，即免除遭受不可抗力一方当事人不履行合同的责任；如不可抗力只是部分地或暂时地阻碍了合同的履行，则发生事件的一方只能采用变更合同的方法，包括替代履行、减少履行或延期履行，以减少另一方的损失。根据我国法律，当事人迟延履行后发生不可抗力的，不能免除责任。

（三）买卖合同中的不可抗力条款

国际货物买卖合同中的不可抗力条款主要规定了不可抗力的范围、对不可抗力的处理原则和方法、不可抗力发生后通知对方的期限和方法，以及出具证明文件的机构等。我国进出口合同中的不可抗力条款主要有概括式、列举式和综合式三种规定方法。

四、仲裁条款

在国际贸易中，买卖双方在合同履行过程因种种原因发生争议是难以避免的。当争议发生时，一般均首先采用友好协商方式解决。如果协商无法解决，则视情况采取第三者调节（Conciliation）、提交仲裁（Arbitration）或进行司法诉讼（Litigation）等方式进行处理。

（一）仲裁的含义

仲裁是解决对外贸易争议的一种重要方式。它是指买卖双方达成协议，自愿将有关争议交给双方所同意的仲裁机构进行裁决，而这个裁决是终局的，对双方都有约束力，双方必须遵照执行。

（二）仲裁协议

仲裁协议是指当事人在合同中订明的仲裁条款或者以其他方式达成的提交仲裁的书面协议。《中华人民共和国仲裁法》规定，当事人采用仲裁方式解决纠纷，应当双方自愿，达成仲裁协议。没有仲裁协议，或者仅有一方申请仲裁的，仲裁机构不予受理。

仲裁协议必须是书面的，它有两种形式：一种是合同中的仲裁条款；另一种是以其他方式达成的提交仲裁协议。两种形式的仲裁协议具有同等的法律效力。

仲裁协议的主要作用：（1）约束双方当事人只能以仲裁方式解决争议，不得向法院起诉；（2）排除法院对有关案件的管辖权；（3）使仲裁机构取得对争议案件的管辖权。任何仲裁机构都无权受理没有仲裁协议的案件。

（三）买卖合同中的仲裁条款

一般来说，买卖合同中的仲裁条款应具体包括仲裁地点、仲裁机构、仲裁程序规则、仲裁裁决的效力以及仲裁费的负担等内容。仲裁裁决是终局的，对双方当事人均有约束力。仲裁费用通常由败诉方承担，也可另作规定。

资料卡

仲裁裁决的承认与执行

拓展阅读

国内贸易能否到国外进行仲裁

索赔期限已过——品质保证期内能否索赔

条款示例

▪ 拟定合同中的检验条款。

国际货物买卖合同中的货物检验条款一般包括检验权的规定、检验或复验的时间和地点、检验机构、检验项目和检验证书等，有时还须明确买方对不符货物向卖方索赔的具体期限。

［例 1］ 双方同意货物在装运港装运前由××海关进行检验，签发的质量和重量（数量）检验证书作为 L/C 项下议付单据的一部分。货抵目的港后，买方有权对货物进行复验。如果发现货物的质量、数量、包装不符合合同规定，买方有权向卖方索赔，并提供经卖方同意的公证机构出具的检验报告。索赔期限为货到目的港后 30 天内。

It is mutually agreed that the Certificate of Quality and Weight (Quantity) issued by ×× Customs at the port of shipment shall be part of the documents to be presented for negotiation under the relevant L/C. The Buyer shall have the right to reinspect the goods delivered at the port of destination. In case the quality, quantity and packaging of the goods are found not in accordance with those stipulated in the contract, the Buyer shall be entitled to lodge with the Seller a claim which should be supported by survey reports issued by a recognized surveyor approved by the Seller within 30 days after the arrival of the goods at the destination port.

▪ 拟定合同中的异议与索赔条款。

［例 2］买方对货物的任何异议必须于货到目的港后 30 天以内提出，并须提供经卖方同意的公证机构出具的检验报告。

Any claim by the Buyer regarding the goods shall be filed within 30 days after the arrival of the goods at the port of destination and supported by a surrey report issued by a surveyor approved by the Seller.

▪ 拟定合同中的罚金条款。

［例 3］买方不能按合同规定的时间开立信用证，应向卖方支付罚金。罚金按延迟开证每 10 天收取信用证金额的 1%，但罚金不超过买方应开信用证金额的 10%。

Should the Buyer fail to open the L/C on time stipulated in the contract，the Buyer shall pay a penalty to the Seller. The penalty shall be charged at the rate of 1% of the amount of the L/C every ten days，however，the penalty shall not exceed 10% of the total value of the L/C which the Buyer should have opened.

▪ 拟定合同中的不可抗力条款。

［例 4］如果由于战争、地震、水灾、火灾、暴风雨、雪灾或其他不可抗力的原因，致使卖方不能全部或部分装运或延迟装运合同货物，卖方对此不负有责任。但卖方须用电报或电传通知买方，并须在 30 天以航空挂号信向买方提交由中国国际贸易促进委员会出具的证明此类事件的证明书。

If the shipment of the contracted goods is prevented or delayed in whole or in part by reason of war，earthquake，flood，fire，storm，heavy snow or other causes of Force Majeure，the Seller shall not be liable. However，the Seller shall notify the Buyer by cable or telex and furnish the latter within 30 days by registered airmail with a certificate issued by the China Council for the Promotion of International Trade attesting such event.

▪ 拟定合同中的仲裁条款。

［例 5］凡因执行本合同所发生的或与本合同有关的一切争议，双方应通过友好协商解决。如果协商不能解决，应提交仲裁。仲裁在申请一方所在国进行。如果在中国，则由中国国际经济贸易仲裁委员会根据该会仲裁规则进行仲裁。如果在美国，则由美国仲裁协会根据其仲裁规则进行仲裁。仲裁裁决是终局的，对双方都有约束力。

All disputes arising out of the performance of，or relating to this contract，shall be settled amicably through friendly negotiation. In case no settlement can be reached through negotiation，the case shall then be submitted for arbitration. The location of arbitration shall be in the country of the domicile of the defendant. If in China，the arbitration shall be conducted by the China International Economic and Trade Arbitration Commission in accordance with its rules of arbitration. If in USA, the case shall be submitted to American Arbitration Association according to its rules of arbitration. The arbitral award is final and binding upon both parties.

问题探究

1. 如果双方在合同中规定的罚金条款金额过低，是否可以进行调整？

2. 不可抗力事件发生后免除的是事故发生一方的什么责任？是不是只要发生了不可抗力事件都可以取消合同？

3. 如果在国内贸易中规定了在第三国仲裁，能不能提交诉讼，或者选择在本国仲裁？

思考练习

一、填空题

1. 在出口国检验可分为__________和__________。

2. 为解决仲裁裁决的相互承认问题，我国在__________年加入《__________公约》，该公约简称为__________。

3. 复验期限规定越长，卖方承担风险就越__________。

4. 不可抗力事故就其起因而论，可以分为以下几种：__________、__________和__________。

5. 在我国，在合同中不可抗力事故范围的规定方法大致有__________、__________和__________。

6. 在国际贸易中，仲裁机构有两种，一种是__________，另一种是__________。

7. 仲裁协议的核心作用是____________________。

二、判断、单选题

判断、单选题

三、案例分析题

1. 国内某研究所与某日商签订了一批进口合同，欲引进一台精密仪表。合同规定9月份交货，但到9月15日，日本政府宣布该仪表属高科技产品，禁止出口，自10月1日开始生效。后日方来电以不可抗力为由要求解除合同。试问：日方的要求是否合理？

2. 我某公司向外商出口货物一批。合同中明确规定：一旦在履约过程中发生争议，即提交中国国际经济贸易仲裁委员会进行仲裁。后双方对货物品质产生争议，对方在其所在国法院起诉我国，并发来传票，传我方应诉。试问：我方应如何处理？

3. 我某公司出口一批棉布，交货后，国外买方寄来一件上衣，声称该上衣是我方所交棉布经其转销某制衣厂制成的样品，该上衣两袖色泽明显不同，证明我方所提供的货物有严重色差，不能使用，要求将已缝制的成衣全部退回，并按合同规定的品质和数量重新交货。试问：我方应如何处理此事，为什么？

4. 印度某公司向美国某公司出口一批黄麻，交货之前印度政府宣布对黄麻出口实行许可证和配额管理，因印度公司无法取得出口许可证而无法出口货物，于是该公司以不可抗力为由要求解除合同。试问：印度公司能否主张这种权利？为什么？

5. 我某出口企业以CIF纽约条件与美国某公司订立了200套家具的出口合同，合同规定12月交货。11月底，我企业仓库被雷击发生火灾，致使一半左右的出口家具被烧毁，我企业以发生不可抗力为由，要求解除合同，美方不同意，要求我方按时交货，我方无奈，经多方努力，于第二年1月交货，美方以我方延期交货向我方索赔。试问：（1）我方要求解除合同是否合理？为什么？（2）美方索赔是否合理？为什么？

四、实务操作题

按所给信息缮制出口合同（见表3－17），要求合同条款完整、准确。资料如下：

卖方：

公司全称：宏昌国际股份有限公司，GRAND WESTERN TRADING CORP.

企业法人（中文）：刘华

电话：86-532-23501213

传真：86-532-23500638

邮政编码：266071

公司地址（中文）：青岛市北京西路嘉发大厦2501室

公司地址（英文）：Room 2501，Jiafa Mansion，Beijing West Road，Qingdao 266071，P. R. China

买方：

公司全称：Carter's Trading Company，LLC

企业法人：Carter

电话：0016137893503

传真：0016137895107

公司地址：P. O. Box 8935，New Terminal，Lata Vista，Ottawa，Canada

商品信息：

（1）WOMEN'S T-SHIRT

（2）Packing：EXPORTER CARTON

（3）Specification：20PCS PER CARTON，COLOR：BLACK

（4）Fabric Content：100% COTTON

（5）Quantity：15,000PCS

（6）Price：USD 30/PC CIF TORONTO

（7）Payment：L/C

（8）Shipment：in May，2021 partial shipment and transshipment are not allowed

（9）Insurance：The seller shall arrange marine insurance ICC（A）plus institute War Risks for 110% of CIF value，payable in Canada，with U. S. currency.

（10）S/C No. GWT 20210506

表 3－17　销售合同

<table>
<tr><td colspan="5">SALES　CONTRACT
卖方：
Seller：
S/C No. ：
Date：

买方：
Buyer：
Signed in：

经买卖双方同意，成交下列商品，订立条款如下：
This contract is made by and agreed between the Buyer and Seller，in accordance with the terms and conditions stipulated below.</td></tr>
<tr><td>唛头
Marks and Numbers</td><td>名称及规格
Description of goods/ Specifications</td><td>数量
Quantity</td><td>单价
Unit Price</td><td>金额
Amount</td></tr>
<tr><td></td><td></td><td></td><td></td><td></td></tr>
<tr><td>总值：
TOTAL：</td><td colspan="4"></td></tr>
<tr><td colspan="5">Transshipment（转运）：
☐ allowed（允许）　　☐ not allowed（不允许）</td></tr>
</table>

Partial shipments（分批装运）： □ allowed（允许） □ not allowed（不允许）
Shipment date（装运期）：
Insurance（保险）： 由______按发票金额110%投保______险，另加保____ 险至______为止。 To be covered by the ______ FOR 110% of the invoice value covering ______ additional ______ from ______ to ______ .
Terms of payment（付款条件）： □买方不迟于______年______月______日前将100%的货款用即期汇票/电汇送抵卖方。 The buyer shall pay 100% of the sales proceeds through sight（demand）draft/by T/T remittance to the seller not later than __________ . □买方须于______年______月______日前通过______银行开出以卖方为受益人的不可撤销______天/即期信用证，并注明在上述装运日期后______天内在中国议付有效，信用证须注明合同编号。 The buyer shall issue an irrevocable L/C at ______ sight through ______ in favor of the seller prior to ______ indicating L/C shall be valid in China through negotiation within ______ days after the shipment effected，the L/C must mention the Contract Number. □付款交单：买方应对卖方开具的以买方为付款人的见票后______天付款跟单汇票，付款时交单。 Documents against payment（D/P）：The buyer shall duly make the payment against documentary draft made out to the buyer at ______ sight by the seller. □承兑交单：买方应对卖方开具的以买方为付款人的见票后______天承兑跟单汇票，承兑交单。 Documents against acceptance（D/A）：The buyer shall duly accept the documentary draft made out to the buyer at ______ days by the seller.
Documents required（单据）： 卖方应将下列单据提交银行议付/托收。 The seller shall present the following documents required for negotiation/collection to the bank. □整套正本清洁提单。 Full set of clean on board ocean Bills of Lading. □商业发票一式____份。 Signed commercial invoice in ____ copies. □装箱单或重量单一式____份。 Packing list/weight memo in ____ copies. □由____________签发的质量与数量证明书一式____份。 Certificate of quantity and quality in ____ copies issued by ____________ . □保险单一式____份。 Insurance policy in ____ copies. □由____________签发的产地证一式____份。 Certificate of Origin in ____ copies issued by ____________ .
Shipping advice（装运通知）： 一旦装运完毕，卖方应立即电告买方合同号、商品号、已装载数量、发票总金额、毛重、运输工具名称及启运日期等。 The seller shall immediately，upon the completion of the loading of the goods，advise the buyer of the Contract No.，names of commodity，loaded quantity，invoice values，gross weight，names of vessel and shipment date by TLX/FAX.

Inspection and claims（检验与索赔）：

1. 卖方在发货前由________检验机构对货物的品质、规格和数量进行检验，并出具检验证明书。

The seller shall have the qualities，specifications，quantities of the goods carefully inspected by the ______ Inspection Authority，which shall issue Inspection Certificate before shipment.

2. 货物到达目的口岸后，买方可委托当地的商品检验机构对货物进行复检。如果发现货物有损坏、残缺或规格、数量与合同规定不符，买方须于货到目的口岸的______天内凭_________检验机构出具的检验证明书向卖方索赔。

The buyer has right to have the goods inspected by the local commodity inspection authority after the arrival of the goods at the port of destination if the goods are found damaged/short/their specifications and quantities not in compliance with that specified in the contract，the buyer shall lodge claims against the seller based on the Inspection Certificate issued by the Commodity ________ Inspection Authority within ______ days after the goods arrival at the destination.

3. 如买方提出索赔，凡属品质异议须于货到目的口岸之起______天内提出；凡属数量异议须于货到目的口岸之日起______天内提出。对所交货物提出的任何异议应由保险公司、运输公司或邮递机构负责的，卖方不负任何责任。

The claims，if any regarding to the quality of the goods，shall be lodged within ______ days after arrival of the goods at the destination，if any regarding to the quantities of the goods，shall be lodged within ______ days after arrival of the goods at the destination. The seller shall not take any responsibility if any claims concerning the shipping goods is up to the responsibility of Insurance Company/Transportation Company/Post Office.

Force Majeure（不可抗力）：

如因不可抗力的原因造成本合同全部或部分不能履约，卖方概不负责，但卖方应将上述发生的情况及时通知买方。

The seller shall not hold any responsibility for partial or total non-performance of this contract due to Force Majeure. But the seller shall advise the buyer on time of such occurrence.

Disputes settlement（争议之解决方式）：

凡因执行本合约或有关本合约所发生的一切争执，双方应协商解决。如果协商不能得到解决，应提交仲裁。仲裁地点在被告方所在国内，或者在双方同意的第三国。仲裁裁决是终局的，对双方都有约束力，仲裁费用由败诉方承担。

All disputes in connection with this contract or the execution thereof shall be amicably settled through negotiation. In case no amicable settlement can be reached between the two parties，the case under dispute shall be submitted to arbitration，which shall be held in the country where the defendant resides，or in third country agreed by both parties. The decision of the arbitration shall be accepted as final and binding upon both parties. The arbitration fees shall be borne by the losing party.

Law application（法律适用）：

本合同之签订地，或发生争议时货物所在地在中华人民共和国境内或被诉人为中国法人的，适用中华人民共和国法律，除此规定外，适用《联合国国际货物销售合同公约》。

It will be governed by the law of the People's Republic of China under the circumstances that the contract is signed or the goods while the disputes arising are in the People's Republic of China or the defendant is Chinese legal person，otherwise it is governed by United Nations Convention on Contracts for the International Sale of Goods.

本合同使用的价格术语系根据国际商会 INCOTERMS 2020。

The terms in the contract based on INCOTERMS 2020 of the International Chamber of Commerce.

Versions（文字）： 本合同中、英两种文字具有同等法律效力，在文字解释上，若有异议，以中文解释为准。 This contract is made out in both Chinese and English of which version is equally effective. Conflicts between these two languages arising therefrom, if any, shall be subject to Chinese version.
本合同共______份，自双方代表签字（盖章）之日起生效。 This contract is in ____ copies, effective since being singed/sealed by both parties.

The Buyer	The Seller

素养园地

谨慎订立合同 预防外贸纠纷

党的二十大报告指出："我国发展进入战略机遇和风险挑战并存、不确定难预料因素增多的时期，各种——'黑天鹅'、'灰犀牛'事件随时可能发生。我们必须增强忧患意识，坚持底线思维，做到居安思危、未雨绸缪，准备经受风高浪急甚至惊涛骇浪的重大考验"。在从事外贸业务时，外贸企业应增强风险意识，规避外贸风险，化解外贸纠纷，谨慎订立合同。以下介绍四点进出口合同签署过程中的注意事项，以帮助企业规避风险。

首先，企业要争取合同文本的起草。当买卖双方就交易的条款经过频繁的磋商与函电、电邮往来达成一致意见后，就进入合同签约阶段，出现了合同由谁起草的问题。一般来说，合同文本由谁起草，谁就容易掌握主动。因为口头洽商的内容形成文字需要一个过程，有时仅仅是一字之差，意思就有很大区别。合同起草的一方在合同拟写过程中，可以根据双方协商的内容，认真考虑写入合同中的每一条款，斟酌选用对自己有利的措辞，安排条款的顺序或解释有关条款。而对方即使认真审议了合同中的各项条款，但由于文化上的差异，对词意的理解也会不同，很难避免不出现漏洞。所以应重视合同文本的起草，尽量争取合同文本单独起草权。如果做不到这一点，也要与对方共同起草合同文本。

其次，明确双方当事人的签约资格。进行资信调查，了解对方的企业信誉及其行为能力和责任能力是十分重要的。此外，不要轻易相信对方的名片，名片并不能代替证书。与外国公司打交道时，不能仅看母公司的信誉和资产情况，实际上母公司对子公司是不负连带责任的。

再次，明确规定双方的责任和义务。许多合同只规定双方交易的主要条款，却忽略了双方各自应尽的责任和义务，特别是违约应承担的责任。有些合同条款写得十分含糊笼统，即使是规定了双方各自的责任、义务，但如果合同条款不明确，也无法追究违约者的责任。如果合同文字含混不清、模棱两可，在执行过程中往往争议不断。

最后，注意外贸合同的中英文翻译。在我国的对外贸易业务中，合同一般都有中英两种语言文字版本，而且两种文本具有同等的法律效力。一般认为，涉外合同的翻译需要注意以下三点：

一是忠于原文。即译文要忠实再现原文的含义，不能有任何的违反和疏漏，尤其对合同的前文，及文本中的具体条款和有效期限的翻译要特别慎重。具体来讲，对于价格条款、数量、单价等重要数据万万不可以译错，否则很可能会因小的疏错而造成巨大的经济损失。

二是符合国际贸易惯例。一份合同的当事人对于对方国家的习惯往往不甚了解，常会引起当事人之间的误解、争议和诉讼。为此，一些国际组织制定了在国际上已被广泛采用的规则，形成了一般的国际贸易惯例，最典型的就是贸易术语。而英语版本合同的格式、条款、用词和符号等也都应该符合该行业的国际贸易惯例，力争做到合同的翻译符合国际贸易惯例。

三是尽量使用规范的法律用语。由于依法成立的合同是具有法律约束力的文件，起草合同的业务人士习惯使用法律术语，以显示其准确、规范的特色。因此，在翻译过程中，应尽量使用确切的法律名词、术语和用词，使译文准确而不含糊，严谨而无漏洞。

项目四

履行出口合同

学习目标

【知识目标】

- 掌握信用证审核的原则、UCP600 对信用证审核和修改的规定
- 掌握备货出货的知识，包括商品知识、备货、检验等
- 掌握货物出运的知识，包括租船订舱、办理保险、出口清关等
- 掌握结汇的知识，包括出口收汇、核销退税等
- 熟悉出口善后的相关知识，包括检验、索赔、不可抗力、仲裁等

【能力目标】

- 能读懂信用证条款，能根据合同审核信用证，提出改证要求
- 能按照合同规定备货、验货
- 能办理托运、报关，能办理保险
- 能根据信用证缮制各种进出口单据
- 能完成出口核销、出口退税的工作
- 能配合客户完成合同善后工作

【素质目标】

- 具备风险防范意识
- 具备精益求精、严谨规范的工匠精神

- 具备遵纪守法，依法经营，重合同、守信用的职业道德
- 具备法律意识，维护国家和企业的正当权益

重点难点

【重点】

- 备货出货
- 制单结汇

【难点】

- 落实信用证
- 出口收汇

任务一 催证、审证、改证

任务导入

苏州美南纺织服装有限公司（Suzhou Maynan Textile Garment CO.，LTD.，以下简称美南公司）成立于1990年，是一家从事纺织品服装等产品进出口的贸易公司。该公司拥有多家工厂，产品主要销往欧洲、北美地区及日本等地。

STYLE FIT CO.，LTD.（以下简称SF公司）是美南公司的加拿大客户，双方是合作多年的业务伙伴。2020年12月2日，SF公司传真了一份制作女式全棉上衣的指示书，并邮寄了面料、色样及一件成衣样品给美南公司，要求美南公司2021年3月25日前交货，并回寄面料、色样及两件不同型号的成衣样品确认。

2020年12月8日上午，美南公司收到该样件后，立即联络徐州颐达纺织有限公司（面、辅料工厂），根据SF公司提供的样件打品质样和色卡，然后用FedEx（联邦快递）邮寄给SF公司确认。12月22日，SF公司收到美南公司寄去的成衣样品，确认合格，要求美南公司报价。当天，美南公司根据指示书要求，以面、辅料工厂和服装厂的报价、公司利润等为基础向SF公司报价。

二维码

服装生产、模块智造

经过多次磋商，12月26日，双方最终确定以每件USD 12.80的报价成交。SF公司要求美南公司根据该份报价单缮制合同并传真给其会签。销售合同见表4-1。

合同签订后，双方就成衣细节进行修改和最终确认。

表 4-1　销售合同

<table>
<tr><td colspan="6">SALES CONTRACT</td></tr>
<tr><td rowspan="2">卖方
SELLER：</td><td colspan="2" rowspan="2">SUZHOU MAYNAN TEXTILE GARMENT CO.，LTD.
219，HUAFENG ROAD，NEW DISTRICT，SUZHOU，P. R. CHINA</td><td>编号
NO.：</td><td colspan="2">MNSFCB 07121</td></tr>
<tr><td>日期
DATE：</td><td colspan="2">Dec. 26，2020</td></tr>
<tr><td>买方
BUYER：</td><td colspan="2">STYLE FIT CO.，LTD.
P. O. BOX 0721 NEW TERMINAL，ALTA，VISTA OTTAWA，CANADA</td><td>地点
SIGNED IN：</td><td colspan="2">SUZHOU，CHINA</td></tr>
<tr><td colspan="6">买卖双方同意就以下条款达成交易：
This contract is made by and agreed between the BUYER and SELLER，in accordance with the terms and conditions stipulated below.</td></tr>
<tr><td>1. 商品号
Art No.</td><td>2. 品名及规格
Commodity & Specification</td><td>3. 数量
Quantity</td><td>4. 单价
Unit Price</td><td colspan="2">5. 金额
Amount</td></tr>
<tr><td>46-301A</td><td>LADIES COTTON BLAZER
（100% COTTON，40SX20/140X60）</td><td>2 550PCS</td><td>USD 12.80</td><td colspan="2">CIF MONTREAL，CANADA

USD 32 640.00</td></tr>
<tr><td colspan="4">Total：</td><td colspan="2">USD 32 640.00</td></tr>
<tr><td colspan="6">允许 3% 溢短装，由卖方决定。
With 3% More or less of shipment allowed at the sellers'option.</td></tr>
<tr><td colspan="6">6. 总值（Total Value）：USD THIRTY TWO THOUSAND SIX HUNDRED AND FORTY ONLY.</td></tr>
<tr><td colspan="6">7. 包装（Packing）：CARTON</td></tr>
<tr><td colspan="2">8. 唛头（Shipping Marks）：</td><td colspan="4">STYLE FIT
MNSFCB07121
CTN NO. 1-UP
MONTREAL
MADE IN CHINA</td></tr>
<tr><td colspan="2">9. 装运期及运输方式
（Time of Shipment & Means of Transportation）：</td><td colspan="4">NOT LATER THAN MAR. 25，2019 BY VESSEL</td></tr>
<tr><td colspan="2">10. 装运港及目的地
（Port of Loading & Destination）：</td><td colspan="4">FROM：SHANGHAI
TO：MONTREAL</td></tr>
<tr><td colspan="2">11. 保险
（Insurance）：</td><td colspan="4">TO BE EFFECTED BY SELLER FOR 110% CIF INVOICE VALUE COVERING ALL RISKS AND WAR RISK，STRIKE RISK，SUBJECT TO C. I. C.</td></tr>
<tr><td colspan="2">12. 付款方式
（Terms of Payment）：</td><td colspan="4">BY IRREVOCABLE LETTER OF CREDIT TO BE OPENED BY FULL AMOUNT OF S/C，PAYMENT AT SIGHT DOCUMENT TO BE PRESENTED WITHIN 21 DAYS AFTER DATE OF B/L AT BENEFICIARY'S ACCOUNT.</td></tr>
<tr><td colspan="2">13. 备注
（Remarks）：</td><td colspan="4">1. PARTIAL SHIPMENTS：NOT ALLOWED.
2. TRANSSHIPMENT：ALLOWED.</td></tr>
<tr><td colspan="3">The Buyer

STYLE FIT CO.，LTD.
（进口商签字和盖章）</td><td colspan="3">The Seller

SUZHOU MAYNAN TEXTILE GARMENT CO.，LTD.
（出口商签字和盖章）</td></tr>
</table>

任务分解

1. 开立形式发票，催客户开证；
2. 落实信用证。

一、出口合同的履行程序

出口合同的履行，是指出口方按照合同的规定履行交货义务直至收回货款的整个过程。出口合同履行是外贸出口工作最后的，也是最重要的阶段，其工作特点是：工作环节多，涉及面广，时间性强，手续复杂，技术性、知识性突出。出口合同履行工作的好坏关系到国家、企业的声誉和利益。

我国的出口贸易操作可以使用 FOB 术语（如运费不确定性大时），更多采用 CIF 或 CFR 术语按信用证支付方式成交。此类出口合同履行一般要经过落实预付款或信用证、备货、报检、办理运输（保险）、关检融合、制单结汇、出口善后等环节。

上述过程以证（催证、审证、改证）、货（备货）、船（租船订舱）、款（制单结汇）为基础，是履行出口合同的重要环节和步骤。以下是海运出口工作流程（见图 4-1）。

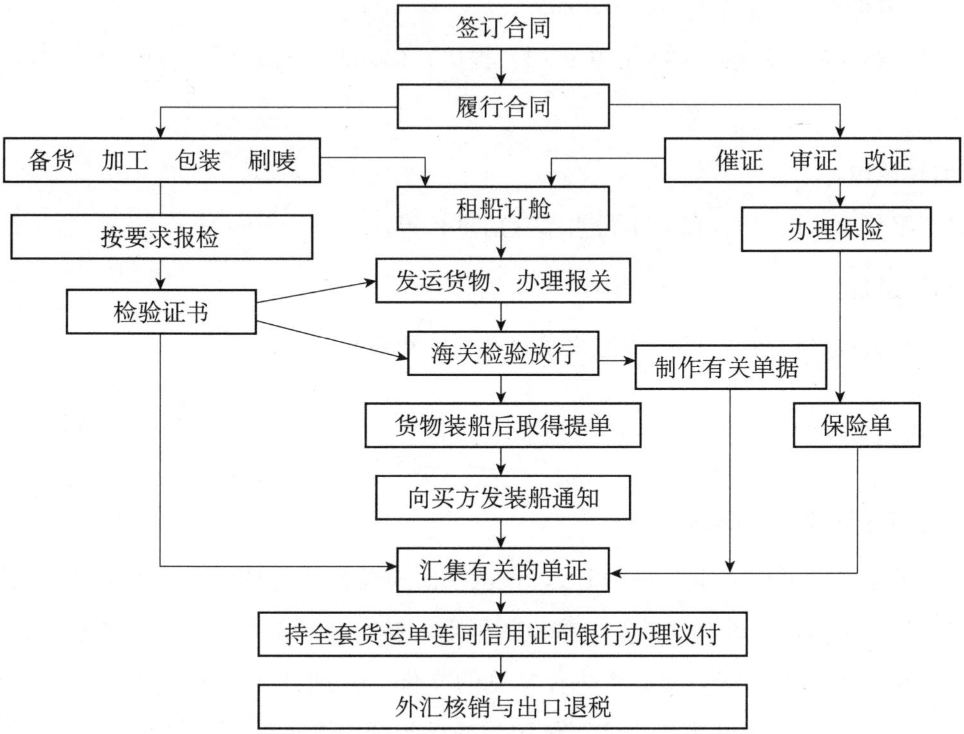

图 4-1　海运出口工作流程

二、不同环节出口业务人员需填制、提供、核对或接触的单据

（一）预付款项前

（1）合同；（2）形式发票；（3）汇款路线（T/T）或银行信息（L/C）等。

（二）订舱

（1）订舱委托；（2）配舱回单或入货通知（货代提供）；（3）提单（确认核对）等。

（三）报检、报关

（1）报关单；（2）发票；（3）箱单；（4）装货单；（5）核销单（2012年8月起取消）；（6）合同；（7）核销手册（加工贸易）；（8）代理报关委托协议（代理报关）等。

（四）投保

（1）投保单；（2）发票；（3）箱单；（4）保险单（确认核对）等。

（五）办理产地证

（1）申请书；（2）发票；（3）箱单；（4）产地证等。

（六）交单

（1）汇票；（2）发票；（3）箱单；（4）提单；（5）产地证；（6）托收申请；（7）其他单据等。

（七）核销

（1）报关单（信息）；（2）银行水单（信息）等。

（八）退税

（1）报关单（信息）；（2）增值税发票（工厂开来）等。

三、形式发票

（一）对形式发票的理解

形式发票（Proforma Invoice，PI），仅从字面来理解就是单纯为形式的、无实际意义的发票。但由于其简洁性和高效性，顺应了国际贸易发展的需要，因此受到越来越多外贸公司的青睐，成为国际贸易实务中一种常见的文件。一般认为，形式发票是卖方在推销货物时，为了供买方估计进口成本，假定交易已经成立要开给买方的商业发票大致的形式及内容的一种非正式发票，实际上并没有发出货物的事实，是一种试算性质的货运清单。

（二）形式发票的作用

形式发票具有三个用途：估算货款或者成本，申请外汇和进口许可证，缔约。前两个用途为传统用途。就形式发票是否为和能够为合同，各方的观点比较混乱、复杂。通常的建议是：双方在磋商后订立正规的合同，以免因仅有形式发票没有合同引发争议而带来经济损失。

四、催证、审证与改证的具体内容

（一）催证

按时开立信用证是买方的一项义务。但在实务中，买方由于资金等种种原因，延误开证时间的事件时有发生。在下列情况下，卖方应注意向买方发出函电提醒或催促对方开立信用证。

（1）在合同规定的期限内，买方未及时开证这一事实已构成违约。如卖方不希望中断交易，可在保留索赔权的前提下，催促对方开证。

（2）签约日期和履约日期相隔较远，应在合同规定开证日之前，去信表示对该笔交易的重视，并提醒对方及时开证。

（3）卖方货已备妥，并打算提前装运。可去信征求对方同意提前开证。

（4）买方资信欠佳，提前去信提示，有利于督促对方履行合同。为了确保收汇安全，信用证的受益人在收到信用证后，应立即对其进行认真核对和审查，发现问题后应及时改证。

（二）审证与改证

审核信用证是银行和出口企业的共同职责，但在审核内容上又各有侧重。银行着重负责审核有关开证行资信、付款责任以及索汇路线等方面的条款和规定；出口企业着重审核信用证的条款是否与买卖合同的规定相一致。以下介绍审核的主要项目：

1. 对开证行资信情况的审核

对国外开证行的资信审查，是受益人的责任。受益人可以委托信用证的通知行调查开证行的资信，但通知行对其提供的信息不负任何法律责任。因此，在实际业务中，对于资信不佳或资力较差的开证行，除非对方接受我方要求并已请求另一家资信较为可靠的银行进行保兑或确认偿付，并且保兑行或确认偿付行所承担的责任已明确，偿付路线正常、合理，否则此类信用证不能接受。

2. 对信用证是否有效、有无“保留”或“限制”条款的审核

“简电本”不是有效文本，因此，出口企业在收到这样的信用证时要注意，只能按此

进行发货准备工作，而不能急忙发货。只有在收到开证行通过通知行递送的有效信用证文件并对之审核无误后方可发货，否则，不能凭此收取货款。另外，如果信用证中附加“保留”和“限制”条款，或可能是开证申请人故意设置陷阱的条款，出口企业不能接受此类信用证，必须要求对方取消或修改这些条款。

3. 对信用证类型的审核

信用证的类型往往决定了信用证的用途、性质和流通方式，有时还直接关系到信用证能否执行。如果是保兑信用证，应检查证内有无“保兑”字样；如果是可转让信用证，应检查有无相应的条款规定。《跟单信用证统一惯例》明确规定：所有信用证均为“不可撤销”信用证。

4. 对信用证的有效期及到期地点等的审核

《跟单信用证统一惯例》规定：信用证必须规定提示单据的有效期限。规定的用于兑付或者议付的有效期限将被认为是提示单据的有效期限；由受益人或代表受益人提示的单据必须在到期日当日或在此之前提交。可以有效使用信用证的银行所在的地点是提示单据的地点。对任何银行均为有效的信用证项下单据提示的地点是任何银行所在的地点。不同于开证行地点的提示单据的地点是开证行地点之外提交单据的地点。因此，没有规定有效期的信用证是无效的，而关于信用证的到期地点，我国出口企业应争取在我国到期，以便在交付货物后及时办理议付等手续。至于交单日期，如果信用证未规定，按惯例，银行有权拒收迟于运输单据日期21天后提交的单据，但无论怎样，单据也不得迟于信用证到期日提交。所谓最迟装运日期，是指卖方将货物装上运输工具或交付给承运人接管的最迟日期。在我国实际业务中，运输单据的出单日期通常就是装运日期。受益人所提交的运输单据的装运日期不得迟于信用证的有效期，一般应有一段时间间隔。在我国的出口业务中，如交单地点在我国，通常要求信用证的交单日期在装运期限后15天，以便受益人有足够的时间办理制单、交单议付等工作。

5. 对信用证金额和支付货币的审核

信用证规定的支付货币应与合同规定相同，金额一般应与合同金额相符。信用证金额是开证行承担付款责任的最高金额，因此，发票和/或汇票金额不能超过信用证金额，否则将被拒付。

6. 关于装运货物是否与合同一致的审核

受益人在审核信用证时，必须依据合同对信用证规定的货物描述的内容进行逐项审核：（1）商品的品名、货号、规格与合同规定是否一致；（2）数量与合同规定是否相符；（3）货物的包装条款与合同规定是否相符；（4）商品价格条款和贸易术语是否有误等。

7. 对运输和保险条款的审核

信用证的运输条款必须与合同规定相符，对转运和分批装运要重点审核。《跟单信用证统一惯例》规定：允许分批装运。如果信用证规定在指定的时间段内分期支取或分期发运，任何一期未按信用证规定期限支取或发运时，信用证对该期及以后各期均告失效。对于信用证内的保险条款应注意：信用证内规定的投保险别是否与合同相符；信用证内规定的保险金额的幅度是否与合同的规定一致；保险单据的出单日期是否迟于运输单据上注明的货物装船、发运或接受监督的日期。

8. 对信用证中单据要求的审核

对信用证内要求交付的各种单据，要根据合同的原定条款及我国的习惯做法进行审核。如果单据上加注的条款与我国有关政策相抵触或不能办到，应及时通知修改。

9. 对付款期限的审核

信用证的付款期限必须与买卖合同的规定一致。

10. 对信用证“软条款”的审核

信用证“软条款”（Soft Clause），是指在不可撤销的信用证中加列的一种条款，结果使开证申请人实际上控制了整笔交易，受益人处于受制于人的地位，而信用证项下开证行的付款承诺毫不确定，很不可靠，开证行可随时利用这种条款单方面解除其保证付款的责任。信用证业务中的“软条款”，在我国有时也称之为“陷阱条款”（Pitfall Clause）。例如：The certificates of inspection would be issued and signed by authorized the applicant of L/C before shipment of cargo，which the signature will be inspected by issuing bank. 这就是典型的“软条款”，实际上使开证申请人控制了整笔交易。

另外，对于来证中的其他条款或不同国家的不同惯例的“特殊条款”应格外认真并仔细地进行审核。应特别注意有无歧视和不能办到的特殊要求。

这里所介绍的只是审证的要点，在实际工作中，还应根据买卖合同条款，参照国际商会《跟单信用证统一惯例》的最新规定和解释，以及贸易中的一些政策和习惯做法，逐条详细审核。

操作示范

[第 1 步] 缮制形式发票（见表 4－2），催客户开证。

表 4－2　形式发票

苏州美南纺织服装有限公司

SUZHOU MAYNAN TEXTILE GARMENT CO.，LTD.

219，HUAFENG ROAD，NEW DISTRICT，SUZHOU，P. R. CHINA

TEL：0086-512-66397392　FAX：0086-512-66397391

PROFORMA　INVOICE

TO：STYLE FIT CO.，LTD. P. O. BOX 0721 NEW TERMINAL， ALTA VISTA，OTTAWA，CANADA	INVOICE NO.：	NT10A01007
	INVOICE DATE：	DEC. 26，2020
	S/C NO.：	MNSFCB07121
	S/C DATE：	DEC. 26，2020

TERM OF PAYMENT	BY IRREVOCABLE LETTER OF CREDIT TO BE OPENED BY FULL AMOUNT OF S/C，PAYMENT AT SIGHT DOCUMENT TO BE PRESENTED WITHIN 21 DAYS AFTER DATE OF B/L AT BENEFICIARY'S ACCOUNT.
PORT OF LOADING	SHANGHAI
PORT OF DESTINATION	MONTREAL
TIME OF DELIVERY	NOT LATER THAN MAR. 25，2021 BY VESSEL
INSURANCE	FOR 110% CIF INVOICE VALUE COVERING ALL RISKS，AND WAR RISK，STRIKE RISK，SUBJECT TO C. I. C.
VALIDITY	21 DAYS AFTER THE DATE OF B/L

Marks and Numbers	Number and Kind of Packages/ Description of goods	Quantity	Unit Price	Amount
			USD	
			CIF MONTREAL，CANADA	
STYLE FIT MNSFCB07121 CTN NO. 1－UP MONTREAL MADE IN CHINA	LADIES COTTON BLAZER （100% COTTON，40SX20/140X60）	2,550PCS	USD 12.80	USD 32,640.00
	TTL：	2,550PCS		USD 32,640.00

BENEFICIARY：	SUZHOU MAYNAN TEXTILE GARMENT CO.，LTD. 219，HUAFENG ROAD，NEW DISTRICT，SUZHOU，P. R. CHINA
ADVISING BANK：	BANK OF CHINA，SUZHOU BRANCH ADD：124 NORTH ZHONGSHAN ROAD，SUZHOU，215009，P. R. CHINA TELEX：34022 BOCNB CN SWIFT：EVERCNBJQD1
NEGOTIATING BANK：	SCB SHANGHAI OR ANY BANK BY NEGOTIATION

（出口商签字和盖章）

[**第 2 步**] 落实信用证。

2021 年 1 月 20 日，美南公司通过电子邮件催对方公司及时开立信用证。2021 年 1 月 25 日，美南公司收到 SF 公司传来的信用证扫描件，请美南公司初审提出审证意见后供 SF 公司向开证行落实信用证。章时是刚进入美南公司的外贸业务员，李师傅安排她审核信用证扫描件。

其中与缮制单据有关的条款如下：

（1）开证行：BNP PARIBAS (CANADA) MONTREAL

（2）通知行：中国银行江苏省分行

（3）不可撤销信用证号：84232110205，开证日期：2021 年 1 月 29 日

（4）信用证有效期及地点：2021 年 4 月 10 日，中国

（5）申请人：

STYLE FIT CO.，LTD.

P. O. BOX 0721 NEW TERMINAL，ALTA VISTA，OTTAWA，CANADA

（6）受益人：

SUZHOU MAYNAN TEXTILE GARMENT CO.，LTD.

219，HUAFENG ROAD，NEW DISTRICT，SUZHOU，P. R. CHINA

（7）信用证金额：USD 32,640.00

（8）商品描述：

SALES CONDITIONS：CIF MONTREAL/CANADA

SALES CONTRACT NO. MNSFCB07121

LADIES COTTON BLAZER (100% COTTON，40SX20/140X60)

STYLE NO.	PO NO.	QTY/PCS	USD/PC
46－301A	10337	2,550	12.80

（9）分批装运及转船运输：不允许分批装运，允许转运，从中国运至加拿大蒙特利尔港口。

（10）最后装船期：2021 年 3 月 25 日。

（11）议付单据要求：

1）商业发票 3 份，受益人代表签名。

2）加拿大海关发票 4 份。

3）2/2 全套正本已装船的清洁海运提单，抬头人为“TO THE ORDER OF BNP PARIBAS (CANADA)”，显示运费预付，通知方为开证人的名称和地址。

4）明细装箱单 3 份。

5）受益人证明：证明装运后 5 天内，将原产地证正本、商业发票副本、明细装箱单副本、正本提单的复印件经由快递方式直接寄送给开证人，并附快件回执。

6）提供开证人的传真确认函，确认货物在装运前生产的样品由开证人认可。

7）印有承运人抬头的证明，显示承运公司的名称和地址、海运提单号、集装箱号，以及本次承运人的集装箱内不含有任何原生木料制成的支撑物或托盘，以及其他任何原生木制包装材料。

8）客检证正本1份：要求出运前15天用FedEx寄4件不同型号的成衣样品，经检验合格后由SF公司出具客检证。

9）中国人民保险公司出具的保险单1份正本、1份副本。

（12）附加条款：

1）如果提供的单据不符合信用证条款的规定，每个不符点收取55美元。

2）一切结算费用由受益人支付。

3）本信用证的数量和金额有3%的溢短装。

4）所有的单据、证明、申明必须签字及标明日期。

5）如下内容仅作参考：

由受益人出具的非木质包装证明，或由卫生检疫机构出具的木质包装植物检疫证明或熏蒸证明，或由受益人出具的申明证明IPPC标志已在木质包装上标明。

6）加拿大政府现在坚持所有进入加拿大的货物必须提供上述所有文件。

7）海运提单和商业发票必须证明如下内容：

集装箱内不含有任何原生木料制成的支撑物或托盘，以及其他任何原生木制包装材料。

8）Two signed original B/L must be forwarded to us in the first mail and the third signed original copy to be forwarded in the second mail.

9）受益人的银行账号为1100000032810。

业务员章时审核信用证后，提出了参考审证意见：

1. 信用证的提单条款为“Full set of clean on board ocean Bills of Lading...”，要求全套2/2，但在该信用证的特别条款规定“Two signed original B/L must be forwarded to us in the first mail and the third signed original copy to be forwarded in the second mail”，两者关于提单的份数要求不一，如不注意就可能忽略特别条款，按一般惯例若只提供两份正本，可能导致不符点。

2. 议付单据中有关客检证条款项，对出口方极为不利。

［**第3步**］修改信用证。

李师傅基本肯定了章时提出的审证意见。第一条关于提单的份数，需要提请SF公司正式开证时修改一致；但对于第二条客检证，李师傅认为该客户为老客户，信誉良好，以往都会在样品检验合格后及时签发客检证明，但要特别注意及时寄样和催客户及时签发客检证。

2021年1月31日，中国银行江苏省分行通知美南公司收到SF公司通过BNP PARIBAS (CANADA) MONTREAL银行开来信用证电开本，仔细审核后确认无误。

信用证通知书见表4-3，信用证见表4-4。

表 4-3　信用证通知书

中国银行
BANK OF CHINA
BANK OF CHINA JIANGSU BRANCH
ADDRESS：148 ZHONGSHAN SOUTH ROAD SUZHOU
CABLE CHUNGKUO
TELEX：34116/34127 BOCJS CN
SWIFT：PNBPUS3NNYC

信 用 证 通 知 书
NOTIFICATION OF DOCUMENTARY CREDIT

FAX：4208843　　　　2021/01/31

TO 致： SUZHOU MAYNAN TEXTILE GARMENT CO.，LTD. 219，HUAFENG ROAD，NEW DISTRICT， SUZHOU，P. R. CHINA		WHEN CORRESPONDING AD94001A08126 PLEASE QUOTE OUR REF NO.	
ISSUING BANK 开证行 BNP PARIBAS (CANADA) MONTREAL		TRANSMITTED TO US THROUGH 转递行 REF NO.	
L/C NO. 信用证号 84232110205	DATED 开证日期 2021/01/29	AMOUNT 金额 USD 32,640.00	EXPIRY PLACE 有效地 LOCAL
EXPIRY DATE 有效期 2021/04/10	TENOR 期限 SIGHT	CHARGE 未付费用 RMB 0.00	CHARGE BY 费用承担人 BENEFICIARY
RECEIVED VIA 来证方式 SWIFT	AVAILABLE 是否生效 VALID	TEST/SIGN 印押是否相符 YES	CONFIRM 我行是否保兑 NO

DEAR SIRS,

WE HAVE PLEASURE IN ADVISING YOU THAT WE HAVE RECEIVED FROM THE A/M BANK A(N) LETTER OF CREDIT, CONTENTS OF WHICH ARE AS PER ATTACHED SHEET(S).

很高兴通知您，我们收到了 A/M 银行信用证，内容见附件。

THIS ADVICE AND THE ATTACHED SHEET(S) MUST ACCOMPANY THE RELATIVE DOCUMENTS WHEN PRESENTED FOR NEGOTIATION.

兹通知贵公司，我行收自上述银行信用证一份，现随附通知。贵司交单时，请将本通知书及信用证一并提示。

REMARK 备注：

PLEASE NOTE THAT THIS ADVICE DOES NOT CONSTITUTE OUR CONFIRMATION OF THE ABOVE L/C NOR DOES IT CONVEY ANY ENGAGEMENT OR OBLIGATION ON OUR PART.

本通知书不构成我行对上述信用证的确认，也不代表我们的任何承诺或义务。

THIS L/C CONSISTS OF 　　　SHEET(S), INCLUDING THE COVERING LETTER AND ATTACHMENT(S).

本信用证连同面函及附件共　　纸。

IF YOU FIND ANY TERMS AND CONDITIONS IN THE L/C WHICH YOU ARE UNABLE TO COMPLY WITH AND/OR ANY ERROR(S), IT IS SUGGESTED THAT YOU CONTACT APPLICANT DIRECTLY FOR NECESSARY AMENDMENT(S) SO AS TO AVOID AND DIFFICULTIES WHICH MAY ARISE WHEN DOCUMENTS ARE PRESENED.

如本信用证中有无法办到的条款及/或错误，请与开证申请人联系，进行必要的修改，以排除交单时可能发生的问题。

THIS L/C IS ADVISED SUBJECT TO ICC UCP PUBLICATION NO. 600.

本信用证之通知系遵循国际商会《跟单信用证统一惯例》（第 600 号出版物）办理。

此证如有任何问题及疑虑，请与我行联系，电话：0512—66395555 传真：0512—66395556

YOURS FAITHFULLY,
BANK OF CHINA
（银行盖信用证通知专用章）

表4-4 信用证

2021JAN31 15：23：46 LOGICAL TERMINAL E102

MT S700 ISSUE OF A DOCUMENTARY CREDIT PAGE 00001

MSGACK DWS765I AUTH OK，KEY B110106173BAOC53B，BKCHCNBJ BNPA＊＊＊＊ RECORD

BASIC HEADER

APPLICATION HEADER		0 700 1122 210129 BNPACAMMAXXX 4968 839712 110130 0028 N ＊BNP PARIBAS (CANADA) ＊MONTREAL
USER HEADER		SERVICE CODE 103： BANK PRIORITY 113： MSG USER REF. 108： （银行盖信用证通知专用章） INFO. FROM CI 115：
SEQUENCE OF TOTAL	:27 :	1/1
FORM OF DOC. CREDIT	:40 A：	IRREVOCABLE
DOC. CREDIT NUMBER	:20 :	84232110205
DATE OF ISSUE	:31 C：	210129
EXPIRY	:31 D：	DATE 210410 PLACE IN BENEFICIARY'S COUNTRY
APPLICANT	:50 :	STYLE FIT CO.，LTD. P. O. BOX 0721 NEW TERMINAL，ALTA VISTA，OTTAWA，CANADA
BENEFICIARY	:59 :	SUZHOU MAYNAN TEXTILE GARMENT CO.，LTD. 219，HUAFENG ROAD，NEW DISTRICT，SUZHOU，P. R. CHINA
AMOUNT	:32 B：	CURRENCY USD AMOUNT 32,640.00
AVAILABLE WITH/BY	:41 D：	ANY BANK BY NEGOTIATION
DRAFTS AT ...	:42 C：	SIGHT
DRAWEE	:42 A：	BNPACAMMXXX ＊BNP PARIBAS (CANADA) ＊MONTREAL
PARTIAL SHIPMTS	:43 P：	NOT ALLOWED
TRANSSHIPMENT	:43 T：	ALLOWED
LOADING IN CHARGE	:44 A：	CHINA
FOR TRANSPORT TO...	:44 B：	MONTREAL
LATEST DATE OF SHIP.	:44 C：	210325
DESCRIPT. OF GOODS	:45 A：	

SALES CONDITIONS：CIF MONTREAL/CANADA

SALES CONTRACT NO. MNSFCB07121

LADIES COTTON BLAZER (100% COTTON，40SX20/140X60)

STYLE NO.	PO NO.	QTY/PCS	USD/PC
46-301A	10337	2,550	12.80

DOCUMENTS REQUIRED :46 A：

COMMERCIAL INVOICES IN 3 COPIES SIGNED BY BENEFICIARY'S REPRESENTATIVE.

CANADA CUSTOMS INVOICES IN 4 COPIES.

FULL SET OF ORIGINAL MARINE BILLS OF LADING CLEAN ON BOARD PLUS 2 NON—NEGOTIABLE COPIES MADE OUT OR ENDORSED TO ORDER BNP PARIBAS (CANADA) MARKED FREIGHT PREPAID AND NOTIFY APPLICANT'S FULL NAME AND ADDRESS.

DETAILED PACKING LISTS IN 3 COPIES.

BENEFICIARY'S LETTER STATING THAT COPY OF COMMERCIAL INVOICE, DETAILED PACKING LISTS AND A COPY OF BILL OF LADING WERE SENT DIRECT TO APPLICANT BY COURIER WITHIN 5 DAYS AFTER SHIPMENT. THE RELATIVE COURIER RECEIPT IS ALSO REQUIRED FOR PRESENTATION.

COPY OF APPLICANT'S FAX APPROVING PRODUCTION SAMPLES BEFORE SHIPMENT.

LETTER FROM SHIPPER ON THEIR LETTERHEAD INDICATING THEIR NAME OF COMPANY AND ADDRESS, BILL OF LADING NUMBER, CONTAINER NUMBER AND THAT THIS SHIPMENT, INCLUDING ITS CONTAINER, DOES NOT CONTAIN ANY NON-MANUFACTURED WOODEN MATERIAL, DUNNAGE, BRACING MATERIAL, PALLETS, CRATING OR OTHER NON-MANUFACTURED WOODEN PACKING MATERIAL.

INSPECTION CERTIFICATE ORIGINAL SINGED AND ISSUED BY STYLE FIT CO., LTD. STATING THE SAMPLES OF FOUR STYLE GARMENTS HAS BEEN APPROVED, WHICH SEND THROUGH FEDEX BEFORE 15 DAYS OF SHIPMENT.

INSURANCE POLICY OR CERTIFICATE IN 1 ORIGINAL AND 1 COPY ISSUED OR ENDORSED TO THE ORDER OF BNP PARIBAS (CANADA) FOR THE CIF INVOICE PLUS 10 PERCENT COVERING ALL RISKS, AND WAR RISK, STRIKE RISK, SUBJECT TO C. I. C.

ADDITIONAL COND. :47 A:

IF DOCUMENTS PRESENTED ARE FOUND BY US NOT TO BE UN FULL COMPLIANCE WITH CREDIT TERMS. WE WILL ASSESS A CHARGE OF USD 55.00 PER SET OF DOCUMENTS.

ALL CHARGES IF ANY RELATED TO SETTLEMENTS ARE FOR ACCOUNT OF BENEFICIARY.

3 PCT MORE OR LESS IN AMOUNT AND QUANTITY IS ALLOWED.

ALL CERTIFICATES/LETTERS/STATEMENTS MUST BE SIGNED AND DATED.

FOR INFORMATION ONLY, THE DECLARATION CERTIFICATE OF NON-WOOD PACKING MATERIALS ISSUED BY THE BENEFICIARY, OR PLANT QUARANTINE CERTIFICATE OR FUMIGATION CERTIFICATE, OR THE DECLARATION ISSUED BY THE BENEFICIARY TO CERTIFY THAT THE MARK IPPC MARKED ON THE WOODEN PACKAGES.

		THE CANADIAN GOVERNMENT NOW INSIST THAT EVERY SHIPMENT ENTERING CANADA MUST HAVE THE ABOVE DOCUMENTATION WITH THE SHIPMENT. BILL OF LADING AND COMMERCIAL INVOICE MUST CERTIFY THE FOLLOWING: THIS SHIPMENT, INCLUDING ITS CONTAINER DOES NOT CONTAIN ANY NON-MANUFACTURED WOODEN MATERIAL, DUNNAGE, BRACING MATERIAL PALLETS, CRATING OR OTHER NON MANUFACTURED WOODEN PACKING MATERIAL. BENEFICIARY'S BANK ACCOUNT NO. 1100000032810
CHARGES	:71 B:	OUTSIDE COUNTRY BANK CHARGES TO BE BORNE BY THE BENEFICIARY OPENING BANK CHARGES TO BE BORNE BY THE APPLICANT
CONFIRMATION	:49 :	WITHOUT
INSTRUCTIONS	:78 :	
		WE SHALL COVER THE NEGOTIATING BANK AS PER THEIR INSTRUCTIONS. FORWARD DOCUMENTS IN ONE LOT BY SPECIAL COURIER PREPAID TO BNP PARIBAS (CANADA) 1981 MCGILL COLLEGE AVE. MONTREAL QC H3A 2W8 CANADA.

问题探究

为确保收汇安全，信用证不是由开证行或开证申请人直接通知受益人，而是通过受益人所在国家或地区的通知/保兑行通知受益人的。通知行合理、谨慎地审核它所通知信用证的表面真实性，通知行通知受益人的最大优点就是安全。对于本票货，美南公司在通知行正式转递信用证前对SF公司传过来的信用证扫描件进行初审，这样做是否妥当?

［分享实战小经验］为了节省改证的费用和时间，在正式开证前，可以由客户先把信用证扫描后发过来给受益人预审，尽量避免信用证到手后再修改。此外，如果发生了改证的情况，对于改证的费用，往往开证申请人认为费用应该由受益人承担，出口商可以尽量和客户沟通，由开证申请人承担开证行的费用，受益人承担通知行的费用，这样比较公平。

任务二　备货

任务导入

证号为84232110205的信用证已确认无误，美南公司在审核信用证的同时，已经着手组织货源。

任务
分解

1. 寻找合适的国内供货商，并签署国内购货合同；
2. 进行产品的生产跟单。

一、备货的含义

备货是进出口公司根据合同和信用证的规定，卖方根据合同或销售确认书的规定，按时、按质、按量准备好应交的货物，如有现货，可以直接通知仓库或供货厂商办理打包、改装、发货等工作；如属期货，应该与供货单位签订购货协议或以要货单的形式向生产部门落实生产，按规定交货，对货物进行清点、核对、加工整理、刷唛等。

二、备货的注意事项

(1) 货物的品质、规格应符合合同的规定。按照样品买卖的合同，提供的产品应符合样品的各项指标。

(2) 商品的数量应符合合同的规定，注意合同中是否有溢短装条款。信用证中数量有溢短装条款，但金额没有规定可以增减的，只能减少履行，不能有增幅，否则发票金额将超过信用证总金额。

(3) 货物的包装和唛头要符合合同的规定。

(4) 备货的时间安排应便于合同的履行。

(5) 凡合同规定卖方收到信用证后若干天内交付货物的，为保证按时履约，防止被动，应催促买方按合同规定的期限开来信用证。我方收到信用证后应及时审核，审核无误后及时安排生产或加工。

(6) 卖方应保证自己出售的货物符合《联合国国际货物销售合同公约》要求的品质担保和权利担保。

操作
示范

[第 1 步] 寻找合适的国内供货商，并签署国内购销合同。

收到信用证后，2021 年 2 月 1 日，美南公司立即与已联络好的服装加工厂签订购销合同（见表 4-5），指定服装厂使用颐达纺织的面、辅料。2 月 5 日，服装厂正式投产。

表 4－5　服装购销合同

供方：徐州颐达服装有限公司　　　　合同编号：F01LCB05127-B

签订时间：2021 年 2 月 1 日

需方：苏州美南纺织服装有限公司　　签订地点：苏州/徐州

一、产品名称、品种规格、数量、金额、供货时间：

款号	订单号	货物描述	计量单位	数量	单价（元）	总金额（元）	交（提）货时间及数量
46-301A	10337	女士全棉上衣（100%棉，40SX20/140X60）	件	2 550	90	229 500.00	2021 年 3 月 14 日前工厂交货
			合计	2 250		229 500.00	
合计人民币（大写）	贰拾贰万玖仟伍佰圆整						

备注：

1. 单价为含税价。
2. 需方凭供方提供的增值税发票及相应的税收（出口货物专用）缴款书在供方工厂交货后 15 个工作日内付款。如果供方未将有关票证备齐，需方扣除 13%税款支付给供方，等有关票证齐全后结清余款。
3. 本合同经双方传真签字盖章后即生效。

二、质量要求和技术标准：

（1）服装搭配按客户要求。

（2）服装尺寸按客供尺码表，不得超公差。

（3）成衣不得有色差，不得有脏迹，整烫平整。

（4）平摊包装。

（5）总品质要求，请按需方客户最终样衣确认意见。

三、交（提）货地点、方式：工厂交货。

四、运输方式及到达站（港）和费用负担：需方自行送货至指定仓库，费用由需方承担。

五、包装标准、包装物的供应与回收：纸箱包装，符合出口标准和客户要求。

六、验收标准、方法及提出异议期限：经客户验货合格后放行，同时供方提供商检放行单或商检换证凭单。

七、结算方式及期限：供方按时、按质、按量交货后，需方全额付款。

八、违约责任：违约方支付合同金额 10%的违约金。

九、解决合同纠纷的方式：按《中华人民共和国经济合同法》相关规定或双方协商解决。

供方（盖章）	需方（盖章）	鉴（公）证意见
单位名称：徐州颐达服装有限公司	单位名称：苏州美南纺织服装有限公司	
单位地址：徐州市青年路 11 号	单位地址：苏州高新区华丰路 219 号	
法定代表人：方影	法定代表人：张良	
联系电话：0516-82728190	联系电话：0512-66397392	
税务登记号：320300788392922	税务登记号：320508794565870	经办人：
开户银行：中国建设银行徐州分行	开户银行：中国银行苏州分行	
账号：3258324283	账号：295827581	鉴（公）证意见（章）
邮政编码：221005	邮政编码：215163	日期：

［**第 2 步**］根据交货时间，定期对工厂的生产进度进行服装生产跟单，督促生产的进度，监督产品的质量，并根据合同的规定确认产品的吊牌、运输标志等细节。

任务三 检验

任务导入

美南公司在按照工厂生产备货的同时，准备提交客户检验。

任务分解

1. 提供样品供客户检验；
2. 取得客检证。

一、客户验货

关于品质检验和客检证的签发，视客户检验的具体状况而定。一般有以下两种方式：

其一，客户派相关人员亲自来厂检验，检验合格后当场签发客检证，或该检验人员将检验结果向客户汇报后，由客户将客检证寄给我方。在此种方式下，客户一般是在出运前4～5天派人员来厂检验，此时工厂的加工、包装已基本结束，验货通过后即可安排出运。

值得注意的是，客户来验货前应了解产品情况以及客户比较关注的细节，提前告知工厂验货时间，便于工厂准备。如果生产时用到图纸，还要准备好相应图纸，了解客户对产品的具体要求如尺寸、材质、颜色和工艺等，并打印好客户确认的图纸和验货确认单。跟单过程中做好质量控制，保证产品符合合格质量水平（Acceptable Quality Limit，AQL），否则一旦出现品质不达标情况，就会无法出货，需返工后再申请验货，增加验货费用，延误船期，影响合同双方的利益。

其二，将样品寄给客户检验，检验合格后，客户签发客检证并寄给我方。在此种方式下，一般客户会要求我方在出货前10～15天寄样品供其检验。

二、法定检验的范围

实施法定检验的货物必须依法向海关申请检验后验放。法定检验的范围如下：

（1）出入境动植物检疫范围：进境、出境、过境的动植物、动植物产品和其他检疫物；装载动植物及其产品和其他检疫物的装载容器、包装物、铺垫材料；来自动植物疫区的运输工具；进境拆解的废旧船舶；有关法律、行政法规、国际条约规定或者贸易合同约定应当实施进出境动植物检疫的其他货物。

（2）出入境的人员、交通工具、运输设备以及可能传播检疫传染病的行李、货物、邮包等物品的卫生检疫。

（3）列入《出入境检验检疫机构实施检验检疫的进出境商品目录》的出入境货物的检验检疫。

（4）对出口危险货物的包装容器实施性能鉴定和使用鉴定。

（5）对装运出口易腐烂变质食品、冷冻品的船舱、集装箱等运载工具的适载检验。

（6）对有关国际条约或双边协议规定须经检验检疫的出入境货物的检验检疫。

（7）外商在中国境内合作、合资创办企业时，作为投资进口的机器设备等的财产鉴定。

（8）进境废物原料的检验检疫。

（9）其他法律、法规规定须经检验检疫的出入境货物的检验检疫。

操作示范

［第1步］ 提供样品供客户检验。

根据信用证有关客检证的要求，3月2日，美南公司寄出4件不同型号的成衣样品供SF公司检验。

［第2步］ 取得客检证。

3月6日，SF公司收到样品后，经检验合格，签发客检证书正本一份并通过FedEx寄回给美南公司。

由于美南公司出口的全棉女式上衣不属于法定检验的商品范围，本票货物不必办理法定检验。

任务四　办理托运

任务导入

本批出口商品系采用集装箱班轮运输，故在落实信用证及备货时，美南公司即向上海各家货运代理公司询价，并办理货物的托运手续。

任务分解

1. 向货代公司进行询价，并确定货代公司；
2. 缮制货物出运委托书，办理货物托运手续。

一、如何选择合适的国际货运代理公司

二维码

如何选择合适的国际货运代理公司

国际货运代理（International Freight Forwarder）的主要工作是接受委托人的委托或授权，代办各种国际贸易、货物运输所需要的业务，包括托运、提货、存仓、报检报关和保险等环节的手续。货运代理公司简称货代公司。

二、出口货物明细单填写说明

（1）发货人、地址和电话。发货人是指需要出口商品的一方，即卖方。

（2）日期。此单据的填写日期。

（3）收货人、地址、电话。收货人即运输单据的抬头人，要严格按信用证中提单条款的具体规定填写。船公司签发的提单上的相应栏目的填写会参照委托书的写法，有以下两种：

1）记名抬头：直接填写收货人，即进口商名称。

2）指示抬头：完全按照来证提单条款填写，如 TO ORDER、TO ORDER OF SHIPPER、TO ORDER OF THE COLLECTING BANK 等。

（4）通知人名称、地址、电话。填写信用证规定的提单通知人的名称及地址，通常为进口商。

（5）装运港。合同中规定的出口港。

（6）目的港。合同中规定的进口港。

（7）船名。此栏不用填，订舱后会自动生成船名。

（8）货物名称及描述。根据合同要求填写货物英文名称和英文描述。

（9）唛头。与合同相关内容一致，参照“Shipping Mark”栏。

（10）件数及单位。此栏中的件数为商品的单件运输数量，即我们通常说的箱数，不是合同中的销售数量。例如：出售 120 件羊毛衫，每箱 10 件，有 12 箱，这个 12 就是件数。

（11）毛重及单位。毛重是指产品的重量和包装该产品所需的包装用品的重量之和。此栏为出运产品的总的毛重。

（12）净重及单位。净重是单指产品的重量，即毛重去掉包装的重量。此栏为出运产品的总的净重。

（13）体积及单位。体积是指出运产品的总的体积。

（14）合计件数、合计毛重、合计净重、合计体积。如果一笔合同中有多个商品，此处填累加值。注意：一笔合同中可以同时交易同一商品属类的多种商品，如果这些商品的包装单位不同，合计中单位栏应填“Packages”。

（15）柜型选择和数量。此栏有拼箱和货柜两种类型可选，按照货物具体情况选择。

（16）运费金额、预付与到付。运费金额无须自己填写，待订舱后自动生成。CIF、CFR、CIP、CPT 方式下选预付，FOB、FCA 方式下选到付。

（17）发票、装箱单号。如有需要，可根据合同、信用证或相关单据填写。

（18）委托人名称地址、签名。填写委托人（即出口商）公司英文名称和英文地址，

签名为委托人法人英文名称。

操作示范

［**第1步**］美南公司向货代公司进行询价，并确定货代公司。

上海千讯国际货运有限公司是一家成立多年的一级国际货运代理企业，同时也是海关认定的AEO（Authorized Economic Operator）企业，享有通关便利待遇。其和苏州美南公司有多年的合作关系，美南公司最终确定委托上海千讯代为订舱，以便及时履行合同及信用证项下的交货和交单的义务。

［**第2步**］缮制货物出运委托书，办理货物托运手续。

2021年3月9日，服装全部生产、包装完毕，工厂制作装箱单传真给美南公司。美南公司根据工厂报来的装箱单，结合合同及信用证货物明细描述，开具出仓通知单（见表4-6），单证储运部门根据出仓通知单、工厂制的装箱单、信用证统一缮制全套的出运单据。

单证储运部门将出口货物明细单传真给上海千讯配船订舱，确认配船和费用。上海千讯在确认配船和费用后，传真送货通知给美南公司，要求美南公司于3月16日中午前将货物运至指定仓库。

上海千讯接受美南公司的订舱委托后，2021年3月12日，根据美南公司提供的出口货物明细单缮制集装箱货物托运单，作为向船公司订舱配载的依据。该托运单一式数联，分别用于货主留底、船代留底、运费通知、装货单、缴纳出口货物港务费申请书、场站收据、货代留底、配舱回单、场站收据副本（大副联）等。其中比较重要的单据有：装货单（Shipping Order，S/O）和场站收据副本（Mate's Receipt，M/R）。

表4-6　出仓通知单

2021年3月9日

合同号：MNSFCB07121　　运编号：MN112SF008

发运点：徐州　　产地：徐州颐达服装有限公司　　公司L/C编号：84232110205

进仓单号	货号/货名及规格	件号	毛/净重（KGS）	件（箱）	数量（PC）	体积（M^3）	单价（USD）	国别	品类 CAT.	税则号
54309	46-301A 女式全棉上衣	1-201	15.00/ 10.00	201	2 550	17.51	12.80/PC	CANADA	CAT. 15	6204320090
合　计	价格条件：CIF MONTREAL									
总金额	CIF价　USD 32 640.00 FOB价　USD 28 049.60									
备　注	船　　期：2021.03.20 工作货期：2021.03.14 提单日期：2021.03.20				船代理：COSCO 目的港：MONTREAL 中转港：			注意		
唛头	STYLE FIT MNSFCB07121 CTN NO. 1-201 MONTREAL MADE IN CHINA									

［**第 3 步**］美南公司缮制出口货物明细单（见表 4－7）。

表 4－7　出口货物明细单

<table>
<tr><td colspan="3" rowspan="2">出口货物明细单
2021 年 03 月 09 日</td><td>银行编号</td><td></td><td>外运编号</td><td>MN112SF008</td></tr>
<tr><td>核销单号</td><td></td><td>许可证号</td><td>141252</td></tr>
<tr><td colspan="2" rowspan="3">经营单位（装船人）</td><td rowspan="3">SUZHOU MAYNAN TEXTILE GARMENT CO.，LTD.
219，HUAFENG ROAD，NEW DISTRICT，SUZHOU，
P. R. CHINA</td><td>合同号</td><td colspan="3">MNSFCB07121</td></tr>
<tr><td>信用证号</td><td colspan="3">84232110205</td></tr>
<tr><td>开证日期</td><td>2021-01-29</td><td>收到日期</td><td>2021-01-31</td></tr>
<tr><td rowspan="5">提单或承运收据</td><td rowspan="2">抬头人</td><td rowspan="2">TO THE ORDER OF BNP PARIBAS (CANADA)</td><td>金额</td><td>USD 32 640.00</td><td>收汇方式</td><td>L/C AT SIGHT</td></tr>
<tr><td>货物性质</td><td>贸易</td><td>贸易国别</td><td>CANADA</td></tr>
<tr><td rowspan="2">通知人</td><td rowspan="2">STYLE FIT CO.，LTD.
P. O. BOX 0721 NEW TERMINAL，ALTA VISTA，OTTAWA，CANADA</td><td>出口口岸</td><td>SHANGHAI</td><td>目的港</td><td>MONTREAL</td></tr>
<tr><td>可否转运</td><td>YES</td><td>可否分批</td><td>NO</td></tr>
<tr><td>运费</td><td>FREIGHT PREPAID</td><td>装运期限</td><td>2021-03-25</td><td>有效期限</td><td>2021-04-10</td></tr>
</table>

<table>
<tr><td rowspan="2">标记唛头</td><td rowspan="2">货名规格及货号</td><td rowspan="2">件数</td><td>体积</td><td>毛重</td><td>净重</td><td colspan="2">价格 USD</td></tr>
<tr><td>CBM</td><td colspan="2">KG</td><td>单价</td><td>总价</td></tr>
<tr><td>STYLE FIT
MNSFCB07121
CTN NO. 1-201
MONTREAL
MADE IN CHINA</td><td>LADIES COTTON BLAZER
100% COTTON，
40SX20/140X60</td><td>201CTNS</td><td>17.51</td><td>3 015.00</td><td>2 010.00</td><td>12.8</td><td>32 640.00</td></tr>
<tr><td></td><td>TOTAL</td><td>201CTNS</td><td>17.51</td><td>3 015KGS</td><td>2 010KGS</td><td></td><td>32 640.00</td></tr>
<tr><td colspan="8">SAY TOTAL：TWO HUNDRED AND ONE CARTONS ONLY.
（出口商盖出口货物明细专用章）</td></tr>
</table>

<table>
<tr><td rowspan="4">本公司注意事项</td><td rowspan="4"></td><td>总体积</td><td colspan="2">17.51CBM</td></tr>
<tr><td rowspan="3">保险单</td><td>险别</td><td></td></tr>
<tr><td>保额</td><td></td></tr>
<tr><td>赔款地点</td><td></td></tr>
<tr><td rowspan="4">外运外轮注意事项</td><td rowspan="4"></td><td>船名</td><td colspan="2"></td></tr>
<tr><td>海关编号</td><td colspan="2"></td></tr>
<tr><td>放行日期</td><td colspan="2"></td></tr>
<tr><td>制单员</td><td colspan="2"></td></tr>
</table>

随附配船及码头费用确认单及送货通知见表 4－8、表 4－9：

表4-8　配船及码头费用确认单

上海千讯国际货运代理有限公司 SHANGHAI QCENT INTERNATIONAL TRANSPORTATION CO.，LTD. 苏州美南纺织服装有限公司王军先生： 现将去加拿大蒙特利尔港的配船及码头费用确认如下： 提单号：COS7186112076 船名航次：MAY FLY V. 19908 报关费：RMB 125.00 单证费：RMB 115.00 THC：RMB 370.00 合计：RMB 610.00 合计（人民币）：陆佰壹拾元整

表4-9　送货通知

上海千讯国际货运代理有限公司 SHANGHAI QCENT INTERNATIONAL TRANSPORTATION CO.，LTD. 送货通知 日期：3月9日 TO：美南公司 FM：上海千讯 RE：送货通知 1. 201CTNS 对应送仓编号________________ 2. VSL/VOY：MAY FLY V. 19908　　CARRIER：COSCO ETD SHANGHAI：3月20日　　ETA MONTREAL：4月25日 3. 货物请于3月16日中午12:00前送至:上海市大华路1009号A座 上海大亚国际集装箱货运有限公司 联系人：李小姐　　电话：021-51236195 （超出规定时间，每单收取600元冲港费，且不保证上船。如有任何变化，请于周二中午12:00前通知本公司,否则后果自负。另外，送仓时请将PO/ITEM号码分清，并及时更换变形、受潮、破损的箱子，否则仓库拒绝收货。） 仓库收货时间：7:30—22:00　　* * * 本公司概不接受保函！ * * * 4. 报关文件请于3月14日中午前送至：上海市浦兴路10号文化大厦601室 联系人：蔡小姐　　电话：021-53821209 如有问题，请联系本公司： 订仓操作：方小姐　　电话：021-53821210 提单确认：蔡小姐　　电话：021-53821212 5. 如遇文件或货物不能按以上要求送交，请于周三早上11:00前通知我司，以便及时更改箱量并通知收货人。否则，由此产生的一切费用及后果自负。

任务五 办理出口报关

任务导入

美南公司已经完成了货物的集港，需要在开船前办理货物的出口报关手续。

报关材料包括：

1. 出口货物报关委托书；
2. 出口货物报关单；
3. 商业发票；
4. 装箱单；
5. 装货单。

任务分解

1. 缮制商业发票、装箱单；

2. 缮制报关委托书，并寄送报关委托书、商业发票、装箱单到货代公司（有报关业务），办理委托报关（本票货物适用无纸通关，单据上传至国际贸易单一窗口确认即可）；

3. 货代公司缮制出口货物报关单，办理货物报关手续。

一、报关的含义

报关是指进出口货物收发货人、进出境运输工具的负责人、进出境物品的所有人或者他们的代理人，以及出入境人员向海关办理货物、物品或运输工具进出境手续及相关海关事务的过程。

进出境货物的报关比较复杂。进出口货物收发货人自理报关的比重较小，更多的是委托代理人代为报关，从而出现了代理报关。

二、报关的程序

海关对不同性质的进出境货物规定了不同的报关程序和要求。一般来说，进出境货物报关时，报关人员要做好以下几个方面的工作（见图 4－2）：

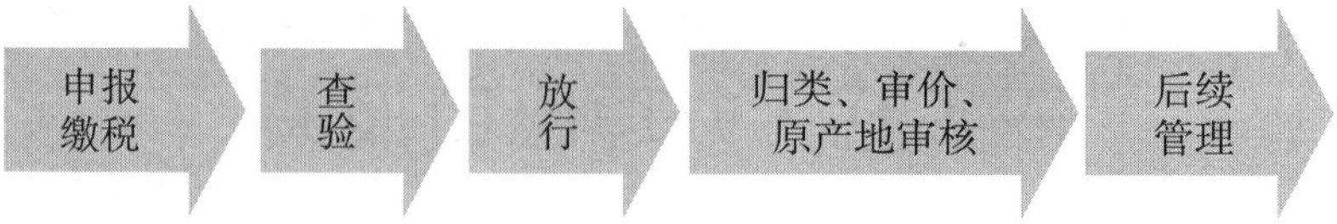

图 4-2　一般进出口货物的报关程序

三、委托报关协议

委托报关协议是委托方与报关企业确立委托关系，明确各自责任的法律文书，是代理报关申报时必须提交的随附单证，包含确立长期委托关系、商定相关事项的报关服务合同或补充协议。

自 2012 年起，海关实施通关作业无纸化改革，现在委托报关可以在国际贸易单一窗口等通关系统进行电子委托授权，电子委托书/协议与纸质委托书/协议具有同等法律效力。

四、缮制报关单据

（一）商业发票

1. 商业发票的含义和作用

商业发票（Commercial Invoice）简称发票，是卖方向买方开立的，凭以向买方收取货款的发货价目清单，是装运货物的总说明。它全面反映了合同内容，虽然不是物权凭证，但它却是全套货运单据的中心，其他单据的制作均应与发票上的内容保持一致。

商业发票的主要作用是供进口商凭发票核对货物的有关情况，收取货物，凭以支付货款和作为进出口商计账、报关纳税的依据。具体来说，其作用主要有：

（1）卖方向买方的发货凭证，是卖方重要的履约证明文件。

（2）便于进口商核对已装运的货物是否符合买卖合同的规定。

（3）是进出口双方凭以收付货款和记账的重要凭证。

（4）是进出口双方办理报关、纳税的重要依据。

（5）发票作为索赔和理赔的重要凭证，全面反映了交付货物的状况，是缮制其他单据的依据，是全套货运单据的中心。因此，发票是出口商必须提供的主要单据之一。

2. 商业发票的基本内容

商业发票是出口企业自行制作的，没有统一的格式，但其基本栏目大致相同。发票在结构上分为首文、本文、结尾三部分。首文部分包括发票名称、号码、出口商的名称和地址、信用证和合同号码、发票抬头人、运输工具等。本文部分包括唛头、货物描述、单价和总值等。结尾部分包括有关货物产地声明、发票制作人签章等。现以目前较通用的商业发票为例，介绍商业发票的基本内容和制作方法。

（1）出票人（Issuer）。填写出票人（即出口商）的英文名称和地址，在信用证支付方式下，应与信用证受益人的名称和地址保持一致。

一般来说，出票人名称和地址是相对固定的，因此有许多出口商在印刷空白发票时就已印制这一内容。但当公司更名或搬迁后，应及时印刷新的发票，以免造成单证不符。当来证规定用公司新的名称、地址时，采用新发票；而当来证规定用公司旧的名称、地址时，应用旧发票。

（2）受票人（To）。也称抬头人，此项必须与信用证中所规定的严格一致。多数情况下填写进口商的名称和地址，且应与信用证开证申请人的名称和地址一致。如信用证无规定，则将信用证的申请人或收货人的名称、地址填入此项。如信用证中无申请人名字，则填汇票付款人。在其他支付方式下，可以按合同规定列入买方名称、地址。

（3）发票号码（Invoice No.）。一般由出口企业自行编制。发票号码可以代表整套单据的号码，如出口报关单的申报单位编号、汇票的号码、托运单的号码、箱单及其他一系列同笔合同项下的单据编号都可用发票号码代替，因此发票号码尤其重要。有时，有些地区为使结汇不致混乱，也使用银行编制的统一编号。

（4）发票日期（Date）。在全套单据中，发票是签发日最早的单据。它只要不早于合同的签订日期，不迟于提单的签发日期即可。一般都是在信用证开证日期之后、信用证有效期之前。

（5）运输说明（Transport Details）。填写运输工具或运输方式，一般还加上运输工具的名称；运输航线要严格与信用证一致。如果在中途转运，在信用证允许的条件下，应标示转运及其地点。

例如：From Shanghai to Liverpool on July 1，2021 By Vessel.（所有货物于 2021 年 7 月 1 日通过海运，从上海港运往利物浦港。）

（6）合同号（S/C No.）。发票的出具都有买卖合同作为依据，但买卖合同不都以“S/C”为名称。有时会出现“order”“P. O.”“contract”等。因此，当合同的名称不是“S/C”时，应将本项的名称修改后，再填写该合同的号码。

（7）信用证号（L/C No.）。信用证方式下的发票需填列信用证号，作为出具该发票的依据。若不是信用证方式的付款，本项留空。

（8）支付条款（Term of Payment）。填写合同的支付方式和期限，格式为：“支付方式＋期限”。

例如：T/T at sight，L/C at sight，D/P at sight，D/A at 30 days after sight。

（9）唛头及件数编号（Marks and Numbers）。此栏参照合同中的“Shipping Mark”填写。唛头即运输标志，既要与实际货物一致，又应与提单一致，并符合信用证的规定。如果信用证没有规定，可按买卖双方和厂商拟定的方案或由受益人自定。无唛头时，应注“N/M”或“No Mark”。如果为裸装货，则注明“NAKED”或散装“In Bulk”。如果来证规定唛头文字过长，用“/”将独立意思的文字彼此隔开，可以向下错行。即使无线相隔，也可酌情错开。

件数有两种表示方法：一是直接写出件数；二是在发票中记载诸如“We hereby declare that the number of shipping marks on each packages is 1 - 10，but we actually shipped 10 cases of goods”（兹申明，每件货物的唛头号码是从1～10，实际装运货物为10箱）之类的文句。

（10）货物描述（Description of Goods）。这是发票的主要部分，此栏应详细填明各项商品的英文名称及规格。品名规格应该严格按照信用证的规定或描述填写。货物的数量应该与实际装运货物相符，同时符合信用证的要求，如信用证没有详细的规定，必要时可以按照合同注明货物数量，但不能与来证内容有抵触。

（11）数量（Quantity）。货物的销售数量与计量单位连用。例如：500PCS（注意单位的单复数）。注意该数量和计量单位既要与实际装运货物情况一致，又要与信用证要求一致。

（12）单价（Unit Price）。单价由四个部分组成：计价货币、计量单位、单位数额和价格术语。如果信用证有规定，应与信用证保持一致；若信用证没有规定，则应与合同保持一致。

（13）金额小计（Amount）。列明币种及各项商品总金额（总金额＝单价×数量）。除非信用证上另有规定，货物总值不能超过信用证金额。若信用证没有规定，则应与合同保持一致。

实际制单时，若来证要求在发票中扣除佣金，则必须扣除。折扣与佣金的处理方法相同。有时信用证无扣除佣金规定，但金额正好是减佣后的金额，发票应显示减佣，否则发票金额超过信用证金额。有时合同规定佣金，但来证金额内未扣除，而且证内也未提及佣金事宜，则发票不宜显示，待货款收回后另行汇给买方。另外，在CFR和CIF价格条件下，佣金一般应按扣除运费和保险费之后的FOB价计算。

（14）Total。即货物总计，分别填入所有货物累计的总数量和总金额（包括相应的计量单位与币种）。一笔合同中可以同时交易同一商品属类的多种商品，如果这些商品的销售单位不同，合计中单位栏应填“Packages”。

（15）SAY TOTAL。以大写文字写明发票总金额，必须与数字表示的货物总金额一致。例如：U. S. DOLLARS EIGHTY NINE THOUSAND SIX HUNDRED ONLY.

（16）备注（Special terms）。位于SAY TOTAL下方的空白处。在很多信用证中，除了要求一般的发票内容外，还要求在发票中证明某些事项的条款。在缮制发票时，可将上述内容打在发票的商品描述栏内。在实际业务中，常见的要求有：列明货物的FOB金额、运费以及保险费、HS CODE（海关编码）、注明货物的原产地是中国以及要求提供“证实发票”等。例如：

The commercial invoice must certify that the goods are of Chinese origin.

The commercial invoice should bear the following clause："We hereby certify that the contents of invoice herein are true and correct."

当发票在本栏采用了"We hereby certify that the contents of invoice herein are true and correct"等条款证明本发票内容真实、正确时，必须将发票末端所印就的"E. &O. E"划掉。"E. &O. E"是"Errors and Omissions Excepted"的缩写，即"有错待查"，是指发票签发人事先声明，一旦发票有误，可以更正。

（17）签名（Signature）。在第13栏一般由出口公司的法人代表或经办制单人员代表公司在此签名，并注公司名称。根据UCP600的规定，发票无须签字。但当信用证要求"signed invoice"时，此时发票就需要签字；当信用证要求"manually signed invoice"时，该发票必须是手签。

（二）装箱单

1. 装箱单的含义和作用

装箱单（Packing List）又称花色码单，是最常用的包装单据，列明每批货物的包装形式和实际装箱情况。装箱单是发票的补充单据，它列明了信用证（或合同）中买卖双方约定的有关包装事宜的细节，便于国外买方在货物到达目的港时供海关检查和核对货物，也可以将其有关内容加列在商业发票上，但是在信用证有明确要求时，就必须严格按信用证约定制作。类似的单据还有重量单、规格单、尺码单等。其中，重量单用于列明每件货物的毛、净重；规格单用于列明包装的规格；尺码单用于列明货物每件尺码和总尺码，或用于列明每批货物的花色搭配明细。装箱单名称应按照信用证规定使用。通常用"Packing List""Packing Specification"或"Detailed Packing List"。如果来证要求用"中性包装单"（Neutral Packing），则包装单名称打"PACKING LIST"，但包装单内不打卖方名称，不能签章。

2. 装箱单的缮制

装箱单的填写说明如下：

（1）出单方（Issuer）。出单方的名称与地址，应与发票的出单方相同。在信用证支付方式下，此栏应与信用证受益人的名称和地址一致。

（2）受单方（To）。受单方的名称与地址，应与发票的受单方相同。在多数情况下，填写进口商的名称和地址，并与信用证开证申请人的名称和地址保持一致。在某些情况下，也可不填，或填写"To whom it may concern"（致有关人）。

（3）发票号（Invoice No.）。与发票号码一致。

（4）日期（Date）。装箱单缮制日期，应与发票日期一致，不能迟于信用证的有效期及提单日期。

（5）唛头及件数编号（Marks and Numbers）。与发票一致，有时注明实际唛头，有时也可以只注明"as per invoice No. ×××"。

（6）包装种类和件数/货物描述（Number and Kind of Packages/Description of Goods）。要求与发票一致。货名如有总称，应先注总称，然后逐项列明每一包装件的货名、规格、品种等内容。

操作示范

［**第1步**］缮制商业发票（见表4-10）、装箱单（见表4-11）。

表4-10 商业发票

SUZHOU MAYNAN TEXTILE GARMENT CO.，LTD.
219，HUAFENG ROAD，NEW DISTRICT，SUZHOU，P. R. CHINA

商业发票

COMMERCIAL INVOICE

TO： NO.：MN112SF008
STYLE FIT CO. LTD. DATE：Mar. 9，2021
P. O. BOX 0721 NEW TERMINAL，ALTA VISTA，OTTAWA，CANADA
TRANSPORT DETAILS
SHIPMENT FROM SHANGHAI TO MONTREAL BY VESSEL
S/C NO.：MNSFCB07121 L/C NO.：84232190205
TERMS OF PAYMENT：L/C AT SIGHT

Marks and Numbers	Number and Kind of Packages/ Description of Goods	Quantity	Unit Price	Amount
			USD	
	CIF MONTREAL，CANADA			
STYLE FIT MNSFCB07121 CTN NO. 1-201 MONTREAL MADE IN CHINA	LADIES COTTON BLAZER （100% COTTON， 40SX20/140X60） 201CTNS STYLE NO. 46-301A THIS SHIPMENT，INCLUDING ITS CONTAINER DOES NOT CONTAIN ANY NONMANUFACTURED WOODEN MATERIAL，DUNNAGE，BRACING MATERIAL PALLETS，CRATING OR OTHER NON MANUFACTURED WOODEN PACKING MATERIAL.	2,550PCS	USD 12.80	USD 32,640.00
	Total：	2,550PCS		USD 32,640.00

SAY TOTAL：U. S. DOLLARS THIRTY TWO THOUSAND SIX HUNDRED AND FORTY ONLY.
SALES CONDITIONS：CIF MONTREAL/CANADA

（出口商签字和盖单据章）

［**第2步**］缮制报关委托书，并将报关委托书、商业发票、装箱单和合同送到货代公司（有报关业务），办理委托报关。

表 4-11　装箱单

苏州美南纺织服装有限公司

SUZHOU MAYNAN TEXTILE GARMENT CO.，LTD.

PACKING LIST

TO：	STYLE FIT CO.，LTD. P. O. BOX 0721 NEW TERMINAL，ALTA VISTA，OTTAWA，CANADA	INVOICE NO.：	MN112SF008
		INVOICE DATE：	2021-03-09
		S/C NO.：	MNSFCB07121
		S/C DATE：	2020-12-26
FROM	SHANGHAI	TO	MONTREAL
Letter of Credit No.	84232110205	Date of Shipment	2021-03-25

CTN NO.	CTNS	DESIGNS/COLORS	STYLE NO.	SIZE ASSORTMENT PER CARTON						PC/CNT	TOTAL PCS	G. W./CTN	N. W./CTN	MEAS./CTN	CBM/CTN
				10	12	14	16	18	20						
1-18	18	BLACK	46-301A	14						14	252	15	10	97×72×12	0.084
19-56	38	BLACK			14					14	532				
57-106	50	BLACK				13				13	650			98×76×12	0.089
107-149	43	BLACK					12			12	516				
150-174	25	BLACK						12		12	300			99×80×11	0.087
175-193	19	BLACK							12	12	228				
194	1	WHITE		11						11	11			97×72×12	0.084
195	1	WHITE			9	3				12	12				
196	1	WHITE				13				13	13			98×76×12	0.089
197	1	WHITE				3	9			12	12				
198-200	3	WHITE						4		4	12			99×80×11	0.087
201	1	WHITE						2	10	12	12				
1/201ex															
TOTAL	201										2,550	3,015	2,010		17.51

SHIPPING MARKS：
STYLE FIT
MNSFCB07121
CTN NO. 1-201
MONTREAL
MADE IN CHINA

SALES CONDITIONS：CIF MONTREAL/CANADA
SALES CONTRACT NO.：MNSFCB07121
LADIES COTTON BLAZER（100% COTTON，40SX20/140X60）

STYLE NO.	PO NO.	QTY/PCS	USD/PC
46-301A	10337	2,550	12.80

（出口商签字和盖单据章）

2021 年 3 月 13 日，美南公司登录“单一窗口”，点击“委托报关”，选择上海千讯为代理报关企业，签署确认委托报关协议（见表 4-12），并将报关所需的商业发票、装箱单等发送给报关企业。

表 4-12　委托报关协议

<table>
<tr><td colspan="5">为明确委托报关具体事项和各自责任，双方经平等协商签订协议如下：</td></tr>
<tr><td>委托方</td><td>苏州美南纺织服装有限公司</td><td>被委托方</td><td colspan="2">上海千讯国际货运代理有限公司</td></tr>
<tr><td>主要货物名称</td><td>女式全棉上衣</td><td>*报关单编码</td><td colspan="2"></td></tr>
<tr><td>HS 编码</td><td>6204320090</td><td>收到单证日期</td><td colspan="2">年　月　日</td></tr>
<tr><td>进出口日期</td><td>年　月　日</td><td rowspan="4">收到单证情况</td><td>合同☑</td><td>发票☑</td></tr>
<tr><td>提单号</td><td></td><td>装箱清单☑</td><td>提（运）单□</td></tr>
<tr><td>贸易方式</td><td>一般贸易</td><td>加工贸易手册□</td><td>许可证件□</td></tr>
<tr><td>原产地/货源地</td><td>徐州</td><td colspan="2">其他</td></tr>
<tr><td>传真电话</td><td></td><td>报关收费</td><td colspan="2">人民币：　元</td></tr>
<tr><td colspan="2">其他要求：

背面所列通用条款是本协议不可分割的一部分，对本协议的签署构成了对背面通用条款的同意。</td><td colspan="3">承诺说明：

背面所列通用条款是本协议不可分割的一部分，对本协议的签署构成了对背面通用条款的同意。</td></tr>
<tr><td colspan="2">委托方业务签章：

经办人签章：
联系电话：
年　月　日</td><td colspan="3">被委托方业务签章：

经办报关员签章：
联系电话：
年　月　日</td></tr>
</table>

[第 3 步] 货代公司缮制出口货物报关单，办理货物报关手续。

3 月 16 日上午，美南公司根据上海千讯的送货通知按时将货物送到上海千讯指定的仓库。

根据报关规定的要求：货物的出口报关必须在货物进入港口仓库或集装箱整箱进入堆场后才能进行。上海千讯即向上海海关报关，以免耽误 3 月 20 日的船期。

报关时需填写中华人民共和国海关出口货物报关单，并随附报关委托书、商业发票、装箱单、装货单等单证向海关报关，海关依此份报关单验货并放行。报关通过后，上海千讯安排集装箱拖货至船公司指定的码头。

出口货物报关单见表 4-13。

表 4-13 中华人民共和国海关出口货物报关单

预录入编号： 海关编号： 页码/页数：

境内发货人（3205944276） 91320594427623437K 苏州美南纺织服装有限公司	出境关别 吴淞海关（2202）	出口日期	申报日期 2021-03-20	备案号
境外收货人 STYLE FIT CO.，LTD.	运输方式 水路运输（2）	运输工具名称及航次号 LONG MAY LY/19908	提运单号 COS7186112076	
生产销售单位（3205944276） 91320594427623437K 苏州美南纺织服装有限公司	监管方式 一般贸易（0110）	征免性质 一般征税（101）	许可证号	
合同协议号 MNSFCB07121	贸易国（地区） 加拿大（CAN）	运抵国（地区） 加拿大（CAN）	指运港 蒙特利尔	离境口岸 吴淞 310402

包装种类（22） 纸质或纤维板制盒/箱	件数 201	毛重（千克） 3 015.00	净重（千克） 2 010.00	成交方式 CIF（1）	运费 1 000.00 总价人民币（CNY）	保费 3 590.40 总价人民币（CNY）	杂费

随附单证及编号

标记唛码及备注
STYLE FIT
MNSFCB07121
CTN NO. 1-201
MONTREAL
MADE IN CHINA

项号	商品编号	商品名称及规格型号	数量及单位	单价/总价/币制	原产国（地区）	最终目的国（地区）	境内货源地	征免
1	6204320090 (999)	女式全棉上衣	2 550［007］件 2 010［035］千克	12.8/美元 32 640/(USD)	中国 (CHN)	加拿大 (CAN)	苏州其他 (32059)	照章征税

特殊关系确认： 价格影响确认： 支付特许权使用费确认： 自报自缴：否

报关人员 报关人员证号 电话 兹声明对以上内容承担如实申报，依法纳税之法律责任 申报单位 申报单位（签章）	海关批注及签章

任务六　办理出口保险

任务导入

美南公司在办理货物报关的同时，向保险公司办理货物的投保手续。

投保材料包括：

（1）投保单；

（2）商业发票；

（3）保险费。

任务分解

1. 根据合同缮制投保单；
2. 缴纳保险费，并获得保险单。

在进出口运输保险业务中，被保险人通常涉及的工作有：申请投保、选择投保险别、确定保险金额、办理投保、缴纳保险费并取得保险单证以及在货损时办理保险索赔等。

一、投保手续

在以CIF或CIP条件成交的出口贸易中，出口商须向保险公司投保运输货物保险，运输中发生货物损坏或灭失可由保险人向货主予以补偿；在以FOB、CFR等条件成交的出口贸易中，货物的保险由进口商办理；在以D组贸易术语成交的出口贸易中，为了自身利益，保险事宜通常也由出口商自己办理。运输货物保险应在货物装运前向保险公司投保，取得保险人签发的保险单，即保险单的签发日期应早于运输单据的签发日期。

在办理时，应根据出口合同或信用证规定，在备妥货物，并确定装运日期和运输工具后，按规定格式逐笔填制保险单，具体列明被保险人名称、保险货物项目、数量、包装及标志、保险金额、起讫地点、运输工具名称、起讫日期和投保险别，递送保险公司办理投保，缴纳保险费，并向保险公司领取保险单证。

二、选择投保险别

投保时，既要顾及所选择的险别能为被保险货物提供充分的保险保障，又要注意保险费的节省，避免不必要的保险费支出。在国际贸易业务中，选择何种险别，应综合考虑下列因素：

（一）货物的性质和特点

不同性质和特点的货物在运输途中可能遭遇的风险和发生的损失往往有很大的差别。因此，在投保时必须充分考虑货物的性质和特点，据以确定适当的险别。例如：粮谷类商品（如粮食、花生、豆类等）的特点是含有水分，经过长途运输水分蒸发，可能造成短量；在运输途中如果通风设备不良，还易受潮、发热而致发霉。对于此类商品，一般可以在投保水渍险的基础上加保短量险和受热受潮险，或者投保一切险或 ICC（A）。又如：油脂类商品（食用动植物油等）在运输途中常因容器破裂而致渗漏或沾污杂质而致沾污损失；如果是散装会因油脂本身沾在舱壁或在装卸过程中消耗而致短量。因此，对于此类商品，可以在水渍险的基础上加保短量险和沾污险。

（二）货物的包装

货物的包装对货物的安全运输具有重要作用。有些货物在运输及装卸、转运过程中，常因包装破损而造成质量上或数量上的损失。因此，在办理投保和选择险别时，对货物包装在运输过程中可能发生的损坏及其对货物可能造成的损害也应加以考虑。但须注意，由于包装不良或由于包装不适应国际贸易运输的一般要求而致货物遭受损失，保险人一般不予负责，因为包装不良或不当属于装运前发货人的责任。

（三）航行路线及船舶停靠港口

海运中船舶的航行路线和停靠的港口不同，对货物可能遭受的风险和损失也有很大的不同。某些航线途经气候炎热的地区，如果载货船舶通风不良，就会增大货损。而在政局动荡不定，或在已经发生战争的海域内航行，货物遭受意外损失的可能性自然增大。同时，由于不同停靠港口在设备、装卸能力以及安全等方面有很大差异，进出口货物在港口装卸时发生货损货差的情况也就不同，因此，投保前要进行适当的调查了解，考虑到可能发生什么样的损失，以便选择适当的险别予以保障。

（四）运输季节

货物运输季节不同，也会给运输货物带来不同风险和损失。例如：载货船舶冬季在北纬 60°以北航行，极易发生与流动冰山碰撞的风险。又如：夏季装运粮食、果品，极易出现发霉腐烂或生虫的现象。

（五）目的地市场的变化趋势

在国际市场上，有些商品的价格波动激烈。当货物尚在运输途中，目的地的市场价格可能已经上涨。因此，为了保证货物在运输途中遭受损失后，仍能按上涨后的市价从保险赔款中获得赔偿，就须根据目的地市场价格上涨的趋势，向保险公司另行加保增值保险。因此，目的地市场价格的变化趋势也是选择保险险别时应考虑的一项因素。

（六）各国贸易习惯

如果货物按 CIF 条件出口，卖方应负责投保何种险别，须在合同中加以明确规定。如果合同对此没有规定，便须按照国际贸易惯例及有关国家的法律规定办理。例如：按照国际商会《2020年国际贸易术语解释通则》的规定，CIF条件下卖方应负责投保ICC保险条款或任何类似条款包括的最低限度的保险险别；按照《美国对外贸易定义修订本》和《美国统一商法典》的规定，CIF条件下卖方有义务代买方投保战争险，费用由买方负担；在比利时，CIF条件下卖方常负责投保水渍险；在澳大利亚，按许多行业习惯，CIF条件下卖方须负责投保水渍险和战争险；在德国，CIF条件下卖方应根据货物的种类、贸易习惯和买方的愿望确定投保的险别，但仅投保平安险是不够的，保险公司承担的保险责任是以险别为依据，不同的险别，承担的责任范围不同，其保险费率也不相同。

三、取得保险单证

保险单证是保险公司和投保人之间订立的保险合同，也是保险公司出具的承保证明，是被保险人凭以向保险公司索赔和保险公司进行理赔的依据。在国际贸易中，保险单证是可以转让的。常用的保险单证有：

（一）保险单

保险单（Insurance Policy），又称大保单，它是一种正规的保险合同，其内容除载明被保险人、保险标的（如果是货物保险填明数量及标志）、运输工具、险别、起讫地点、保险期限、保险价值和保险金额等项目外，还附有关保险人责任范围以及保险人和被保险人的权利和义务等方面的详细条款。如果当事人双方对保险单上所规定的权利和义务需要增补或删减，可在保险单上加贴条款或加注字句。保险单是被保险人向保险人索赔或对保险人上诉的正式文件，也是保险人理赔的主要依据。保险单可转让，通常是被保险人向银行进行押汇的单证之一。在CIF合同中，保险单是卖方必须向买方提供的单据。

（二）保险凭证

保险凭证（Insurance Certificate），俗称小保单，它是保险人签发给被保险人，证明货物已经投保和保险合同已经生效的文件。保险凭证上无保险条款，表明按照本保险人的正式保险单上所载的条款办理。保险凭证具有与保险单同等的效力，但在信用证规定提交保险单时，一般不能以保险单的简化形式。

（三）预约保险单

预约保险单（Open Policy），是一种没有总保险金额限制的预约保险总合同，是保险公司对被保险人将要装运的属于约定范围内的一切货物自动承保的总合同。在承保范围内的被保险货物一经起运，保险公司即自动承保。在实际业务中，预约保险单适用于进口货物保险，这可以防止因漏保或迟保而造成的无法弥补的损失。

四、保险索赔

进出口货物在运输途中遭受损失，被保险人（投保人或保险单受让人）可向保险公司提出索赔。保险公司按保险条款所承担的责任进行理赔。

（一）被保险人索赔的条件

（1）被保险人要求赔偿的损失必须是承保责任范围内风险造成的损失。

（2）被保险人是保险单的合法持有人。

（3）被保险人必须拥有可保利益。可保利益，又称保险利益，是指被保险人对被保险的货物因具有某种利害关系而享有的为法律所承认的可以投保的经济利益。但国际货运保险又不像有的保险（如人身保险）那样要求被保险人在投保时必须具有保险利益。在实际业务中，保险人可视为买方具有预期的保险利益而允许承保。

（二）索赔的主要程序

（1）损失通知：被保险人获悉货损后，应立即通知保险公司或保险单上指明的代理人。后者接到损失通知后应立即采取相应的措施，如检验损失，提出施救意见，确定保险责任和签发检验报告等。

（2）向承运人等有关方面提出索赔，被保险人除向保险公司报损外，还应向承运人及有关责任方（如海关、理货公司等）索取货损货差证明，如系属承运人等方面责任的，应及时以书面方式提出索赔。

（3）采取合理的施救、整理措施，被保险人应采取必要的措施以防止损失的扩大，保险公司对此提出处理意见的，应按保险公司的要求办理。所支出的费用可由保险公司负责，但以与理赔金额之和不超过该批货物的保险金额为限。

（4）备妥索赔单证，提出索赔要求。索赔单证除正式的索赔函以外，应包括保险单证、运输单据、发票，以及检验报告、货损货差、海事报告等。保险索赔的时效一般为两年。对易碎和易短量货物的索赔，应了解是否有免赔率的规定。免赔率是指保险人对于保险货物在运输途中发生的货损货差，在一定比率内不负赔偿责任。不计免赔率（Irrespective of Percentage，IOP）条款是指货物受损后不论程度多少，损失多少赔多少。免赔率是指如果损失额没有超过免赔率，保险公司不予赔偿。如果超过免赔率，则分为两种情况：（1）相对免赔率：不扣除免赔率，全部予以赔偿；（2）绝对免赔率：扣除免赔率，只赔超过部分。中国人民保险股份有限公司采用绝对免赔率。

操作示范

［第1步］ 根据合同缮制投保单。按CIF条件成交，保险由美南公司办理。因此，2021年3月16日，美南公司按约定的保险险别和保险金额，向保险公司投保。

投保时应填制投保单，并随附商业发票办理投保手续。在实际业务中，一些和外贸公司长期合作的保险公司，有时只需外贸公司提供商业发票，甚至可以不填制投保单，直接凭商业发票出具保险单。美南公司的货物运输保险投保单见表4-14。

表4-14　中国人民保险公司苏州市分公司

The People's Insurance Company of China SUZHOU Branch

地址：中国苏州狮山路393号　邮编（POST CODE）：215011

电话（TEL）：(0512) 45022385　传真（FAX）：(0512) 45022372

货物运输保险投保单

APPLICATION FORM FOR CARGO TRANSPORTATION INSURANCE

被保险人（INSURED）SUZHOU MAYNAN TEXTILE GARMENT CO.，LTD.			组织机构代码 91320594427623437K
投保人（APPLICANT）SUZHOU MAYNAN TEXTILE GARMENT CO.，LTD.			组织机构代码 91320594427623437K
联系电话（TEL）	传真（FAX）	地址（ADRESS）	
合同号（CONTRACT NO.）MNSFCB07121	提单号（B/L NO.）COS7186112076		
信用证号（L/C NO.）84232110205	赔款偿付地点（CLAIM PAYABLE AT）OTTAWA，CANADA		
发票金额（INVOICE AMOUNT）	价格条件（PRICE CONDITION）	投保加成（PLUS）110%	
标记 MARKS & NOS. AS PER INVOICE NO.	包装与数量 QUANTITY	保险货物项目 DESCRIPTION OF GOODS	保险金额 AMOUNT INSURED
STYLE FIT MNSFVB07121 CTN NO. 1-201 MONTREAL MADE IN CHINA	201CARTONS	LADIES COTTON BLAZER (100% COTTON, 40SX20/140X60) 201CTNS STYLE NO. 46-301A	USD 35 904.00
启运日期　2021-03-20 DATE OF COMMENCEMENT		运输工具　LONG MAY LY/19908 PER CONVEYANCE	
自 FROM SHANGHAI	经	到 TO MONTREAL，CANADA	

投保险别（PLEASE INDICATE THE CONDITIONS OR SPECIAL COVERAGES）

[√] PICC CLAUSE	[√] ALL RISKS	[ ] W. P. A./W. A.	[ ] F. P. A.
[ ] ICC CLAUSE	[ ] ICC CLAUSE A	[ ] ICC CLAUSE B	[ ] ICC CLAUSE C
[ ] AIR TPT ALL RISKS	[ ] AIR TPT RISKS	[ ] O/L TPT ALL RISKS	[ ] O/L TPT RISKS
[√] WAR RISKS	[ ] S. R. C. C.	[√] STRIKE	

显示保单正本份数（NUMBERS OF THE ORIGINAL POLICY）：（一正三副）

请如实告知下列情况：（如是在[ ]中打√）

1. 货物包装　袋装/箱装 [√]　散装/裸装 [ ]　冷藏 [ ]　捆扎 [ ]　罐装 [ ]
2. 集装箱种类　普通 [√]　开顶 [ ]　框架 [ ]　平板 [ ]　冷藏 [ ]
3. 运输工具　海轮 [√]　飞机 [ ]　火车 [ ]　汽车 [ ]　内河船 [ ]　驳船 [ ]
4. 船舶资料　船级________　建造年月________

保险人（保险公司）提示

请您仔细阅读保险条款，尤其是黑体字标注部分的条款内容，并听取保险公司业务人员的说明，如对保险公司业务人员的说明不明白或有异议的，请在填写本投保单之前向保险公司业务人员进行询问，如未询问，视同已经对条款内容完全理解并无异议。

投保人声明

投保人及被保险人兹声明所填上述内容（包括投保单及投保附件）属实。

本人已经收悉并仔细阅读保险条款，尤其是黑体字部分的条款内容，并对保险公司就保险条款内容的说明和提示完全理解，没有异议，申请投保。

投保人签章：　　　　投保日期：2021年3月16日

以下内容由保险公司填写

协议编号 [ ]	代理点编号 [ ]	费　率 [ ]	免赔 [ ]
客户代码 [ ]	共保信息 [ ]	回分情况 [ ]	
最低保费 [ ]	结算币种 [ ]	经办人 [ ]	

[**第 2 步**] 美南公司缴纳保险费（保险费＝保险金额×保险费率），并获得了保险公司出具的货物运输保险单（见表 4-15）。

表 4-15　货物运输保险单

中国人民保险公司苏州市分公司

The People's Insurance Company of China SUZHOU Branch

总公司设于北京　　　　一九四九年创立

Head Office Beijing　　Established in 1949

货物运输保险单

CARGO TRANSPORTATION INSURANCE POLICY

发票号（INVOICE NO.）MN112SF008　　　　保险单号（POLICY NO.）SZ29/GJ20210301

合同号（CONTRACT NO.）MNSFCB07121

信用证号（L/C NO.）84232110205

被保险人：苏州美南纺织服装有限公司

Insured：SUZHOU MAYNAN TEXTILE GARMENT CO.，LTD.

中国人民保险公司（以下简称"本公司"）根据被保险人的要求，由被保险人向本公司缴付约定的保险费，按照本保险单承保险别和背面所载条款与下列特款承保下述货物运输保险，特立本保险单。

THIS POLICY OF INSURANCE WITNESSES THAT THE PEOPLE'S INSURANCE COMPANY OF CHINA (HEREINAFTER CALLED "THE COMPANY") AT THE REQUEST OF THE INSURED AND IN CONSIDERATION OF THE AGREED PREMIUM PAID TO THE COMPANY BY THE INSURED, UNDERTAKES TO INSURE THE UNDERMENTIONED GOODS IN TRANSPORTATION SUBJECT TO THE CONDITIONS OF THIS POLICY AS PER THE CLAUSES PRINTED OVERLEAF AND OTHER SPECIL CLAUSES ATTACHED HEREON.

标　记 MARKS&NOS.	包装及数量 PACKAGE & QUANTITY	保险货物项目 DESCRIPTION OF GOODS	保险金额 AMOUNT INSURED
AS PER INVOICE NO. MN112SF008	201CARTONS	LADIES COTTON BLAZER (100% COTTON，40SX20/140X60)	USD 35 904.00

总保险金额

TOTAL AMOUNT：

U. S. DOLLARS THIRTY FIVE THOUSAND NINE HUNDRED AND FOUR ONLY.

保费

PERMIUM：

启运日期

DATE OF COMMENCEMENT：AS PER B/L

装载运输工具

PER CONVEYANCE：BY SEA

自：　　　　　　经：　　　　　　至：

FROM SHANGHAI VIA ________ TO MONTREAL

承保险别

CONDITIONS：

COVERING ALL RISKS，AND WAR RISK，STRIKE RISK，SUBJECT TO C. I. C.

所保货物，如发生保险单项下可能引起索赔的损失或损坏，应立即通知本公司下述代理人查勘。如有索赔，应向本公司提交保单正本（本保险单共有 2 份正本）及有关文件。如一份正本已用于索赔，其余正本自动失效。

IN THE EVENT OF LOSS OR DAMAGE WHICH MAY RESULT IN A CLAIM UNDER THIS POLICY，IMMEDIATE NOTICE MUST BE GIVEN TO THE COMPANY'S AGENT AS MENTIONED HEREUNDER. CLAIMS，IF ANY，ONE OF THE ORIGINAL POLICY WHICH HAS BEEN ISSUED IN TOGETHER WITH THE RELEVANT DOCUMENTS SHALL BE SURRENDERED TO THE COMPANY. IF ONE OF THE ORIGINAL POLICY HAS BEEN ACCOMPLISHED，THE OTHERS TO BE VOID.

赔款偿付地点

CLAIM PAYABLE AT CANADA

出单日期

ISSUING DATE MAR. 16，2021

中国人民保险公司苏州市分公司

The People's Insurance Company of China

SUZHOU Branch

（保险公司负责人签名、保险公司盖保单专用章）

Authorized Signature

任务七　装船出运

任务导入

美南公司完成货物的报关手续后，将货物装船，向货代公司支付运费和码头费用后，取得海运提单，并发送已装船通知。

任务分解

1. 安排货物出运，确认提单、支付运费和码头费用，取得全套正本提单；
2. 发送装运通知。

一、安排装船出运

海关放行货物后，出口商持经海关盖章的装箱单正本将货物运至船边或船公司指定的仓库或收货地点，船公司开始装船。货物装船时，船公司与出口商共同检查货物数量、包装等，若发现有包装不良现象，理货员将此情况记载于理货单上。装船完毕，双方在理货单上签字，船上大副依据理货单内容签发大副收据，出口商凭此大副收据向船公司换取正式提单。

二、及时发出装运通知

货物装船后，出口商应向进口商发出装运通知，如有可能出口商可以附上相关单证的副本，以便进口商了解装船情况，做好付款和接货准备。装运通知一般包括船名、航次、开航日、装船数量与金额、船舶预计到达的时间等。

装船通知一般应采取电讯方式，发出的时间应在货物全部装上运输工具以后，在实际工作中，宁早毋迟，过迟则会影响买方接货、付款的准备工作。在此应特别注意，若贸易条件为进口商投保，如CFR、FOB等，出口商的装运通知应充分及时，否则因出口商怠于发出装运通知，从而使进口商不能按时投保，货物在运输途中发生的灭失或损坏的风险要由出口商承担。

操作示范

[第1步] 安排货物出运，确认提单、支付运费和码头费用，取得全套正本提单。

海关放行货物后，船公司开始装船。3月19日，货物离港前，上海千讯传真海运提单给美南公司确认。美南公司根据信用证和合同审核提单的主要内容，确认提单。3月22日，美南公司的财务人员收到上海千讯寄来的海运费发票和港杂费发票。付清运费和港杂费后，2021年3月22日，上海千讯作为承运人中国远洋海运（集团）公司下属的中远海运集装箱运输有限公司的代理，签发了COS7186112076号的海运提单（见表4-16）。

表 4-16 海运提单

<table>
<tr><td colspan="2">1. Shipper (Name, Address and Phone)
SUZHOU MAYNAN TEXTILE GARMENT CO. , LTD.
219, HUAFENG ROAD, NEW DISTRICT, SUZHOU, P. R. CHINA</td><td rowspan="6">B/L No. COS7186112076
中远集装箱运输有限公司
COSCO CONTAINER LINES
ORIGINAL
Port-to-Port or Combined Transport
BILL OF LADING
RECEIVED in external apparent good order and condition except as otherwise noted. The total number of packages or unites stuffed in the container, the description of the goods and the weights shown in this Bill of Lading are furnished by the Merchants, and which the carrier has no reasonable means of checking and is not a part of this Bill of Lading contract. The carrier has issued the number of Bills of Lading stated below, all of this tenor and date, one of the original Bills of Lading must be surrendered and endorsed or signed against the delivery of the shipment and hereupon any other original Bills of Lading shall be void. The Merchants agree to be bound by the terms and conditions of this Bill of Lading as if each had personally signed this Bill of Lading.
SEE clause 4 on the back of this Bill of Lading (Terms continued on the back hereof, please read carefully).
* Applicable Only When Document Used as a Combined Transport Bill of Lading.</td></tr>
<tr><td colspan="2">2. Consignee (Name, Address and Phone)
TO THE ORDER OF BNP PARIBAS (CANADA)</td></tr>
<tr><td colspan="2">3. Notify Party (Name, Address and Phone)
(It is agreed that no responsibility shall attach to the Carrier or his agents for failure to notify)
STYLE FIT CO. , LTD.
P. O. BOX 0721 NEW TERMINAL, ALTA VISTA, OTTAWA, CANADA</td></tr>
<tr><td>4. Pre-carriage by</td><td>5. Place of Receipt</td></tr>
<tr><td>6. Ocean Vessel Voy. No.
MAY FLY V. 19908</td><td>7. Port of Loading
SHANGHAI</td></tr>
<tr><td>8. Port of Discharge
MONTREAL</td><td>9. Place of Delivery
MONTREAL</td></tr>
</table>

Marks & Nos. Container/ Seal No.	No. of Containers or Packages	Description of Goods (If Dangerous Goods, See Clause 20)	Gross Weight (Kgs)	Measurement
STYLE FIT MNSFCB07121 CTN NO. 1-201 MONTREAL MADE IN CHINA MSKU2612114/ 1681316 20'	201 CARTONS	SALES CONTRACT NO. : MNSFCB07121 LADIES COTTON BLAZER (100% COTTON, 40SX20/140X60) 1×20'GP FCL/CY-CY THIS SHIPMENT, INCLUDING ITS CONTAINER DOES NOT CONTAIN ANY NON-MANUFACTURED WOODEN MATERIAL, DUNNAGE, BRACING MATERIAL PALLETS, CRATING OR OTHER NON MANUFACTURED WOODEN PACKING MATERIAL. CLEAN ON BOARD FREIGHT PREPAID	3,015.00KGS	17.510 M³

Description of Contents for Shipper's Use Only (Not part of This B/L Contract)

10. Total Number of containers and/or packages (in words)
Subject to Clause 7 Limitation SAY TWO HUNDRED AND ONE CARTONS ONLY

<table>
<tr><td colspan="2">11. Freight & Charges
Declared Value Charge</td><td>Revenue Tons</td><td>Rate</td><td>Per</td><td>Prepaid</td><td>Collect</td></tr>
<tr><td rowspan="2">Ex. Rate</td><td>Prepaid at</td><td colspan="2">Payable at</td><td colspan="3">Place and date of issue
SHANGHAI PORT
MAR. 20, 2021</td></tr>
<tr><td>Total Prepaid</td><td colspan="2">No. of Original B(s) /L
THREE</td><td colspan="3">Signed for the Carrier
COSCO CONTAINER LINES</td></tr>
<tr><td colspan="4">LADEN ON BOARD THE VESSEL
DATE MAR. 20, 2021</td><td colspan="3">(货运代理公司签字盖章)
上海千讯国际货运代理有限公司
2021 年 3 月 22 日</td></tr>
</table>

［**第2步**］发送已装船通知。3月20日，在确定货物安全离港后，美南公司传真已装船通知（见表4－17）给SF公司。

注意事项：船公司签发的提单上栏目的填写也会参照订舱委托书中相应栏目的写法，因此，托运人、收货人、通知人这三栏的填写应该严格按照信用证提单条款的相应规定填写。

表4－17　已装船通知

苏 州 美 南 纺 织 服 装 有 限 公 司

SUZHOU MAYNAN TEXTILE GARMENT CO.，LTD.

219，HUAFENG ROAD，NEW DISTRICT，SUZHOU，P.R.CHINA

TEL：0086-512-66397395 FAX：0086-512-66397391

SHIPPING ADVICE

MAR.20，2021

DEAR SIR，

WE ARE PLEASED TO INFORM YOUR ESTEEMED COMPANY THAT THE FOLLOWING MENTIONED GOODS WILL BE SHIPPED OUT ON THE 20th MARCH，FULL DETAILS WERE SHOWN AS FOLLOWS：

1. INVOICE：MN112SF008
2. BILL OF LADING NUMBER：COS7186112076
3. OCEAN VESSEL：MAY FLY V.19908
4. PORT OF LOADING：SHANGHAI PORT
5. DATE OF SHIPMENT：MAR.20，2021
6. PORT OF DESTINATION：MONTREAL
7. ESTIMATED DATE OF ARRIVAL：APR.25，2021
8. DESCRIPTION OF PACKAGES AND GOODS：

SALES CONDITIONS：CIF MONTREAL/CANADA

SALES CONTRACT NO. MNSFCB07121

LADIES COTTON BLAZER（100% COTTON，40SX20/140X60）

STYLE NO.	PO NO.	QTY/PCS	USD/PC
46-301A	10337	2,550	12.80

9. MARKS AND NUMBER ON B/L：

STYLE FIT

MNSFCB07121

CTN NO. 1-201

MONTREAL

MADE IN CHINA

10. CONTAINER/SEAL NUMBER：MSKU2612114/1681316
11. L/C NUMBER：84232110205

（出口商签字和盖单据章）

SUZHOU MAYNAN TEXTILE GARMENT CO.，LTD.

任务八　制单结汇

任务导入

3 月 22 日，美南公司将海运提单复印件、商业发票、装箱单、加拿大海关发票、原产地证用 FedEx 寄给 SF 公司供其作进口清关用，同时准备缮制议付单据。

信用证项下议付单据包括：

1. 汇票（有的信用证中不要求汇票）；
2. 商业发票；
3. 装箱单；
4. 提单；
5. 保险单；
6. 受益人声明。

任务分解

1. 缮制各种单据；
2. 交单议付。

一、出口结汇的含义和方式

（一）出口结汇的含义

出口结汇是指外汇收款人将外汇卖给银行，银行按照外币的汇率支付等值的人民币。凡未有规定或未经核准可以保留现汇的经常项目项下的外汇收入必须办理结汇；凡未规定或核准结汇的资本项目项下的外汇收入不得办理结汇。境内机构必须对其外汇收入区分经常项目与资本项目。银行按照外汇收入不同性质，按规定分别办理结汇或入账手续。凡无法证明属于经常项目的外汇收入，均应按照资本项目外汇结汇的有关规定办理。

（二）出口结汇的方式

出口结汇的方式有三种：收妥结汇、定期结汇和出口押汇。

1. 收妥结汇

收妥结汇又称先收后付，是指议付行收到出口公司的出口单据后，经审查无误，将单据寄交国外付款行索取货款，待收到付款行将货款拨入议付行账户通知书时，即按当时外汇牌价，折成人民币拨给出口公司。目前，我国银行一般采用收妥结汇方式，尤其是对可以电报索汇的信用证业务，因为在电汇索汇时，收汇较快，一般都短于规定的押汇时间。

2. 定期结汇

定期结汇是指议付行根据向国外付款行索偿所需时间，预先确定一个固定的结汇期限（7～14 天不等），到期后主动将票款金额折成人民币拨交出口企业。

3. 出口押汇

出口押汇又称买单结汇或议付，是指议付行在审单无误的情况下，按信用证条款买入受益人（出口公司）的汇票和单据，从票面金额中扣除从议付日到估计收到票款之日的利息，将余款按议付日牌价，折成人民币拨给出口公司。议付行向受益人垫付资金，买入跟单汇票后，即成为汇票持有人，可凭票向付款行索取票款。银行同意做出口押汇，是为了对出口公司提供资金融通，有利于出口公司的资金周转。

在出口押汇方式下，出口地银行买入跟单汇票后，面临开证行自身的原因或单据的挑剔而拒付的风险。因此，目前我国银行只对符合以下条件的出口信用证业务做押汇：

（1）开证行资信良好；

（2）单证相符的单据；

（3）可由议付行执行议付、付款或承兑的信用证；

（4）开证行不属于外汇短缺或有严重政治、经济危机的国家和地区。

二、国际贸易单证的基本要求

在国际贸易中，制单水平的高低事关出口方能否安全迅速结汇、收汇和进口方能否及时接货。所以，缮制单证必须符合国际贸易惯例和有关法律法规的规定以及进出口双方的实际需要。其基本要求是正确、完整、及时、简洁和严谨。

（一）正确

正确是一切单证的前提，要做到四个“一致”。

1. 证同一致

在以信用证为付款方式的交易中，买方开给卖方的信用证，其基本条款应该与合同内容保持一致，否则卖方应要求买方修改信用证，以维护合同的严肃性。

2. 单证一致

银行在处理信用证业务时，应坚持严格相符的原则，卖方提供单据中的任何差错，都可成为银行及其委托人拒绝付款的理由。

3. 单单一致

国际商会 UCP600 规定：单据之间表面上互不一致者，将被认为表面上不符信用证条款。例如：货运单据上的运输标志如与装箱单上的运输标志存在差异，银行就可拒绝付款，尽管信用证上并没有规定具体的运输标志。

4. 单货一致

单据必须真实地反映货物，如果单据上的品质、规格、数量与合同、信用证完全相符，而实际发运的货物以次充好或以假乱真，这就有悖于“重合同、守信用”的基本商业准则。尽管在信用证业务中，银行所处理的是单据，而不是与单据有关的货物，只要单证相符，单单相符，银行就应付款。但如果所装货物与合同条款要求不符，买方在收货检验后仍然有权根据合同向卖方索赔和追偿损失。

另外，值得注意的是：处理的单据必须要与有关惯例和法规规定相符合。例如：世界各国银行在信用证业务中，绝大多数都在证内注明按照国际商会的 UCP600 来解释。银行在审单时，除非信用证另有特殊规定，都是以 UCP600 作为审单的依据。因此，在缮制单据时，应注意不要与 UCP600 的规定相抵触。

（二）完整

单据的完整性是指信用证规定的各项单据必须齐全，不可缺少，单据的种类、每种单据的份数和单据本身的必要项目都必须完整。

有些单据必须按照有关的国际法规和惯例办理。例如：提单和汇票都有其主要项目，如缺少“主要项目”，即属于不完整的单据，因而也就失去了法律效力。再如：国际商会 UCP600 规定，凡信用证要求提供“已装船提单”，提单的承运人必须在该提单上标注“装船批注”，如果该提单未按规定加上“已装船”字样和装船日期等必要批注，银行将会拒绝接受，理由就在于“装船批注”不完整。完整的另一含义是指单证群体的完整性，如果缺少一套单据中的某一种，就破坏了单证群体的完整，不能被银行所接受。

（三）及时

及时即处理单证要在一定时间内完成。国际贸易单证的时间性表现如下：

（1）单证之间的时间差必须符合进出口的程序。例如：运输单据的签发日期不能早于装箱单、检验证书和保险单的签发日期，否则就不符合逻辑，将被银行拒绝接受。

（2）单证本身的时限不可逾越。信用证一般都有装运期和有效期的规定，前者是对运输单据装运日期的限制，后者是对卖方向银行交单时间的限制。一经逾越，就失去了信用证保证履行付款责任的条件，银行可以拒绝接受。

（3）对于单证的处理，除合同、信用证有特殊规定外，原则上应力求加快速度，早出运、早交货、早结算可以加速货物和资金的流通，这是符合买卖双方共同利益的。

（四）简洁

单证的内容应力求简洁，避免不必要的烦琐。具体要求单证格式的规范化，内容排列的行次整齐、字迹清晰、纸面洁净、格式美观等。

（五）严谨

严谨是对单证工作的总体要求，主要应把握以下几点：

（1）单证中的各种条款必须制定严密，如贸易合同和买方开出的信用证中的各种条款。这些条款是交易的基础条件，要力求具体明确、没有漏洞，条款之间不应自相矛盾，切忌使用笼统和含混不清的文辞，如习惯包装等，否则事后容易产生分歧，发生纠纷。

（2）单证必须经过严格的审核，单证的一字之差、一字之错，往往会酿成重大经济损失。因此，各种单证缮制后须严加审核。单证转让时，受让的一方也必须经过严格的审核。信用证是买方付款的银行保证，但前提是卖方必须按信用证条款办事并提供规定的各种单证。卖方在收到信用证后要及时、严格地进行审核，如发现不合理的或不能接受的条款，要尽快作出反应，提请买方删除或修改，否则在履约交货时不能照办，会影响出口和收汇。

（3）单证的处理必须合理、谨慎，国际商会《跟单信用证统一惯例》要求银行在审核信用证规定的一切单据时必须合理、谨慎，这里的合理、谨慎对买卖双方以及单证的有关各方同样适用。例如：在信用证装运期内货物不能及时装运，在交单议付后单证遭到开证行或买方的拒收等，这些情况在实际业务中往往都有可能出现，需要出口商合理、谨慎地处理，以避免和减少经济损失。

三、缮制汇票

汇票的具体内容包括：

（1）号码（No.）。由出票人自行编号填入，一般使用发票号兼作汇票的编号。在国际贸易结算单证中，商业发票是所有单据的核心，以商业发票的号码作为汇票的编号，表明本汇票属第××号发票项下。在实际操作中，银行也接受此栏是空白的汇票。

（2）出票日期（Dated）。填写汇票出具的日期，必须为日期格式并且在合同日期之后。

（3）汇票金额（Exchange for）。此处要用小写数字表明。填写小写金额，一般要求汇票金额使用货币缩写和用阿拉伯数字表示。大小写金额均应端正地填写在虚线格内，不得涂改，且大小写数量要一致。除非信用证另有规定，汇票金额不得超过信用证金额，而且汇票金额应与发票金额一致，汇票币种必须与信用证规定和发票所使用的币种一致。

（4）付款期限（at sight…）。一般可分为即期付款和远期付款两类。

即期付款只需在汇票固定格式栏内打上“at sight”。若已印有“at sight”，可不填。若已印有“at ________ sight”，应在横线上打“————”。

远期付款一般有四种：

1）见票后××天付款，填上“at ×× days after sight”，即以付款人见票承兑日为起算日，××天后到期付款。

2）出票后××天付款，填上“at ×× days after date”，即以汇票出票日为起算日，××天后到期付款，将汇票上印就的“sight”划掉。

3）提单日后××天付款，填上“at ×× days after B/L”，即付款人以提单签发日为起算日，××天后到期付款。将汇票上印就的“sight”划掉。

4）某指定日期付款，指定××年××月××日为付款日。例如：“On 25th Feb. 2020”，汇票上印就的"sight"应划掉。这种汇票称为"定期付款汇票"或"板期汇票"。托收方式的汇票付款期限，D/P 即期者，填"D/P at sight"；D/P 远期者，填"D/P at ×× days sight"；D/A 远期者，填"D/A at ×× days sight"。

(5) 收款人 (Pay to the order of)。也称"抬头人"或"抬头"。在信用证方式下，通常为出口地银行，请填写出口地银行英文名称。如非信用证方式，则填出口商公司英文名称。

(6) 汇票金额 (the sum of)。要用文字大写表明。填大写金额，先填写货币全称，再填写金额的数目文字，句尾加"only"相当于中文的"整"字。例如：U. S. DOLLARS ONE THOUSAND TWO HUNDRED AND THIRTY FOUR ONLY。大、小写金额均应端正地填写在虚线格内，不得涂改，且必须与汇票的小写金额一致。除非信用证另有规定，汇票金额不得超过信用证金额，而且汇票金额应与发票金额一致，汇票币种必须与信用证规定和发票所使用的币种一致。

(7) 出票条款 (Drawn under)。出票条款是出票人开立汇票的依据，包括 Drawn under、L/C No.、Dated 三项。如果信用证有规定，则按信用证规定填制。如果信用证未作规定，则 Drawn under 填写信用证开证行的完整名称、地址。L/C No. 填写信用证的准确号码，如非信用证方式则不填。Dated 填写信用证的准确开证日期，而非出具汇票的日期，如非信用证方式则不填。

(8) 付款人 (Issued by)。信用证方式下，通常为进口地开证银行，填写进口地银行英文名称。根据 UCP600 的规定，信用证方式的汇票以开证行或其指定银行为付款人，不应以申请人为汇票的付款人。如果信用证要求以申请人为汇票的付款人，银行将视该汇票为一份附加的单据；而如果信用证未规定付款人的名称，汇票付款人亦应填开证行名称。如非信用证方式，则填进口商公司英文名称。

(9) 被出票人 (To)。此处填被出票人的名称和地址，信用证方式下，通常为进口地开证银行，填写进口地银行英文名称和地址；如非信用证方式，则填进口商公司的英文名称和地址。

(10) 签字栏 (Authorized Signature)。出票人，即出口商签字，填写出口商公司的英文名称。

四、一般原产地证

(一) 一般原产地证的申领手续

海关总署对原产地证书的签证工作实施管理。主管海关和中国国际贸易促进委员会及其地方分会按照分工负责原产地证书签证工作。自 2019 年 5 月 20 日起，原产地证书申请人或代理人可通过国际贸易"单一窗口"(https://www.singlewindow.cn) 或"互联网+海关"一体化网上办事平台 (http://online.customs.gov.cn)，自行打印海关审核通过的版式化一般原产地证书。原产地证书申请人或代理人在打印前需通过国际贸易"单一窗口”或“互联网＋海关”一体化网上办事平台，上传原产地证书企业声明栏所需的电子签章和申办员电子签名。申请人应当于货物出运前向申请人所在地、货物生产地或者出境口岸的签证机构申请办理原产地证书签证。申请人应按规定填制非优惠原产地证书，提交出口货物商业发票，申请签证的货物属于异地生产的，应当提交货源地签证机构出具的异地货物原产地调查结果，对含有两个以上国家或地区参与生产或者签证机构需要核实原产地真实性的货物，申请人应当提交“产品成本明细单”。国家鼓励申请人采用电子方式申办原产地证书，以电子方式申请原产地证书的，还应当提交“原产地证书电子签证申请表”和“原产地证书电子签证保证书”。

（二）一般原产地证的填写方法

一般原产地证的填写方法如下：

（1）出口商（Exporter）。本栏填写出口公司的详细地址和名称，应为中国关境内出口单位的名称和地址。

（2）收货人（Consignee）。本栏填写最终收货人的名称和地址。一般可以为信用证的开证申请人，如果不明确最终的收货人，则可以填写提单通知人或发票抬头人。特殊情况下，也可以采用“To Whom It May Concern”的表达方法，但不得留空。

（3）运输方式和路线（Means of transport and route）。本栏填报装运港、目的港、中转港的名称，并说明运输方式和运输路线，应注明启运地、目的地以及运输方式等内容。例如：FROM NANSHA TO ROTTERDAM BY SEA VIA HONGKONG。

（4）目的地国家/地区（Country/region of destination）。本栏应填写货物最终运抵的国家（地区），不得填写中间商的国家（地区）。填写的目的地国家（地区）应与收货人所在国家（地区）一致。

（5）供签证机构使用（For certifying authority use only ）。正常情况时，此栏留空。

（6）唛头及包装号（Marks and numbers）。本栏填写的唛头及包装号应与发票、货物外包装上的一致。唛头不得出现中国境外的国家或地区制造的字样。如货物无唛头及包装号，应填写“N/M”或“NO MARK”或“NO MARKS AND NUMBERS”。如有特殊唛头的，可在此栏填写“SEE ATTACHMENT”，并在证书背页贴唛（盖骑缝章）或A4白纸打印唛头（盖骑缝章）。CARTON LABEL、AS ADDRESS、AS PER INVOICE、AS PACKING LIST、AS B/L、AS BILL OF LADING、COLOR LABEL等不能作唛头。

（7）商品名称、包装数量及种类（Number and kind of packages，description of goods）。货物描述必须详细。如果信用证、合同中品名笼统或拼写错误，应在括号内加注具体描述或正确品名。包装数量必须用英文或阿拉伯数字表示，并标明货物具体包装种类（如“CASE”“CARTON”）。货物无包装的，应填明货物出运时的状态，如“NUDE CARGO”“IN BULK”“HANGING GARMENTS”等。国外信用证要求填具的合同、信用证号码等信息可填写在商品描述特殊条款栏。

（8）HS编码（H. S. Code）。此栏填写第7栏每项货物名称对应的HS编码。

(9) 数量 (Quantity)。此栏应填写商品的正常计量单位,如“PCS” “PAIRS” “SETS”等。货物以重量计的则填毛重或净重,需加注“G. W.”(GROSS WEIGHT)或“N. W.”(NET WEIGHT)。

(10) 发票号码和日期 (Number and date of invoice)。此栏填写发票号码、日期。所填写的发票号码、日期应与清关发票一致。发票日期不能迟于出运日期和第 11、12 栏证书申请和签发日期。

(11) 出口商申明 (Declaration by the exporter)。本栏填写申报地点、日期,申报地点应与签证地点一致,申请人授权专人在此栏签字,并加盖企业中英文印章。申报日期应为实际申请日期。

(12) 签证机构证明 (Certification)。本栏填写签证机构地点、日期。签证人员在此栏签名,并在对外签发的证书正本加盖原产地 (ORIGIN) 印章。签证人员签名、印章应清晰完整且不得重叠。

五、缮制受益人证明

受益人证明 (Beneficiary's Certificate) 是一种由受益人自己出具的证明,以便证明自己履行了信用证规定的任务或证明自己按信用证的要求办事,如证明所交货物的品质、证明运输包装的处理、证明按要求寄单等。受益人证明一般无固定格式,内容多种多样,以英文制作,通常签发一份。受益人证明可以是一份单独的文件,也可以与商业发票合并,在商业发票上加注声明即可。

(一) 寄单证明

寄单证明 (Beneficiary's Certificate for Despatch of Documents) 是最常见的一种受益人证明,通常是受益人根据规定,在货物装运前后一定时期内,通过邮寄、传真、快递等方式给规定的收受人全套或部分副本单据,并将证明随其他单据交银行议付。例如:CERTIFICATE FROM THE BENEFICIARY STATING THAT ONE COPY OF THE DOCUMENTS CALLED FOR UNDER THE L/C HAS BEEN DISPATCHED BY COURIER SERVICE DIRECT TO THE APPLICANT WITHIN 3 DAYS AFTER SHIPMENT.

(二) 寄样证明

寄样证明 (Beneficiary's Certificate for Despatch of Shipment Sample),是受益人根据信用证要求,在货物装船前后的一定期限内,向信用证规定的收货人寄送码样、船样等物品,并提供相应的证明。例如:CERTIFICATE TO SHOW THAT THE REQUIRED SHIPMENT SAMPLES HAVE BEEN SENT BY DHL TO THE APPLICANT ON JULY 10, 2021.

(三) 包装和标签证明

包装和标签证明是为了说明采用的包装材料或者在标签中注明的事项等。例如,某信用证要求：A CERTIFICATE FROM THE BENEFICIARY TO THE EFFECT THAT ONE SET OF INVOICE AND PACKING LIST HAS BEEN PLACED ON THE INNER SIDE OF THE DOOR OF EACH CONTAINER IN CASE OF FCL CARGO OR ATTACHED TO THE GOODS OR PACKAGES AT AN OBVIOUS PLACE IN CASE OF LCL CARGO.（受益人应证明已把一套发票和箱单贴在集装箱箱门内侧（整箱货）或拼箱货的显眼的地方。）再如：BENEFICIARY CERTIFICATE IN TRIPLICATE STATING THE SHIPMENT DOES NOT INCLUDE NON-MANUFACTURED WOOD DUNNAGE，PALLETS，CRATING OR OTHER PACKAGING MATERIALS. THE SHIPMENT IS COMPLETELY FREE OF WOOD BARK，VISIBLE PESTS AND SIGNS OF LIVING PESTS.（要求三份单据，证明货物未再加工、非木制包装、无树皮、无肉眼可见虫害、无活虫。）

（四）其他有关单据的传递方式，或者未使用某种材料的说明等

例如：CERTIFICATE CONFIRMING THAT ALL GOODS ARE LABELLED IN ENGLISH（货物加贴英文标签）；BENEFICIARY'S CERTIFICATE STATING ORIGINAL B/L OF 1 SET CARRIED BY THE CAPTAIN OF THE VESSEL（一套正本提单已交由船长携带）；CERTIFICATE TO SHOW GOODS ARE NOT OF ISRAELI ORIGIN AND DO NOT CONTAIN ANY ISRAELI MATERIAL（货物须保证非以色列产并且不含以色列的材料）；等等。

六、单证不一致时出口商可采取的措施

在出口业务中，由于种种原因造成单据不符，即单据存在不符点，而受益人又因时间条件的限制，无法在规定期限内更正，则有下列处理方法：

（1）凭保议付。受益人出具保证书承认单据瑕疵，声明如开证行拒付，由受益人偿还议付行所垫付款项和费用，同时电请开证人授权开证行付款。

（2）表提。议付行把不符点开列在寄单函上，征求开征行意见，由开证行接洽申请人是否同意付款。接到肯定答复后，议付行即行议付。如果申请人不予接受，开证行退单，议付行照样退单给受益人。

（3）电提。议付行暂不向开证行寄单，而是用电传和传真通知开证行单据不符点。如果开证行同意付款，再行议付并寄单，若不同意，受益人可及早收回单据，设法改正。

（4）有证托收。单据有严重不符点，或信用证有效期已过，已无法利用手上的信用证，只能委托银行在向开证行寄单函中注明“信用证项下单据作托收处理”，作为区别，称为“有证托收”。而一般的托收，则称为“无证托收”。由于申请人已因单证不符而不同意接受，因此有证托收往往遭到拒付，实是一种不得已而为之的方式。

操作示范

［第 1 步］缮制各种单据。汇票、受益人证明、原产地证见表 4－18、表 4－19、表 4－20。

表 4－18　汇票

BILL OF EXCHANGE					
凭 Drawn Under	BNP PARIBAS（CANADA）MONTREAL		不可撤销信用证 Irrevocable L/C No.	84232110205	
日期 Date	Jan. 29，2021	支 取　Payable With interest		付款	
号码 No.	MN112SF008	汇票金额 Exchange for	USD 32 640. 00	江苏 Jiangsu	
见票 at		日后（本汇票之副本未付） sight of this FIRST of Exchange（Second of Exchange Being unpaid）			
付交 Pay to the order of	BANK OF CHINA，SUZHOU BRANCH				
金额 the sum of	USD THIRTY TWO THOUSAND SIX HUNDRED AND FORTY ONLY.				
此致 To	BNP PARIBAS（CANADA）MONTREAL 1981 MCGILL COLLEGE AVE. MONTREAL QC H3A 2W8 CANADA.				

SUZHOU MAYNAN TEXTILE GARMENT CO.，LTD.
（出口商签字和盖章）

表 4－19　受益人证明

苏州美南纺织服装有限公司

SUZHOU MAYNAN TEXTILE GARMENT CO.，LTD.
219，HUAFENG ROAD，NEW DISTRICT，SUZHOU，P. R. CHINA
TEL：0086-512-66397392　FAX：0086-512-66397391

CERTIFICATE

To：STYLE FIT CO.，LTD.　　Invoice No.：MN112SF008
P. O. BOX 0721 NEW TERMINAL，
ALTA VISTA，OTTAWA，CANADA
Date：Mar. 20，2021

WE CERTIFY HEREBY THAT COPY OF COMMERCIAL INVOICE，DETAILED PACKING LISTS AND A COPY OF BILL OF LADING WERE SENT DIRECT TO APPLICANT BY COURIER WITHIN 5 DAYS AFTER SHIPMENT. THE RELATIVE COURIER RECEIPT IS ALSO REQUIRED FOR PRESENTATION.

表 4 - 20　原产地证

ORIGINAL

<table>
<tr><td colspan="2">1. Exporter
SUZHOU MAYNAN TEXTILE GARMENT CO.，LTD.
219，HUAFENG ROAD，NEW DISTRICT，SUZHOU，P. R. CHINA</td><td colspan="3" rowspan="2">Certificate No.

CERTIFICATE OF ORIGIN
OF
THE PEOPLE'S REPUBLIC OF CHINA</td></tr>
<tr><td colspan="2">2. Consignee
STYLE FIT CO.，LTD.
P. O. BOX 0721 NEW TERMINAL，ALTA，VISTA OTTAWA，
CANADA</td></tr>
<tr><td colspan="2">3. Means of transport and route
FROM SHANGHAI，CHINA TO MONTREAL，CANADA BY SEA</td><td colspan="3" rowspan="2">5. For certifying authority use only</td></tr>
<tr><td colspan="2">4. Country / region of destination
CANADA</td></tr>
<tr><td>6. Marks and numbers
STYLE FIT
MNSFCB07121
CTN NO. 1-201
MONTREAL
MADE IN CHINA</td><td>7. Number and kind of packages; description of goods
TWO HUNDRED AND ONE (201) CARTONS OF LADIES COTTON BLAZER</td><td>8. H. S. Code
6204320090</td><td>9. Quantity
2,550 PCS</td><td>10. Number and date of invoices
MN112SF008
MAR 09，2021</td></tr>
<tr><td colspan="5" align="center">Xxxxxxx</td></tr>
<tr><td colspan="2">11. Declaration by the exporter
The undersigned hereby declares that the above details and statements are correct，that all the goods were produced in China and that they comply with the Rules of Origin of the People's Republic of China.</td><td colspan="3">12. Certification
It is hereby certified that the declaration by the exporter is correct.</td></tr>
<tr><td colspan="2" align="center">Li Jun
China
2021-03-20　00:00:00</td><td colspan="3" align="center">China
2021-03-20</td></tr>
<tr><td colspan="2">Place and date，signature and stamp of authorized signatory</td><td colspan="3">Place and date，signature and stamp of certifying authority</td></tr>
</table>

［**第 2 步**］交单议付。根据信用证的规定，美南公司备齐了全套议付单据（3/3 海运提单正本、商业发票、装箱单、产地证、受益人证明、汇票、客检证、货物运输保险单），于 4 月 2 日向议付银行——中国银行江苏省分行交单议付。

3 月 27 日，美南公司收到服装厂寄来的增值税发票和出口专用缴款书。

议付单据交单后，3 月 30 日，美南公司财务人员向服装厂支付货款，并和上海千讯结清海运费、港杂费等费用。

任务九　出口业务善后

任务导入

2021 年 4 月 23 日，美南公司收到银行的收汇水单信息，开证行已如数付款，美南公司顺利收汇。

任务分解

1. 书写业务善后函；
2. 办理出口收汇申报；
3. 办理出口退税。

一、善后函的定义和分类

（一）善后函的定义

当出口方向议付行或向开证行提交整套单据后，业务就进入善后阶段。开证行会对出口方所提交的单据进行审核，以确定其表面上是否符合信用证条款。如果开证行对单据没有提出异议，说明出口方已得到开证行的付款保证。进口方在目的港接收货物后，本笔交易就可视为顺利完成。

（二）善后函的分类

1. 开证行接受单据时的善后函

由于此时整笔交易进展得非常顺利，写法上就显得相对比较随意。出口方可以回顾该笔交易中值得肯定的地方，诸如感谢对方所做的努力，对交易增进了双方的了解表示高兴等，也可以展望未来，如希望能继续扩大合作，收到更多的订单，建立长期业务往来关系，或借此推荐新产品等。

例如：We are glad to know that the issuing bank has honored our draft against L/C No. ET673. We hope this deal will be the basis of the further development of our business relationship. We can ensure that you will find the goods shipped to your entire satisfaction. We are looking forward to your repeat orders. We trust that through our joint efforts, we will have a more profitable future. We would like to take this opportunity to recommend to you our new products.

2. 遭到开证行拒付时的善后函

虽然这类善后函会因单证不符的内容不同而写法各异，但总的来说，出口方应当首先分析拒付的原因是否对进口方履约（如报关）等造成了障碍，并应采取相应的措施尽力弥补，同时也可以强调单证不符点是细微的，并不影响实际商品的品质，不会对进口方的实际利益造成损害等。当然，由于出口方此时处于极不利的地位，语气应当诚恳、委婉，并且具有说服力，以得到买方的谅解，如对由此造成的不便表示抱歉，回顾双方以往的愉快合作等，有时做出一些具体的让步，如适当减价，也是必要和明智的。

例如：We are very concerned to receive the Notification of Dishonor from the issuing bank. We feel deeply sorry for the mistake in our negotiation documents, which is made as a result of our clerk's carelessness. We really hope this incident will not affect negatively our friendly cooperation. We can guarantee that the quantity of the goods is exactly in line with the stipulations of the relative contract. Since our goods have been shipped on time, would you be kind to make the payment through your bank? You may rest assured that such a mistake will never occur again.

二、出口收汇申报制度

自2012年8月1日起在全国范围内实施货物贸易外汇管理制度改革，取消出口收汇核销单，企业不再办理出口收汇核销手续。国家外汇管理局对企业的贸易外汇管理方式由现场逐笔核销改变为非现场总量核查。

三、出口退（免）税

出口货物退（免）税是指在国际贸易中货物输出国对输出境外的货物免征其在本国境内消费时应缴纳的税金或退还其按本国税法规定已缴纳的税金（增值税、消费税）。这是国际贸易中通常采用的，并为各国所接受的一种税收措施，目的在于鼓励各国出口货物进行公平竞争。

操作示范

［第 1 步］撰写善后函。外贸业务员给 SF 公司的业务代表 Sherry 电邮了一封善后函（见表 4－21），表达谢意及继续合作的意愿。

表 4－21　善后函

Dear Sherry, We are very glad to have received USD 32,640.00 against L/C No. 84232110205 under contract No. MNSFCB07121. You can be sure that the goods shipped will meet your needs just well. Needless to say, with the development of our trade relations, there will be more topics of interest to be discussed between us. We are expecting your advice. Since you might be aware of the new development in our product range, we are airmailing to you a copy of our latest illustrated price list. If any item interests you, please let us know. Look forward to your favorable reply.

［第 2 步］办理出口收汇申报。

2021 年 4 月 23 日，美南公司收到银行的收汇水单，该笔交易已安全收汇。美南公司是 A 类企业，且在出口货物之后 90 天内收款，不需要在货物贸易外汇监测系统中操作。

［第 3 步］办理出口退税。

2021 年 4 月 25 日，美南公司的财务办税人员登录出口退税申报系统，查询、导入和检查报关单信息、出口收汇信息、发票信息等，录入和确认出口额、收汇额、申报退税额、总进货金额、增值税税额、消费税税额、总进货税额等关键信息，申报退税。

2021 年 5 月 7 日，财务办税人员查询系统，申报的资料已通过。5 月 26 日，财务人员到银行查询，查到申报退税额已足额退回。

至此，该笔业务顺利结束。

项目五

履行进口合同

学习目标

【知识目标】

- 了解预付货款的业务流程，熟悉境外汇款申请书的内容
- 了解申请开证的业务流程，熟悉开证申请书的内容
- 了解进口货物运输办理的流程，熟悉订舱委托书的内容
- 了解进口货物投保的方式，熟悉投保单或者预约保险合同的内容
- 了解各种单据审核的要点，熟悉进口信用证项下到单通知书以及对外付款/承兑通知书的内容
- 了解进口报关的基本流程，熟悉进口货物报关单的内容

【能力目标】

- 能填写境外汇款申请书，办理预付货款
- 能填写开证申请书，办理开证手续
- 能填写有关运输的单据，办理货物的运输手续
- 能填写进口货物预约保险合同或者投保单
- 能审核信用证项下各种单据，填写业务单据进行付汇操作
- 能填写进口报关的相关单据，办理进口报关手续

【素质目标】

- 具备风险意识，能防范并转嫁进口贸易中存在的风险
- 具备细致认真、精益求精的工匠精神
- 具备重合同、守信用、讲诚信的职业精神

重点
难点

【重点】

- 根据合同填写汇款申请书，办理预付货款手续
- 根据进口合同填写开证申请书，准备有关资料办理进口开证手续
- 根据合同要求填写有关运输的单据，办理货物的运输手续
- 根据信用证规定以及有关惯例等审核信用证项下各种单据，并且填写相应业务单据进行付汇操作
- 根据合同等有关资料填写进口报关的相关单据，办理进口报关手续

【难点】

- 境外汇款申请书以及开证申请书的填写
- 根据信用证规定以及有关惯例等审核信用证项下各种单据
- 填写进口货物报关单

任务一 预付货款与申请开立信用证

任务
导入

2020年11月28日，青岛运豪经济发展有限公司（以下简称青岛运豪）的业务员张丽与永盛（香港）国际有限公司签订了一份棉纱进口合同，合同金额为49 981.62美元，单价为FOB MERSIN，TURKEY，装运期限为NOT LATER THAN FEB. 28，2021，同时合同规定：合同签订后15日内预付20%货款，其余80%货款采用即期不可撤销议付信用证方式结算。

任务
分解

（1）申请电汇，支付预付款；

（2）填写开证申请书，申请开立信用证。

一、预付货款的业务流程

预付货款，又称为前T/T，可以分为装运前T/T和装运后见提单传真件T/T两种类型。

（一）装运前 T/T 的业务流程

装运前 T/T 的业务流程见图 5-1。

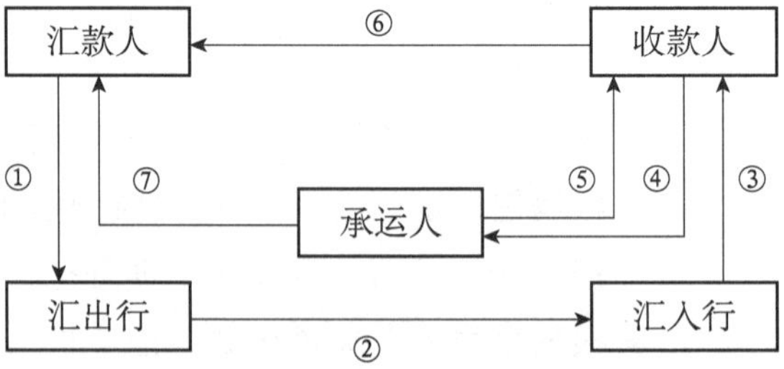

图 5-1　装运前 T/T 的业务流程

说明：①汇款人填写境外汇款申请书，向银行申请汇款；②汇出行将资金汇给汇入行；③汇入行向收款人通知收汇；④收款人办理装运；⑤承运人签发提单；⑥收款人邮寄或电放提单给汇款人；⑦汇款人（进口方）提货。

（二）装运后见提单传真件 T/T 的业务流程

装运后见提单传真件 T/T 的业务流程见图 5-2。

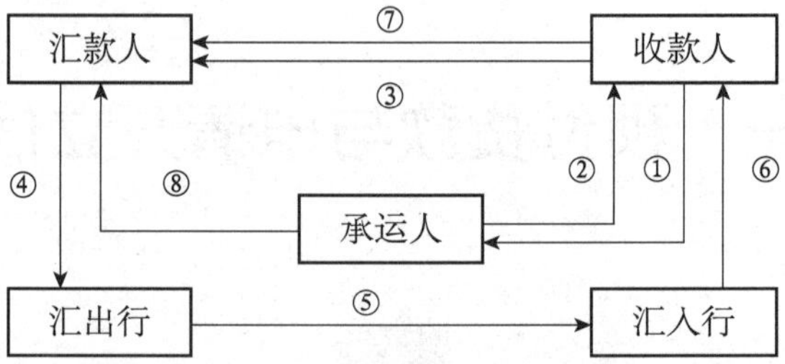

图 5-2　装运后见提单传真件 T/T 的业务流程

说明：①收款人办理装运；②承运人签发提单；③收款人传真或电邮提单；④汇款人填写境外汇款申请书，向银行申请汇款；⑤汇出行资金汇划给汇入行；⑥汇入行向收款人通知收汇；⑦收款人邮寄或电放提单给汇款人；⑧汇款人提货。

二、境外汇款申请书的填写

境外汇款申请书的联数各个银行不统一，但一般至少有两联：一联为申请书正本，作为付款凭证；另一联为汇款回执或汇款收据，银行受理汇款后，退还汇款人做收条或会计凭证。例如：中国银行的《境外汇款申请书》是一式五联，第一联是银行留存联，第二联是外汇管理局留存联，第三联是申报主体留存联，第四联和第五联是银行留存联。电汇、信汇和票汇三种汇款方式下，汇款人填写汇款申请书时，除汇款种类选择不同外，其他填写的内容都一样。

境外汇款申请书的具体项目

三、填写开证申请书

开证申请书是银行开具信用证的依据，是开证申请人与开证行之间的有关开立信用证的权利与义务的契约。开证申请书通常一式三份（一份银行结算部门留存，一份银行信贷部门留存，一份开证申请人留存），由银行专门印发，在填写时必须按合同条款的具体规定，写明对信用证的各项要求。开证申请书有正面和背面两个部分。正面主要包括受益人名称和地址、信用证及合同号码、信用证的有效期及到期地点、装运期、信用证性质、货物描述、对单据要求、信用证金额、种类、信用证中的特别条款及其他条款等。背面内容是开证行与开证申请人之间的约定，即开证申请人承诺书，一般由银行根据相关的国际惯例和习惯做法事先确定并印制，申请人只需签字盖章即可。

二维码

开证申请书的填制要求

四、提交开证的资料

为了最大限度地规避风险，银行除开证申请书外，还会要求开证申请人提供其他相关资料。首次到银行办理进口开证手续的企业应提交：营业执照副本、企业有权从事外贸经营活动的文件原件、法人代表授权书、被授权人的签样、外汇局备案表等。有长期业务的上述资料不用提交，只提交进口合同、购汇/用汇申请书（如果需要的话）、代理合同（如果有的话）、进口许可证（如果需要的话）等，向开证行申请开立信用证。

五、支付开证保证金和开证手续费

在向银行递交开证资料的同时，还须按照事先约定的金额向银行支付开证保证金，其比例为开证金额的0%～100%不等，该比例主要取决于开证申请人的信用，银行会根据开证申请人信用状况对其给予一定的授信额度，并且在申请开证时，还要支付一定金额的开证手续费，通常为开证金额的1.5%。

六、开证申请人确认开证

开证行根据开证申请书将信用证开立出来以后，将客户确认开证通知书让开证申请人确认信用证是否有误。如果没有问题，开证申请人加盖预留印鉴章并传真给开证行，确认开证无误。

操作示范

[第1步] 申请电汇，支付预付款。

2020年12月12日，青岛运豪的业务员张丽根据进出口合同资料（见表5-1）填写境外汇款申请书（见表5－2），提交合同副本等相关资料，向中国银行山东省分行办理预付货款手续。其他业务资料：

企业人民币账号：110906805010104

对公组织机构代码：76362362－8

收款人常驻国家（地区）名称及代码：HONG KONG 344

交易编码及交易附言：101010　GENERAL TRADE

表5－1　进出口合同

YONGSHENG (HK) INTERNATIONAL CO., LTD.

RM 1616, 16F, TOWER 2, LIPPO CENTRE,
NO. 89 QUEENSWAY, ADMIRALTY, HK
TEL 852-27765228 FAX 852-29949699

SALES CONTRACT

DATE	NOV. 28TH, 2020
CONTRACT NO.	MS-1402
THE BUYER	QINGDAO YUNHAO ECONOMICAL DEVELOPMENT CO., LTD. ROOM 1102, KAIXUAN GARDEN NO. 1 XIANXIALING ROAD, QINGDAO CHINA TEL: 0086-532-88966366　FAX: 0086-532-88966355
NAME OF COMMODITY	100% COTTON YARN NE 16/1 CARDED WEAVEN FOR TOWEL (FIVE STAR BRAND) ORIGIN: TURKMENISTAN
QUANTITY	17,415.20 KGS (1×40 FT HC)
PACKING	STANDARD EXPORT PACKING
UINT PRICE	AT USD 2.87 PER KG FOB MERSIN, TURKEY
TOTAL AMOUNT	USD 49,981.62
TIME OF SHIPMENT	NOT LATER THAN FEB. 28, 2021
PORT OF SHIPMENT	MERSIN, TURKEY
PORT OF DESTINATION	QINGDAO, CHINA
PARTIAL SHIPMENT	NOT ALLOWED
TRANSSHIPMENT	NOT ALLOWED
INSURANCE	TO BE COVERED BY THE BUYER
TERMS OF PAYMENT	20% BY T/T WITHIN 15 DAYS AFTER SIGNING THE CONTRACT, OTHERS BY IRREVOCABLE SIGHT L/C REMAINING VALID FOR NEGOTIATION IN HONG KONG FOR 15 DAYS AFTER THE DATE OF SHIPMENT.
BANK DETAILS	BENEFICIARY'S BANK: AGRICULTURAL BANK OF CHINA HONG KONG BRANCH USD A/C NO.: 0150241411
BENEFICIARY'S NAME	YONGSHENG (HK) INTERNATIONAL CO., LTD.
SWIFT CODE	ABOCHKHH
BANK ADDRESS	25/FLOOR AGRICULTURAL BANK OF CHINA TOWER, 50 CONNAUGHT ROAD CENTRAL, HONG KONG TEL NO. 28618000

BUYER: QINGDAO YUNHAO ECONOMICAL DEVELOPMENT CO., LTD.

SELLER: For and on behalf of YONGSHENG (HK) INTERNATIONAL CO., LIMITED 永盛（香港）国际有限公司

Authorised Signature(s)

表 5-2　境外汇款申请书

<table>
<tr><td colspan="6">APPLICATION FOR FUNDS TRANSFERS (OVERSEAS)</td></tr>
<tr><td colspan="3">T0：BANK OF CHINA，SHANDONG BRANCH</td><td colspan="3">DATE：DEC. 19，2020</td></tr>
<tr><td colspan="2">☑电汇 T/T　□票汇 D/D　□信汇 M/T</td><td colspan="2">发报等级 Priority</td><td colspan="2">☑电汇 Normal　□电汇 Urgent</td></tr>
<tr><td colspan="2">申报号码 BOP Reporting No.</td><td colspan="4">□□□□□□ □□□□ □□ □□□□□□ □□□□</td></tr>
<tr><td colspan="2">20　银行业务编号
Bank Transaction Ref. No.</td><td></td><td>收电行/付款行
Receiver/Drawn on</td><td colspan="2"></td></tr>
<tr><td colspan="2">32A　汇款币种及金额
Currency&Inter-bank Settlement Amount</td><td>USD 9，996. 32</td><td>金额大写
Amount in Words</td><td colspan="2">U. S. DOLLARS NINE THOUSAND NINE HUNDRED AND NINTY SIX POINT THREE TWO ONLY</td></tr>
<tr><td rowspan="3">其
中</td><td>现汇金额 Amount FX</td><td></td><td>账号 Account No.</td><td colspan="2"></td></tr>
<tr><td>购汇金额 Amount of Purchase</td><td>USD 9，996. 32</td><td>账号 Account No.</td><td colspan="2">110906805010104</td></tr>
<tr><td>其他金额 Amount of Others</td><td></td><td>账号 Account No.</td><td colspan="2"></td></tr>
<tr><td colspan="2">50A　汇款人名称及地址
Remitter's Name & Address</td><td colspan="4">QINGDAO YUNHAO ECONOMICAL DEVELOPMENT CO.，LTD.
ROOM 1102，KAIXUAN GARDEN NO. 1 XIANXIALING ROAD，QINGDAO CHINA</td></tr>
<tr><td colspan="2" rowspan="2">☑对公组织机构代码 Unit Code
7 6 3 6 2 3 6 2 - 8</td><td rowspan="2">□对私</td><td colspan="3">□个人身份证号码 Individual ID No.</td></tr>
<tr><td colspan="3">□中国居民个人 Resident Individual
□中国非居民个人 Non-Resident Individual</td></tr>
<tr><td colspan="2">54/56a　收款银行之代理行名称及地址
Correspondent of Beneficiary's Banker Name & Address</td><td colspan="4"></td></tr>
<tr><td colspan="2">57a　收款人开户银行名称及地址
Beneficiary's Bank Name & Address</td><td colspan="4">收款人开户银行在其代理行账号
Beneficiary's Bank Account No.
AGRICULTURAL BANK OF CHINA HONG KONG BRANCH 25/FLOOR AGRICULTURAL BANK OF CHINA TOWER，50 CONNAUGHT ROAD CENTRAL，HONG KONG</td></tr>
<tr><td colspan="2">59a　收款人名称及地址
Beneficiary's Name & Address</td><td colspan="4">收款人账号
Beneficiary's Account No. 0150241411
YONGSHENG（HK）INTERNATIONAL CO.，LTD.</td></tr>
<tr><td colspan="2">70　汇款附言
Remittance Information</td><td>只限 140 个字位
Not Exceeding 140 Characters
MS-1402　20%</td><td colspan="3">71A　国内外费用承担
All Bank's Charges if Any Are to Be Borne By
☑汇款人 OUR □收款人 BEN □共同 SHA</td></tr>
<tr><td colspan="6">收款人常驻国家（地区）名称及代码
Beneficiary Resident Country/Region Name & Code　　HONGKONG
3 4 4</td></tr>
<tr><td colspan="6">请选择：☑预付货款 Advance Payment □货到付款 Payment against Delivery □退款 Refund □其他 Others</td></tr>
</table>

<table>
<tr><td colspan="2">交易编码
BOP Transaction Code</td><td>1 2 1 0 1 0
□□□□□□</td><td colspan="2">相应币种及金额
Currency & Amount</td><td>USD 9，996.32</td><td>交易附言
Transaction Remark</td><td colspan="2">GENERAL TRADE</td></tr>
<tr><td colspan="3">外汇局批件/备案表号/业务编号</td><td>☑是□否</td><td>合同号</td><td>MS-1402</td><td>发票号</td><td colspan="2">YS-1420/12</td></tr>
<tr><td colspan="3">银行专用栏 For Bank Use Only</td><td colspan="3">申请人签章 Applicant's Signature</td><td colspan="3">银行签章 Bank's Signature</td></tr>
<tr><td>购汇汇率
Rate @</td><td colspan="2"></td><td colspan="3" rowspan="6">请按照贵行背页所列条款代办以上汇款并进行申报
Please effect the upwards remittance subject to the conditions overleaf

申请人姓名　张丽
Name of Applicant
电话 13573828999
Phone No.</td><td colspan="3" rowspan="6">核准人签字
Authorized Person

日期
Date</td></tr>
<tr><td>等值人民币
RMB Equivalent</td><td colspan="2"></td></tr>
<tr><td>手续费
Commission</td><td colspan="2"></td></tr>
<tr><td>电报费
Cable Charges</td><td colspan="2"></td></tr>
<tr><td>合计
Total Charges</td><td colspan="2"></td></tr>
<tr><td>支付费用方式</td><td colspan="2">□现金 by Cash
□支票 by Check
□账户 from Account</td></tr>
<tr><td>核印 Sig. Ver</td><td colspan="2"></td><td colspan="2">经办 Maker</td><td></td><td colspan="2">复核 Checker</td><td></td></tr>
</table>

［**第2步**］申请开证。

2020年12月19日，青岛运豪的业务员张丽根据合同资料填写开证申请书（见表5-3），在背面的开证承诺书（见表5-4）上签字、盖章，提交包括合同副本等相关资料，向中国银行山东省分行提出开证申请，并支付给开证行20%金额的开证保证金和1.5%的开证手续费。2020年12月22日，中国银行山东省分行将信用证开立出来以后，将客户确认开证通知书（见表5-5）传真给青岛运豪，业务员张丽审核无误后加盖公司印章并回传给中国银行山东省分行。

表5-3　信用证开证申请书

<table>
<tr><td colspan="2">IRREVOCABLE DOCUMENTARY CREDIT APPLICATION
To：BANK OF CHINA SHANDONG BRANCH　　　　Date DEC. 19，2020
Please issue by SWIFT an Irrevocable Letter of Credit as follows：</td></tr>
<tr><td rowspan="2">Advising Bank (if blank，at your option)</td><td>Credit No.</td></tr>
<tr><td>Expiry Date and Place
MAR. 15，2021 IN BENEFICIARY'S COUNTRY</td></tr>
<tr><td>Applicant (full name & detailed address)
QINGDAO YUNHAO ECONOMICAL DEVELOPMENT CO.，LTD.
ROOM 1102，KAIXUAN GARDEN NO.1 XIANXIALING ROAD，QINGDAO CHINA</td><td>Beneficiary (with full name and address)
YONGSHENG (HK) INTERNATIONAL CO.，LTD.
RM 1616，16F，TOWER 2，LIPPO CENTRE，NO.89 QUEENSWAY，ADMIRALTY，HK</td></tr>
</table>

Amount (in figures & words) USD 39,985.30 U.S. DOLLARS THIRTY NINE THOUSAND NINE HUNDRED AND EIGHTY FIVE POINT THREE ZERO ONLY	Credit available with (×) any bank ( ) issuing bank By ( ) sight payment (×) negotiation ( ) deferred payment ( ) acceptance Draft at SIGHT for 80 % of invoice value Drawn on ISSUING BANK
Partial shipments ( ) allowed (×) not allowed Transshipment ( ) allowed (×) not allowed (×) FOB ( ) CFR ( ) CIF ( ) or other terms	
Loading on board/dispatch/taking in charge at/from MERSIN，TURKEY For transportation to QINGDAO CHINA Latest shipment date FEB. 28，2021	

Documents required：(marked with "×")：

(×) Signed Commercial Invoice in 3 copies indicating L/C No. and Contract No. (Photo copy and carbon copy not acceptable as original)

(×) Full set (included 3 original and 3 non-negotiable copies) of clean on board Ocean Bill of Lading made out to order and blank endorsed，marked "freight COLLECTED " and notifying APPLICANT .

( ) Air Waybills consigned to applicant marked "freight ____ " and notifying ____________.

( ) Full set (included ____ original and ____ non-negotiable copies) of Insurance Policy / Certificate for ____ % of the invoice value，blank endorsed，showing claims payable in China in the currency of the draft，covering ( ) ocean marine transportation ( ) air transportation ( ) overland transportation All risks and War risks and ________________.

(×) Packing List / Weight Memo in 3 copies indicating quantity，gross and net weight of each package.

(×) Certificate of Quantity/Weight in 3 copies issued by beneficiary indicating the actual surveyed quantity/weight of shipped goods.

(×) Certificate of Quality in 3 copies issued by beneficiary.

( ) Beneficiary's Certified copy of fax / telex dispatched to the applicant within day(s) after shipment advising ( ) L/C No.，( ) name of vessel，( ) flight No.，( ) shipping date，( ) name of goods，( ) quantity，( ) weight and value of goods.

( ) Beneficiary's Certificate certifying that extra copies of documents have been dispatched according to the contract terms.

( ) Shipping Co.'s Certificate attesting that the carrying vessel is chartered or booked by applicant or their shipping agents.

( ) Other documents，if any

CERTIFICATE OF ORIGIN ISSUED AND SIGNED BY ANY THE OFFICIAL AUTHORITY IN 1 ORIGINAL AND 1 COPY INDICATING CONSIGNEE AND HS CODE NO.

Description of goods or services：

100% COTTON YARN NE 16/1 CARDED WEAVEN FOR TOWEL (FIVE STAR BRAND)
UINT PRICE：AT USD 2.87 PER KG FOB MERSIN，TURKEY
QUANTITY：17,415.20KGS
PACKING：STANDARD EXPORT PACKING

Additional instructions:

(×) All banking charges outside the Issuing Bank are for account of Beneficiary.

(×) Documents must be presented within 15 days after date of issuance of the transport document but within the validity of the credit.

(×) Third party as shipper is not acceptable. Short Form/Blank Back B/L is not acceptable.

(×) Both quantity and Credit amount 10 % more or less are allowed.

( ) Prepaid freight drawn in excess of L/C amount is acceptable against presentation of original charges voucher issued by Shipping Co. /Air Line/or it's agent.

( ) All documents to be forwarded in one cover, unless otherwise stated above.

(×) Other terms and conditions, if any

ALL GOODS WHICH ARE SENT IN ONE DELIVERY DATE MUST BE INDICATED IN ONE B/L.

Account No.:

with ______________________________ (name of bank)

Transacted by:

Telephone No.: (Applicant: name, signature of authorized person)

(with seal)

表5-4 开证承诺书

开 证 承 诺 书

我公司已办妥一切进口手续，现请贵行按我公司开证申请书内容（见背面英文）开出不可撤销跟单信用证，为此我公司愿不可撤销地承担有关责任如下：

一、我公司同意贵行依照UCP600（《跟单信用证统一惯例》）办理该信用证项下一切事宜，并同意承担由此产生的一切责任。

二、我公司保证按时向贵行支付该证项下的货款、手续费、利息及一切费用等（包括国外受益人拒绝承担的有关银行费用）所需的外汇和人民币资金。

三、我公司保证在贵行到单通知书中规定的期限之内通知贵行办理对外付款/承兑，否则贵行可以认为我公司已接受单据，同意付款/承兑。

四、我公司保证在单证表面相符的条件下办理有关付款/承兑手续。如因单证有不符之处而拒绝付款/承兑，我公司保证在贵行到单通知书中规定的日期之前将全套单据如数退还贵行并附书面拒付理由，由贵行按国际惯例确定能否对外拒付。如贵行确定我公司所提拒付理由不成立，或虽然拒付理由成立，但我公司未能退回全套单据，或拒付单据退到贵行已超过到单通知书中规定的期限，贵行有权主动办理对外付款/承兑，并从我公司账户中扣款。

五、该信用证及其项下业务往来函电及单据如因邮、电或其他方式传递过程中发生遗失、延误、错漏，贵行不负责。

六、该信用证如需修改，由我公司向贵行提出书面申请，由贵行根据具体情况确定能否办理修改。我公司确认所有修改应当由信用证受益人接受时才能生效。

七、我公司在收到贵行开出的信用证、修改书副本后，保证及时与原申请书核对，如有不符之处，保证在接到副本之日起，两个工作日内通知贵行。如未通知，当视为正确无误。

八、如因申请书字迹不清或词意含混而引起的一切后果由我公司负责。

开证申请人

（签字盖章）

年 月 日

表 5－5　客户确认开证通知书

致：青岛运豪经济发展有限公司

对于所附编号为 LC1065712002428 的信用证，如确认条款无误，请加盖预留印鉴章并回传真致 FAX：0532-81858185

SEQUENCE OF TOTAL	:27	: 1/1
FORM OF DOC. CREDIT	:40A:	IRREVOCABLE
CREDIT NUMBER	:20	: LC1065712002428
DATE OF ISSUE	:31C:	201122
APPLI CABLE RULES VERSION	:40E:	UCPLATEST VERSION
DATE AND PLACE OF EXPIRY	:31D:	210315 IN HONG KONG
APPLICANT	:50	: QINGDAO YUNHAO ECONOMICAL DEVELOPMENT CO., LTD. ROOM 1102, KAIXUAN GARDEN NO. 1 XIANXIALING ROAD, QINGDAO CHINA
BENEFICIARY	:59	: YONGSHENG (HK) INTERNATIONAL CO., LTD. RM 1616, 16F, TOWER 2, LIPPO CENTRE, NO. 89 QUEENSWAY, ADMIRALTY, HK
AMOUNT	:32B:	CURRENCY USD AMOUNT 39,985.30
AVAILABLE WITH/BY	:41D:	ANY BANK IN HONGKONG BY NEGOTIATION
DRAFTS AT...	:42C:	AT SIGHT FOR 80 PCT OF INVOICE VALUE
DRAWEE	:42A:	BANK OF CHINA QINGDAO BRANCH
PARTIAL SHIPMENTS	:43P:	NOT ALLOWED
TRANSSHIPMENT	:43T:	NOT ALLOWED
PORT OF LOADING	:44E:	MERSIN, TURKEY
PORT OF DISCH ARGE	:44F:	QINGDAO, CHINA
LATEST DATE OF SHIP.	:44C:	210228
DESCRIPTION OF GOODS	:45A:	100% COTTON YARN NE 16/1 CARDED WEAVEN FOR TOWEL (FIVE STAR BRAND) UINT PRICE: AT USD 2.87 PER KG FOB MERSIN, TURKEY QUANTITY: 17,415.20 KGS PACKING: STANDARD EXPORT PACKING
DOCUMENTS REQUIRED	:46A:	

1. SIGNED COMMERCIAL INVOICE IN THREE FOLD INDICATING L/C NO. (PHOTO COPY AND CARBON COPY NOT ACCEPTABLE AS ORIGINAL)

2. FULL SET (INCLUDED 3 ORIGINAL AND 3 NON-NEGOTIABLE COPIES) OF CLEAN ON BOARD OCEAN BILL OF LADING MADE OUT TO ORDER AND BLANK ENDORSED, MARKED "FREIGHT COLLECT" AND NOTIFYING APPLICANT.

3. PACKING LIST/IN 3 COPIES INDICATING QUANTITY, GROSS AND NET WEIGHT OF EACH PACKAGE.

4. CERTIFICATE OF QUANTITY/WEIGHT IN 3 COPIES ISSUED BY BENEFICIARY INDICATING THE ACTUAL SURVEYED QUANTITY/WEIGHT OF SHIPPED GOODS.

5. CERTIFICATE OF QUALITY IN 3 COPIES.

6. CERTIFICATE OF ORIGIN ISSUED AND SIGNED BY ANY OFFICIAL AUTHORITY IN 1 ORIGINAL AND 1 COPY INDICATING CONSIGNEE.

ADDITIONAL COND. :47A:

1. A DISCREPANCY FEE FOR USD 50.00 WILL BE DEDUCTED FROM THE PAYMENT FOR EACH SET OF DOCUMENTS CONTAINING DISCREPANCIES.

2. ALL DOCUMENTS TO BE FORWARDED IN ONE COVER, UNLESS OTHERWISE STATED ABOVE.

MAIL ADDRESS: ROOM 1102, KAIXUAN GARDEN NO. 1 XIANXIALING ROAD, QINGDAO, CHINA. ATTN.: INTL. DEPT. POST CODE: 266071.

3. PLEASE PROVIDE ONE EXTRA COPY OF COMMERCIAL INVOICE AND TRANSPORT DOCUMENT(S) FOR OUR FILE.

4. SHIPMENT EFFECTED PRIOR TO L/C ISSUING DATE IS ACCEPTABLE.

5. T/T REIMBURSEMENT IS NOT ACCEPTABLE.

6. DRAFTS DRAWN UNDER MUST BEAR THE NAME OF ISSUING BANK, THE CREDIT NO. AND ISSUING DATE.

7. ALL DOCUMENTS MUST INDICATE L/C NO., INVOICE NO. AND CONTRACT NO.

8. THIRD PARTY AS SHIPPER IS NOT ACCEPTABLE. SHORT FORM/BLANK BACK B/L IS NOT ACCEPTABLE.

9. BOTH QUANTITY AND CREDIT AMOUNT 10% MORE OR LESS ARE ALLOWED.

CHARGES	:71B:	ALL BANKING CHARGES OUTSIDE CHINA ARE FOR ACCOUNT OF THE BENEFICIARY.
PERIOD FOR PRESENTATIONS	:48 :	DOCUMENTS MUST BE PRESENTED TO PAY/NEGO. BANK WITHIN 15 DAYS AFTER DATE OF SHIPMENT BUT WITHIN VALIDITY OF THE L/C.
ADVISE THOUGH BANK	:57a :	AGRICULTURAL BANK OF CHINA HONG KONG BRANCH, TOWER ONE, ADMIRALTY CENTRE 18 HAREOURT ROAD HONGKONG
INSTRUCTION TO THE PAYING ACCEPTING/NEGOTIATING BANK	:78 :	UPON OUR RECEIPT OF THE DOCUMENTS IN ORDER, WE SHALL HONOUR THE PRESENTATION AS INSTRUCTED.

WE HEARBY ISSUE THE DOCUMENTARY CREDIT IN YOUR FAVOUR. IT IS SUBJECT TO THE UNIFORM CUSTOMS AND PRACTICE FOR DOCUMENTARY CREDIT (INTERNATIONAL CHAMBER OF COMMERCE, PARIS, FRANCE, PUBLICATION NO. 600) AND ENGAGES US IN ACCORDANCE WITH THE TERMS THEREOF. THE NUMBER AND THE DATE OF THE CREDIT AND THE NAME OF OUR BANK MUST BE QUOTED ON ALL DRAFTS REQUIRED. EACH RETENTATION MUST BE NOTED ON THE REVERSE OF THIS CREDIT BY THE BANK WITH WHICH THE CREDIT IS AVAILABLE.

思考练习

1. 2021年1月15日，青岛运豪经济发展有限公司的业务员张丽与比利时 NU BONNETERIE DE GROOTE 公司签订进口贸易合同（见表5-6），请以小组为单位准备好有关文件资料，填写境外汇款申请书到中国银行山东省分行办理预付货款手续。

表 5-6　进口贸易合同

QINGDAO YUNHAO ECONOMICAL DEVELOPMENT CO., LTD.
ROOM 1102, KAIXUAN GARDEN NO. 1 XIANXIALING ROAD, QINGDAO CHINA

PURCHASE CONTRACT

THE SELLER: NU BONNETERIE DE GROOTE
ADDRESS: AUTOSTRADEWEG 69090 MEUE BELGIUM
TEL: (032) 56-545-3432533

CONTRACT NO.: WILL12068
DATE: JAN. 15TH, 2021
SIGNED PLACE: QINGDAO, CHINA

This Purchase Contract is made by and between the Seller and the Buyer, whereby the Seller agrees to sell and the Buyer agrees to buy the undermentioned goods according to the terms and conditions stipulated below:

Commodity & Specification	Quantity	Price Terms	
		Unit price	Amount
WORK SHORT TROUSERS—100 PCT COTTON TWILL AS PER ORDER D1200326	3,000 PCS	CIF Qingdao USD 10.50/PC	USD 31,500.00
WORK SHORT TROUSERS—100 PCT COTTON TWILL AS PER ORDER D1200327	5,000 PCS	USD 12.00/PC	USD 60,000.00
TOTAL:	8,000 PCS		USD 91,500.00

Total amount: U.S. DOLLARS NINETY ONE THOUSAND FIVE HUNDRED ONLY

Packing: IN CARTONS OF 50 PCS EACH
Shipping Mark: AT SELLER'S OPTION
Time of Shipment: BEFORE THE END OF MAY 2021 BY SEA
Loading Port and Destination: FROM ANTWERP, BELGIUM TO QINGDAO, CHINA
Partial Shipment and Transshipment: ALLOWED
Insurance: TO BE EFFECTED BY THE SELLER FOR 110 PCT OF INVOICE VALUE AGAINST ALL RISKS AND WAR RISK AS PER CIC OF THE PICC DATED 01/01/1981.
Terms of Payment: BY T/T WITHIN 3 WORKING DAYS AFTER THE BUYER'S RECEIPT OF COPY OF B/L BY FAX. FULL SET OF DOCUMENTS WILL BE SENT TO THE BUYER BY COURIER SERVICE WITHIN 5 DAYS AFTER THE SELLER'S RECEIPT OF FULL AMOUNT FROM THE BUYER.
REMARKS: TRANSSHIPMENTS ALLOWED, PARTIAL SHIPMENT ALLOWED.

SELLER
NU BONNETERIE DE GROOTE
LJSKOUT

BUYER
QINGDAO YUNHAO ECONOMICAL DEVELOPMENT CO., LTD.
张丽

2. 2021 年 2 月 28 日，青岛运豪的业务员张丽与日本 ABC CORPORATION 签订进口两台数控机床的购货合同（见表 5-7），请以小组为单位准备好有关文件资料，填写开证申请书到中国银行山东省分行办理开证手续。

表5-7 购货合同

QINGDAO YUNHAO ECONOMICAL DEVELOPMENT CO.，LTD.
ROOM 1102，KAIXUAN GARDEN NO. 1 XIANXIALING ROAD，QINGDAO CHINA

PURCHASE CONTRACT

THE SELLER：ABC CORPORATION
ADDRESS：1-8-3 TSUKONOWA，TOKYO，JAPAN
TEL：(81) 77-545-8666
FAX：(81) 77-545-8668
POST CODE：520-2001

CONTRACT NO.：SD100928JP
DATE：FEB. 28th，2021
SIGNED PLACE：QINGDAO，CHINA

THE SELLER AGREES TO SELL AND THE BUYER AGREES TO BUY THE UNDERMENTIONED COMMODITY ACCORDING TO THE TERMS AND CONDITIONS AS STIPULATED BELOW：

1. NAME OF COMMODITY AND SPECIFICATION：

Kyori's precision high speed automatic press MATE-3 with gripper GX-80B (Detail As Per Attached Sheet-JIS).

2. QUANTITY：2 Sets.

3. UINT PRICE：AT USD 250,000.00/Set FOB TOKYO，JAPAN.

4. TOTAL VALUE：SAY U. S. DOLLARS FIVE HUNDRED THOUSAND ONLY.

5. PACKING：Export standard packing suitable for sea transportation and well protected against dampness，moisture，shock，rust and rough handling.

6. COUNTRY OF ORIGIN AND/OR MANUFACTURED：ABC CORPORATION，JAPAN.

7. TIME OF SHIPMENT：before MAY 31，2021，transshipment and partial shipment are not allowed.

8. PORT OF SHIPMENT：TOKYO，JAPAN.

9. PORT OF DESTINATION：QINGDAO，CHINA.

10. SHIPPING MARK：SD100928JP/QINGDAO，CHINA/MADE IN JAPAN.

11. TERMS OF PAYMENT：By irrevocable sight L/C to be available and remain valid for negotiation in Japan Until the 15th day after the aforesaid time of shipment.

12. INSURANCE：to be covered by the buyer.

13. SHIPPING ADVICE：The Seller shall，within 1 day after shipment，advised by Buyer of the contract number，commodity，quantity，invoiced value，gross weight，name of vessel and the date of sailing ect.

14. GUARANTEE OF QUALITY：The Seller shall guarantee that the commodity hereof is made the best，materials with first class workmanship，brand-new and unused，and complied in all respects with the quality and specification stipulated in this contract. The Seller shall also guarantee that the goods are correctly mounted and properly operated and maintained，will give satisfactory mechanical performance for period of 12 months starting from the date when the erection and commissioning work have been finished.

15. INSPECTION AND CLAIMS：

a. For transactions concluded on C. I. F. basis，it is understood that the insurance amount will be for 110% of the invoice value against the risks specified in the Purchase Contract. If additional insurance amount or coverage required，the Buyer must have the consent of the Seller before Shipment，and the additional premium is to be borne by the Buyer.

b. The Seller shall not hold liable for non-delivery or delay in delivery of the entire lot or a portion of the goods hereunder by reason of natural disasters，war or other causes of Force Majeure. However，the Seller shall notify the Buyer as soon as possible and furnish the Buyer within 15 days by registered airmail with a certificate issued by China Council for the Promotion of International Trade attesting such event(s).

c. All disputes arising out of the performance of, or relating to this contract, shall be settled through negotiation. In case no settlement can be reached through negotiation, the case shall then be submitted to the China International Economic and Trade Arbitration Commission for arbitration in accordance with its arbitral rules. The arbitration shall take place in Shanghai. The arbitral award is final and binding upon both parties.

d. The Seller is requested to sign and return one copy of this contract immediately after receipt of the same. Objection, if any, should be raised by the Seller within 3 working days, otherwise it is understood that the Seller has accepted the terms and conditions of this contract.

THE BUYER：QINGDAO YUNHAO ECONOMICAL DEVELOPMENT CO.，LTD.

THE SELLER：ABC CORPORATION

任务二　办理运输和保险

任务导入

装运期限为 NOT LATER THAN FEB. 28，2021，在 11 月 30 日之前买方将舱位定好。因采用 FOB 贸易术语，故由买方办理货运保险并缴纳保险费。

任务分解

1. 比较货代公司询价，确定货代公司并填写订舱委托书，办理托运手续；
2. 与保险公司签订预约保险合同，办理货物保险。

一、租船订舱的程序

（1）向承运人咨询运价、船期等。

（2）承运人回复进口商的询价，进口商进行比较后从中选择适当承运人承运此批货物。

（3）进口商向选定的承运人提出订舱申请，确定海运运费等费用，同时提交订舱委托书，载明国外供货人等详细资料。承运人接受订舱后在配舱回单上加注订舱船名、航次等信息，将配舱回单等单据返还进口商。随后，承运人开具海运发票，进口商将海运运费支付给承运人。

（4）进口商在订舱完成后，向出口商发出 FOB 货载订舱指令，通知进口商货物订舱情况。

（5）承运人接受进口商订舱后，通知其在出口国装货港的代理有关订舱情况及出口商的详细资料。

（6）承运人的代理与出口商联系，并将出口商备货情况反馈给承运人，承运人再反馈给进口商。

（7）进口商在出口商备货全过程中，应与承运人或其代理保持联系，及时掌握货运动态，解决突发事件。

（8）出口商完成交货后，向进口商发出装船通知。

二、订舱委托书的填制要求

（1）发货人（Shipper）：填写信用证上的受益人名称（一般为出口公司）。

（2）收货人（Consignee）：填写信用证规定的提单收货人。

（3）被通知人（Notify）：填写信用证规定的提单通知人。在托收条件下，收货人栏目空白抬头，被通知人栏目填写买方的名称和地址。

（4）货物名称（Description of Goods）：一般只写统称，规格、品号、尺码无须具体列出。

（5）包装件数（Number of Package）：填写货物的外包装的数量，如10 cartons。

（6）数量（Quantity）：按货物的实际最大包装的件数填制，如进口货物的包装材料不同或同一批进口的货物有若干种，每种包装方式和材料不同，应先填写每种货物最大包装件数，然后统计总件数。例如：100纸箱，50麻袋，总计150纸箱（麻袋）。

（7）船名和航次、装运港、目的港、毛重、尺码等其他项目根据合同或信用证的内容填写。

三、货物订舱指令（装船指示）的内容

在FOB术语下，进口商订舱之后，应及时给出口商发货物订舱指令，从而保证船货衔接通畅。一般来讲，应该包括以下内容：

（1）注明应装运的货物和对应的合同号码；

（2）注明船公司、船名和航次；

（3）注明所订箱数；

（4）告知在装运港的货运代理公司的名称、地址、联系人、电话和传真。

四、进口货物运输保险的两种投保方式

在FOB和CFR术语下，进口商的投保有两种方式：

（1）预约保险。在进口货物未装运前，进口商与保险公司签订进口货物预约保险合同，进口商在确定货物启运日期时，将船名、开航日期及航线、货物品名及数量、保险金

额等项内容及时通知保险公司，即视为向保险公司办理了投保手续，保险公司就应负自动承保责任。

（2）逐笔保险。进口商在确定货物启运日期时，填写投保单，向保险公司进行逐笔投保。

五、进口货物运输保险的操作流程

（1）进口商在拟定航次船舶到达装运港刚完成装货前，向保险公司申请投保，填写投保单。如果采用预约保险，进口商在确定货物启运日期时，将船名、开航日期及航线、货物品名及数量、保险金额等内容，及时通知保险公司。

（2）保险公司人员审核投保单后缮制保险单。

（3）保险公司对该笔业务核保，收取保险费，并向进口商发放保险单。

操作示范

［**第 1 步**］比较货代公司价格，确定货代公司并填写订舱委托书，办理托运手续。

青岛运豪经济发展有限公司的业务员张丽在询价比较后，选择青岛环球国际货运代理有限公司代理 APL 2021 年 2 月 21 的船期，船名为 BALBOA，航次为 286。2021 年 1 月 19 日，青岛运豪经济发展有限公司的业务员张丽填制订舱委托书（见表 5－8），并加盖公章，交给青岛环球国际货运代理有限公司。张丽在接到货代的配载回单之后，制作货载订舱指令（见表 5－9），并向永盛（香港）国际有限公司发出货物订舱指令。

表 5－8　订舱委托书

Shipper YONGSHENG（HK）INTERNATIONAL CO.，LTD. RM 1616，16F，TOWER 2，LIPPO CENTRE，NO. 89 QUEENSWAY，ADMIRALTY，HK			JAN. 19，2021
Consignee： TO ORDER			
Notify Party： QINGDAO YUNHAO ECONOMICAL DEVELOPMENT CO.，LTD. ROOM 1102，KAIXUAN GARDEN NO. 1 XIANXIALING ROAD，QINGDAO CHINA			
Pre-carriage by：		Place of Receipt：	
Ocean Vessel： BALBOA	Voy. No. 286	Port of Loading： MERSIN，TURKEY	
Port of Discharge： QINGDAO，CHINA	Port of Delivery：	Final Destination for the Merchant's Reference：	

<table>
<tr><td>Seal No.
Marks & Nos.</td><td>No. of Containers.
or Packages</td><td colspan="2">Kind of Packages,
Description of Goods</td><td>Gross Weight</td><td>Measurement</td></tr>
<tr><td>1×40′HC</td><td>45 SACKS</td><td colspan="2">100% COTTON YARN NE 16/1 CARDED WEAVEN FOR TOWEL（FIVE STAR BRAND）
FREIGHT COLLECTED</td><td>17,460.20 KGS</td><td></td></tr>
<tr><td colspan="2">TOTAL NO. OF CONTAINERS OR PACKAGES (IN WORDS)</td><td colspan="4">SAY FORTY FIVE SACKS ONLY</td></tr>
<tr><td colspan="6">Container No. Seal No. Pkgs Container No. Seal No. Pkgs</td></tr>
<tr><td colspan="6"></td></tr>
<tr><td rowspan="2">FREIGHT & CHARGES</td><td>Prepaid at:</td><td>Payable at
QINGDAO，CHINA</td><td colspan="3">Place and Date of Issue:
MERSIN，TURKEY
FEB. 21，2021</td></tr>
<tr><td>Total Prepaid</td><td>No. of Original B(s) /L
THREE</td><td colspan="3">BOOK APPROVED BY:</td></tr>
</table>

表 5-9　货载订舱指令

DEAR SIRS,

WE ARE PLEASED TO INFORM YOU THAT WE HAVE BOOKED SPACE ACCORDING TO CONTRACT NO. MS-1402 COVERING 100% COTTON YARN NE 16/1 CARDED WEAVEN FOR TOWEL（FIVE STAR BRAND），ESTIMATED TIME OF DEPARTURE FROM MERSIN，TURKEY ON FEB. 21，2021 VIA BALBOA V. 286，THE CARRIER IS APL.

FORWARDER AGENCY IN MERSIN，TURKEY:
MERSIN WORLDWIDE INTERNATIONAL FREIGHT FORWARDING CO.，LTD.
ADDRESS：152-33 MERSIN，TURKEY
CONTRACT PERSON：JOHN
TEL：0090-24-4571230
FAX：0090-24-4571233
PROPER ARRANGEMENTS OF SHIPMENT WILL BE APPRECIATED.

BEST REGARDS,
ZHANG LI

［**第 2 步**］与保险公司签订预约保险合同（见表 5-10）办理货物保险。青岛运豪接到青岛环球国际货运代理有限公司发出的装船通知，然后转发给中国人民保险公司山东分公司，保险公司根据进口货物运输预约保险合同的规定自动接受投保。

表 5-10　预约保险合同

进口货物运输预约保险合同

合同号：OP45678　　2021 年 2 月 8 日

甲方：青岛运豪经济发展有限公司　　乙方：中国人民保险公司山东分公司

双方就进口货物的运输预约保险拟定下列各条以资共同遵守：

一、保险范围

甲方从国外进口全部货物，不论运输方式，凡贸易条件规定由进口商办理保险的，都属于本合同范围之内。甲方应根据本合同规定，向乙方办理投保手续并支付保险费。

二、保险金额

保险金额以货物的到岸价格（CIF），即货价加运费加保险费为准（运费可用实际运费，亦可由双方协定一个平均运费率计算）。

三、保险险别和费率

各种货物需要投保的险别由甲方选定并在投保单中填明。乙方根据不同的险别规定不同的费率。现暂定如下：

货物种类	运输方式	保险险别	保险费率
棉纱	海运	一切险加战争险	0.88%

四、保险责任

各种险别的责任范围，按照所属乙方制定的“海洋运输货物保险条款”“海洋运输货物战争险条款”“海运进口货物国内转运期间保险责任扩展条款”“航空运输一切险条款”和其他有关条款的规定为准。

五、投保手续

甲方一经掌握货物发运情况，即应向乙方寄送启运通知书，办理投保。通知书一式五份，由保险公司签认后，退回一份。如不办理投保，货物发生损失，乙方不予理赔。

六、保险费

乙方按照甲方寄送的启运通知书照前列相应的费率逐笔计收保费，甲方应及时付费。

七、索赔手续和期限

本合同所保货物发生保险责任范围内的损失时，乙方应按制定的“关于海运进口保险货物残损检验的赔款给付方法”和“进口货物施救整理费用支付方法”迅速处理。甲方应尽力采取防止货物扩大受损的措施，对已遭受损失的货物必须积极抢救，尽量减少货物的损失。向乙方办理索赔的有效期限，以保险货物卸离海港之日起满一年终止。如有特殊需要可向乙方提出延长索赔期。

八、合同期限

本合同自 2021 年 2 月 8 日生效。

甲方：青岛运豪经济发展有限公司　　乙方：中国人民保险公司山东分公司

签字（盖章）：　　签字（盖章）：

问题探究

在办理货运保险时，涉及哪几种保险单据？在 FOB、CIF 和 CFR 这三种术语下，保险手续应该由谁办理？保险金额和保险费应该如何计算？

思考
练习

根据2021年1月28日青岛运豪经济发展有限公司的业务员张丽与日本ABC CORPORATION签订进口两台数控机床的购货合同（见表5-7），以小组为单位填写有关资料，办理租船订舱和货运保险手续。

任务三　审单付汇

任务
导入

开证行收到国外银行寄送的单据后，通知买方审单付款。

任务
分解

1. 收到信用证到单通知，并审核单据；
2. 回复银行审单结果，填写对外付款通知书，办理对外付汇。

在信用证支付方式下，开证行和开证申请人审单无误后，就可以按照信用证规定进行对外付款操作了。

一、开证行审单和付款

开证行对通过议付行交来的单据在收到单据次日起5个银行工作日内进行审核以作出付款或拒付的决定，审单时主要看单据的种类、份数和内容是否符合信用证的规定，是否符合UCP600与《审核跟单信用证项下单据的国际标准银行实务》（ISBP）的相关规定。

如果单据符合信用证条款且单单一致，开证行则向寄单行付款/承兑。不一致时，有下面的做法：一种是开证行可以在规定时间内作出拒付通知，在拒付通知中列明拒收单据的所有不符点并且说明是否留存单据或已将单据退还；另一种是开证行可以联系开证申请人，若开证申请人接受不符点，由申请人付款赎单，这样做不能借此延长UCP600规定的5个银行工作日，所以我国的开证行一般是复印一份连同进口信用证到单通知书交给申请人，限其3天内做出答复，以便开证行有时间对外发出通知。

二、开证申请人审单及付款赎单

开证申请人在收到开证行转来的进口信用证到单通知书及复印的单据后，应对单据认真审核，因为开证行的审单是表面的，单据上记载的货物是否与合同一致，单据是否是伪造的，银行都不负责任，但是这对开证申请人却非常重要，因此要认真审核把关。开证申请人的审单除了上述银行审单要注意的事项外，还要按照行业做法与商品特性来审查单据的真伪，必要时根据提单通过委托代理人进行船情调查来确认货物装运的实际情况后再付款。如果开证申请人拒付货款，则应该在进口信用证到单通知书上明确表示拒绝接受并列出不符点，加盖全套财务专用章或其他约定印章，在银行规定的期限内返还给银行。对于开证行及自行审出的不符点，开证申请人应慎重对待，视不符点性质及各方面情况来确定接受或拒绝。如果开证申请人决定付款赎单，必须填写对外付款/承兑通知书，附上进口合同、跟单信用证开证申请书、银行已受理的开证申请回执、进口付汇备案表（若需要的话）、进口许可证或登记表、进口证明（若需要的话），按即期或远期规定的付款日或之前委托开证行以购汇或现汇方式支付货款。

三、主要单据的审核要点

（一）商业发票的审核要点

（1）发票的出票人不是信用证的受益人。

（2）发票上买方名称与信用证的付款人不同。

（3）货物描述与信用证规定不同。

（4）货物数量、单价或发票总金额不在允许幅度之内。

（5）发票上未列出价格条件或价格条件有误。

（6）货物包装或标志上注有“used”“second hand”或“rebuilt”等字样，而非经信用证许可。

（7）发票的参考号码与信用证上的不符。

（8）发票中列入了信用证没有规定的费用（如佣金、仓租等）。

（9）发票提交份数不足。

（10）分批出运不符合信用证规定。

（二）汇票的审核要点

（1）汇票金额不符合信用证规定，大小写金额不一致。

（2）付款期限不符合信用证规定。

（3）收款人不符合信用证规定。

（4）出票条款不符合信用证规定。

（5）出票人不符合信用证规定。

（三）提单的审核要点

（1）收货人一栏的填写与信用证不符。如信用证要求作成“To order”形式，而提单则做成了记名抬头。

（2）被通知人名称与信用证不符。

（3）启运港或卸货港与信用证不符。如启运港前加注有“预期”字样，但提单中又没有已装船批注，无法判断实际启运港是否与信用证规定的相符。

（4）未按信用证禁止转运的要求而转运。

（5）提交不清洁提单和货装舱面提单。

（6）所列货物与信用证及相关单据不符。

（7）未列明已装船日期，或批注日期迟于信用证规定的日期。

（8）未按信用证规定，注明运费是否支付事宜。

（9）未提交全套有效单据。

（10）签章不符。如承运人或船长签字时，未注明身份；其代理人签字时，未表明所代表的委托人的名称和身份。

（四）保险单的审核要点

（1）提交的保险单类别低于L/C的要求。

（2）所列货物与L/C规定不符。

（3）装卸口岸、唛头、运输工具等与B/L或L/C不符。

（4）投保险别不符合L/C的有关规定。

（5）保险的币制与L/C、汇票或发票所用币制不同。

（6）有关赔付与L/C不符。

（7）有关日期不符。

（8）保单上漏盖章。

操作示范

［第1步］收到银行到单通知，审核信用证项下单据。

2021年3月4日，张丽收到中国银行山东省分行的到单通知以及其他单据的复印件，具体单据见表5-11至表5-18。张丽根据信用证条款以及UCP600等有关惯例的规定，按照“单单一致、单证一致”的审单原则，对进口单据进行审核。

表 5－11　汇票

No. YS-1402/12　　　　HONG KONG FEB. 22，2021

EXCHANGE FOR USD 39,985.30

At * * * sight of this FIRST OF EXCHANGE (Second of the same tenor and date unpaid) Pay to the order of AGRICULTURAL BANK OF CHINA HONG KONG BRANCH

the sum of U. S. DOLLARS THIRTY NINE THOUSAND NINE HUNDRED AND EIGHTY FIVE POINT THREE ZERO ONLY

Drawn under BANK OF CHINA SHANDONG BRANCH　　L/C NO. LC1065712002428 DATED NOV. 22，2020

To：BANK OF CHINA SHANDONG BRANCH

表 5－12　进口信用证项下到单通知书

ADVICE OF BILL ARRIVAL

TO：QINGDAO YUNHAO ECONOMICAL DEVELOPMENT CO.，LTD.　　DATE：MAR. 4，2021

CONTRACT NO.：MS-1402 合同号：	DRAFT AMOUNT：USD 39 985.30 单据金额：
L/C NO.：LC1065712002428 信用证号：	NEGO BK CHG： 议付行费用：
AB NO.：AB987856123 单据编号：	COMM-BENF： 应收国外费用：
TENOR TYPE：AT SIGHT 即期/远期：	C/P-BENF： 应收国外电报费用：
MATURITY DT：MAR. 15，2021 到期日：	DIS FEE： 不符点费：
NEGOTIATING BANK：AGRICULTURAL BANK OF CHINA HONG KONG BRANCH 议付行：	TAX REFUND/PENALTY： 税款/迟罚金额：
DOC MAIL DT：FEB. 25，2021 寄单日期：	NET PAY AMT： 实际付款金额：
PAYMENT A/C： 付款账户：	OVERDRAWN AMT： 超支金额：

DISCREPANCIES (IF ANY)：
单据不符点：

REMARKS：
备注：

NOTE：WE SHALL EFFECT PAYMENT AS PER CREDIT TERMS IN CASE THAT NO INFORMATION IS RECEIVED FROM YOU BEFORE.

（章）

表5-13 商业发票

YONGSHENG (HK) INTERNATIONAL CO., LTD.

RM 1616, 16F, TOWER 2, LIPPO CENTRE, NO. 89 QUEENSWAY, ADMIRALTY, HK

COMMERCIAL INVOICE

HONG KONG, FEB. 18, 2021

INVOICE NO. YS-1402/12

INVOICE OF 45 SACKS ONLY

SHIPPED PER APL BALBOA V. 286 ON OR ABOUT FEB. 21, 2021

FROM MERSIN, TURKEY TO QINGDAO, CHINA

FOR ACCOUNT AND RISK OF OF MESSRS: QINGDAO YUNHAO ECONOMICAL DEVELOPMENT CO., LTD. ROOM 1102, KAIXUAN GARDEN NO. 1 XIANXIALING ROAD, QINGDAO CHINA

BY THE UNDERSIGNED AGAINST CONTRACT NO. MS-1402

MARKS & NOS.	COMMODITY	UINT PRICE	AMOUNT
1×40′HC	100% COTTON YARN NE 16/1 CARDED WEAVEN FOR TOWEL FOB MERSIN (FIVE STAR BRAND) ORIGIN: TURKMENISTAN PACKING: STANDARD EXPORT PACKING QUANTITY: 17,415.20KGS SAY UNITED STATES DOLLARS FORTY NINE THOUSAND NINE HUNDRED AND EIGHTY ONE POINT SIX TWO ONLY PAYMENT TERMS: 20% BY T/T WITHIN 15 DAYS AFTER SIGNING THE CONTRACT 80% BY IRREVOCABLE SIGHT L/C DRAWN UNDER L/C NO. LC1065712002428 ISSUED BY BANK OF CHINA SHANDONG BRANCH QINGDAO CN DATED 201122	FOB MERSIN USD 2.87 PER KG	USD 49,981.62 USD 49,981.62

E. & O. E

表 5 - 14　海运提单

APL

BILL OF LADING

SHIPPER (FULL NAME AND ADDRESS) YONGSHENG (HK) INTERNATIONAL CO., LTD. RM 1616, 16F, TOWER 2, LIPPO CENTRE, NO. 89 QUEENSWAY, ADMIRALTY, HK	BOOKING NO. 800920068	B/L NO. APLU800920068
CONSIGNEE TO ORDER	EXPORT REFERENCE	
NOTIFY PARTY (FULL NAME AND ADDRESS) QINGDAO YUNHAO ECONOMICAL DEVELOPMENT CO., LTD. ROOM 1102, KAIXUAN GARDEN NO. 1 XIANXIALING ROAD, QINGDAO CHINA	FORWARDING AGENT	

INITIAL CARRIAGE	PLACE OF RECEIPT MERSIN, TUKEY	POINT AND COUNTRY OF ORIGIN OF GOODS MERSIN, TUKEY
EXPORT CARRIER (VESSEL, VOG. &FLAG) APL BALBOA 286	PORT OF LOADING MERSIN, TUKEY	ALSO NOTIFY (NAME AND FULL ADDRESS/DOMESTIC, ROUTING/EXPORT INSTRUCTIONS)
PORT OF DISCHARGE QINGDAO, CHINA	PLACE OF DELIVERY QINGDAO, CHINA	

EXCESS VALUATION PLEASE REFER TO CLAUSE 7 iii ON REVERSE SIDE
PARTICULARS FURNISHED BY SHIPPER

MARKS NO. & CONTAINER NO.	NO. OF PKGS	DESCRIPTION OF PKGS AND GOODS	GROSS WEIGHT	MEASUREMENT
1×40′HC CTR NBR: APHU631378-1 SEAL BR: APE0322722 ON BOARD APL BALBOA 286	45 SACKS	SLAC CY/CY 100% COTTON YARN NE 16/1 CARDED WEAVEN FOR TOWEL (FIVE STAR BRAND) ORIGIN: TURKMENISTAN INVOICE NO. YS-1402/12 HS CODE: 520512 FREIGHT COLLECTED L/C NO. LC1065712002428 ISSUED BY BANK OF CHINA SHANDONG BRANCH QINGDAO CN DATED 201122 (FORTY FIVE SACKS ONLY) ON FEB. 21, 2021 AT MERSIN	17,415.20 KGS ORIGINAL	

B/L TO BE RELEASE AT HONG KONG		FREIGHT PAYABLE AT MERSIN, TU	
		PREPAID	COLLECT
1BB	286	No. of Original B/L	
VESSEL	VOYAGE	3	

RECEIVED by the Carrier from the Shipper in apparent good order and condition unless otherwise indicated herein, the Goods, or the container(s) or package(s) said to contain the cargo herein mentioned, to be carried subject to all the terms and conditions provided for on the face and back of this Bill of Lading by the vessel named herein or any substitute at the Carriers option and/or other means of transport, from the place of receipt or the port of loading to the port of discharge or the place of delivery shown herein and there to be delivered unto order or assigns.

AMERICAN PRESIDENT LINES, LTD.

BY

DATE AND PLACE ISSUED: FEB. 21, 2021
HONG KONG

表 5－15　数量/重量证明

YONGSHENG（HK）INTERNATIONAL CO.，LTD.

RM 1616，16F，TOWER 2，LIPPO CENTRE，NO. 89 QUEENSWAY，ADMIRALTY，HK

OUR INVOICE NO. YS-1402/12
CONTRACT NO. MS-1402
L/C NO. LC1065712002428 ISSUED BY BANK OF CHINA SHANDONG BRANCH QINGDAO CN DATED 201122

CERTIFICATE OF QUANTITY/WEIGHT

COMMODITY：100% COTTON YARN NE 16/1 CARDED WEAVEN FOR TOWEL（FIVE STAR BRAND）
ORIGIN：TURKMENISTAN
PACKING：STANDARD EXPORT PACKING
QUANTITY：17,415.20KGS

TOTAL NET WEIGHT：17,415.20 KGS
TOTAL GROSS WEIGHT：17,527.70KGS

WE HEREBY CERTIFY THAT THE ACTUAL SURVEYED QUANTITY/WEIGHT OF SHIPPED GOODS ARE CORRECT AND IN GOOD CONDITION.

...on behalf of
...SHENG (HK) INTERNATIONAL CO., LIMITED
Authorised Signature(s)

表 5－16　装箱单

YONGSHENG（HK）INTERNATIONAL CO.，LTD.

RM 1616，16F，TOWER 2，LIPPO CENTRE，NO. 89 QUEENSWAY，ADMIRALTY，HK

WEIGHT MEMO/PACKING LIST

LINE NO.		UNIT NO.	LINE NO.		UNIT NO.	LINE NO.		UNIT NO.
1	—	386.90	16	—	386.90	31	—	386.90
2	—	386.90	17	—	386.90	32	—	386.90
3	—	386.90	18	—	386.90	33	—	386.90
4	—	386.90	19	—	386.90	34	—	386.90
5	—	386.90	20	—	386.90	35	—	386.90
6	—	386.90	21	—	386.90	36	—	386.90
7	—	386.90	22	—	386.90	37	—	386.90

8	—	386.90	23	—	386.90	38	—	386.90
9	—	386.90	24	—	386.90	39	—	386.90
10	—	386.90	25	—	386.90	40	—	386.90
11	—	386.90	26	—	386.90	41	—	387.84
12	—	386.90	27	—	386.90	42	—	387.84
13	—	386.90	28	—	386.90	43	—	387.84
14	—	386.90	29	—	386.90	44	—	387.84
15	—	386.90	30	—	386.90	45	—	387.84
COLUMN T.		5,803.5	COLUMN T.		5,803.5	COLUMN T.		5,808.2
TOTAL KG：			N. 17,415.20		D. 112.50		G. 17,527.70	

DELIVERY CONDITIONS：FOB

INVOICE NO. YS-1402/12

CONTRACT NO. MS-1402

L/C NO. LC1065712002428 ISSUED BY BANK OF CHINA SHANDONG BRANCH QINGDAO CN DATED 201122

表 5－17　品质证明

YONGSHENG（HK）INTERNATIONAL CO.，LTD.

RM 1616，16F，TOWER 2，LIPPO CENTRE，NO. 89 QUEENSWAY，ADMIRALTY，HK

OUR INVOICE NO. YS-1402/12

CONTRACT NO. MS-1402

L/C NO. LC1065712002428 ISSUED BY BANK OF CHINA SHANDONG BRANCH QINGDAO CN DATED 201122

CERTIFICATE OF QUALITY

COMMODITY：100% COTTON YARN NE 16/1 CARDED WEAVEN FOR TOWEL（FIVE STAR BRAND)

ORIGIN：TURKMENISTAN

PACKING：STANDARD EXPORT PACKING

QUANTITY：17,415.20KGS

TOTAL NET WEIGHT：17,415.20KGS

TOTAL GROSS WEIGHT：17,527.70KGS

WE HEREBY CERTIFY THAT THE ABOVE MENTIONED CARGOES ARE IN GOOD QUALITY.

...on behalf of
...SHENG (HK) INTERNATIONAL CO., LIMITED
...有限公司
Authorised Signature(s)

表 5 - 18　原产地证书

<table>
<tr><td>1. IHRATATCI CONSIGNOR　EXPEDITEUR</td><td>NO. 0497442</td><td>ORIGINAL
ORIGINAL
ORIGINAL</td></tr>
<tr><td>EVA NILTEKA TEKS. SAN. VE TIC. A. S.
ZAFER MAH KAYNAK CAD. NI.：18
GUMUSLER DENIZLI</td><td colspan="2" rowspan="2">MENSE SAHADETNAMESI
CERTIFICATE OF ORIGIN
CERTIFICATE D'ORIGINE</td></tr>
<tr><td>2. ALICI CONSIGNEE DESTINATAIRE</td></tr>
<tr><td>YONGSHENG (HK) INTERNATIONAL CO.，LTD.
RM 1616，16F，TOWER 2，LIPPO CENTRE，NO. 89 QUEENSWAY，ADMIRALTY，HK</td><td colspan="2">3. MENSE UIKESI
COUNTY OF ORIGIN　TURKMENISTAN
PAYS D'ORIGINE</td></tr>
<tr><td>4. TASIMAYA HISKIN BILGILER (TERCIHE BAGH) TRANSPORT DETAILS (OPTIONAL) INFORMATIONS RELATIVES AD TRANSPORT</td><td colspan="2">5. Gozlemler
Remarks
Remarques</td></tr>
<tr><td>BY SHIP</td><td colspan="2">608</td></tr>
<tr><td>6. SIRA NO；KOLILERIN MARKA VE ISARCTLERI，SAYI VE TURLERI；ESYANM TANIMI
ITEM NO.；MARKS，NUMBERS AND KIND OF PACKAGES；DESCREPTION OF GOODS
NUMERO D'ORDRE-MARQUES，NUMBRE ET NATURE DES COLIS-DESIGNATION DES MARCHANDISES
45 SACKS
100% COTTON YARN NE 16/1 CARDED WEAVEN FOR TOWEL (FIVE STAR BRAND)
INVOICE NO.：0119674/08. 11. 2020
* *
THE GOODS ARE OF TURKMENISTAN ORIGIN</td><td colspan="2">7. MIKTAR
QUANTITY
QUANTITE

KGS
17,415.20
* * * * * * * * * * * *</td></tr>
<tr><td colspan="3">8. YUKARIDA TAMLANAN ESYALARIN 3 NOLU KUNIDA BELIRTILEN UIKE MENSELI OLDUGU TASDIK OLUNUR
THE UNDERSIGNED AUTHORITY CERTIFIES THAT THE GOODS DESCRIBED ABOVE ORIGINATE IN THE COUNTRY SHOWN IN BOX 3
L'AUTORITE SOUSSIGNEE CERTIFIE QUE LES MARCHANDISES DESIGNEES CI-DESSUS SONT ORIGINAIRES DU PAYS FIGURANT DANSLA CASE NO. 3

TURKIYE
DENIZLI CHAMBER OF COMMERCE
E \ DENIZLI 08/11/2020

DUZENLEME YERI VE TARIHI，ISIM，IMZA VE YETKILI MERCUMN MUHRU
PLACE AND DATE OF ISSUE，NAME，SIGNATURE AND STAMP OF COMPETENT AUTHORITY
LIEU ET DATE DE DELIVRANCE，DESIGNATION，SIGNATURE ET CACHET DE l'AUTORITE COMPETENTE</td></tr>
</table>

［**第 2 步**］回复银行审单结果，填写对外付款承兑通知书，办理对外付汇。

12 月 3 日，张丽审单无误后回复中国银行山东省分行，同意支付信用证项下的汇票，保留全套货运单据，同时填写对外付款/承兑通知书（见表 5－19），办理信用证项下的对外付款手续（已知企业的外汇账号为 4567123214）。

表 5－19 对外付款/承兑通知书

银行业务编号：111M00885312　　日期：2021. 03. 07

<table>
<tr><td colspan="2">结算方式</td><td colspan="3">☑信用证 □保函 □托收 □其他</td><td colspan="2">信用证编号</td><td colspan="2">LC1065712002428</td></tr>
<tr><td colspan="2">来单币种及金额</td><td colspan="3">USD 49 981. 62</td><td colspan="2">开证日期</td><td colspan="2">201122</td></tr>
<tr><td colspan="2">索汇币种及金额</td><td colspan="3">USD 39 985. 30</td><td colspan="2">到期日期</td><td colspan="2">210315</td></tr>
<tr><td colspan="2">来单行名称</td><td colspan="7">AGRICULTURAL BANK OF CHINA HONG KONG BRANCH</td></tr>
<tr><td colspan="2">收款行名称及地址</td><td colspan="7">AGRICULTURAL BANK OF CHINA HONG KONG BRANCH
25/FLOOR AGRICULTURAL BANK OF CHINA TOWER，50 CONNAUGHT ROAD CENTRAL，HONG KONG</td></tr>
<tr><td colspan="2">付款人名称</td><td colspan="7">QINGDAO YUNHAO ECONOMICAL DEVELOPMENT CO.，LTD.</td></tr>
<tr><td colspan="4" rowspan="2">☑对公组织机构代码 76362362-8</td><td rowspan="2">□对私</td><td colspan="4">□个人身份证号码</td></tr>
<tr><td colspan="4">□中国居民个人 □中国非居民个人</td></tr>
<tr><td colspan="2">扣费币种及金额</td><td colspan="2"></td><td>发票号</td><td colspan="4">YS-1402/12</td></tr>
<tr><td colspan="2">合同号</td><td colspan="2">MS-1402</td><td>合同金额</td><td colspan="4">USD 49 981. 62</td></tr>
<tr><td colspan="2">提运单号</td><td colspan="2">APLU800920068</td><td></td><td colspan="4"></td></tr>
<tr><td colspan="9">银行附言（各银行可根据本行业务要求规定其内容及格式）</td></tr>
<tr><td colspan="2">申报号码</td><td colspan="2"></td><td colspan="3">实际付款币种及金额</td><td colspan="2">USD 39 985. 30</td></tr>
<tr><td colspan="2">付款编号</td><td colspan="2">111M00885312</td><td colspan="3">若为购汇支出，购汇汇率</td><td colspan="2"></td></tr>
<tr><td colspan="2">收款人常驻国家（地区）名称及代码</td><td colspan="2">HONG KONG 344</td><td colspan="3">本笔款项是否为保税货物项下付款</td><td colspan="2">□是 □否</td></tr>
<tr><td colspan="2">是否为预付款</td><td>□是 □否</td><td>最迟装运期</td><td colspan="2"></td><td>外汇局批件/备案表号/业务编号</td><td colspan="2"></td></tr>
<tr><td colspan="2">付款币种及金额</td><td colspan="2">USD 39 985. 30</td><td colspan="2">金额大写</td><td colspan="3">叁万玖仟玖佰捌拾伍圆叁角</td></tr>
<tr><td rowspan="3">其中</td><td>购汇金额</td><td colspan="2"></td><td colspan="2">账 号</td><td colspan="3"></td></tr>
<tr><td>现汇金额</td><td colspan="2">USD 39 985. 30</td><td colspan="2">账 号</td><td colspan="3">4567123214</td></tr>
<tr><td>其他金额</td><td colspan="2"></td><td colspan="2">账 号</td><td colspan="3"></td></tr>
<tr><td colspan="2">交易编码 121010</td><td colspan="2">相应币种及金额</td><td>USD 39 985. 30</td><td colspan="2">交易附言</td><td colspan="2">一般贸易</td></tr>
<tr><td colspan="2">☑同意即期付款
□同意承兑并到期付款
□申请拒付
联系人及电话
张丽 13573828999
申报日期 2021. 03. 07</td><td colspan="3">付款人印鉴（银行预留印鉴）</td><td colspan="4">银行业务章

经办　　复核　　负责人</td></tr>
</table>

思考练习

根据2021年1月28日青岛运豪经济发展有限公司的业务员张丽与日本ABC CORPORATION签订进口两台数控机床的购货合同（见表5－7）以及银行开来的信用证，张丽审单无误后回复中国银行山东省分行，同意支付信用证项下的汇票，保留全套货运单据，请填写空白的对外付款/承兑通知书，办理信用证项下的对外付款手续（已知企业的外汇账号为4567123214）。

任务四　报关、提货

任务导入

2021年3月19日，装载货物的船只APL BALBOA轮286航次，已经抵达青岛港，货代公司向收货人发送了到货通知。收货人办理货物的报关和提货手续。

任务分解

1. 收货人填写报关委托书，委托货代公司办理进口报关手续；
2. 收货人凭提单获取提货单，并办理提货手续。

一、进口报关

（一）一般进口货物报关的基本程序

1. 进口申报

进口货物到港后，收货人或其代理取得相应的货物单据，自装载货物的运输工具申报进境之日起14日内（从运输工具申报进境之日的第二日开始算）向海关申报。具体步骤如下：

（1）准备申报的单证。包括主要单证和随附单证两大类。主要单证就是进口货物报关单，随附单证包括基本单证和特殊单证。基本单证是指进口货物的货运单据和商业单据，主要有进口提货单据、商业发票、装箱单等。特殊单证是指涉及各类国家管制的进口货物以及使用不同报关程序项下的货物在进京环节必须向海关出具的单证。主要包括加工贸易货物的登记手册、特定减免税货物的征免税证明、作为特殊货物进境证明、原产地证明书、贸易合同等。

（2）申报前看货取样。

（3）正式申报：电子数据申报以及提交纸质报关单及随附单证。

（4）报关单的修改和撤销。

2. 配合查验

海关根据进口货物的不同及进口商的实际情况对进口货物进行查验，即根据进口商提供的资料对货物进行核对，查验其真实性和一致性。收货人应积极配合查验，承担规定的协助工作，并承担相关的费用。在查验工作结束后应签署查验记录，交付现场查验的应付费用。若对海关查验工作质量或结果有异议，可向海关提出复验申请。对查验过程中海关方面原因造成的货物损失，可按规定提出赔偿要求。

3. 缴纳税费

查验无误后，海关会按国家的征税规定对申报的进口货物开具海关进口关税专用缴款书及海关代征增值税专用缴款书。收货人须在海关填发税款缴款书之日起 15 日内向指定银行缴纳税款，以避免产生滞纳金和监管仓库仓储费。

4. 提取货物

完成税费缴纳后，海关对进口货物予以放行，收货人应及时提取货物。同时，应向海关领取进口付汇证明以办理外汇监测系统网上申报；对特殊进口货物还应向海关申请进口货物证明书。

（二）填制进口货物报关单

进口货物报关单的填制要求如下：

1. 预录入编号

预录入编号指预录入报关单的编号，一份报关单对应一个预录入编号，由系统自动生成。

报关单预录入编号为 18 位，其中第 1～4 位为接受申报海关的代码（海关规定的《关区代码表》中相应海关代码），第 5～8 位为录入时的公历年份，第 9 位为进出口标志（“1”为进口，“0”为出口；集中申报清单“I”为进口，“E”为出口），后 9 位为顺序编号。

2. 海关编号

海关编号指海关接受申报时给予报关单的编号，一份报关单对应一个海关编号，由系统自动生成。

报关单海关编号为 18 位，其中第 1～4 位为接受申报海关的代码（海关规定的《关区代码表》中相应海关代码），第 5～8 位为海关接受申报的公历年份，第 9 位为进出口标志（“1”为进口，“0”为出口；集中申报清单“I”为进口，“E”为出口），后 9 位为顺序编号。

3. 境内收货人

填报在海关备案的对外签订并执行进口贸易合同的中国境内法人、其他组织名称及编码。编码填报18位法人和其他组织统一社会信用代码，没有统一社会信用代码的，填报其在海关的备案编码。

特殊情况下填报要求如下：

（1）进口货物合同的签订者和执行者非同一企业的，填报执行合同的企业。

（2）外商投资企业委托进出口企业进口投资设备、物品的，填报外商投资企业，并在标记唛码及备注栏注明“委托某进出口企业进口”，同时注明被委托企业的18位法人和其他组织统一社会信用代码。

（3）有代理报关资格的报关企业代理其他进出口企业办理进出口报关手续时，填报委托的进出口企业。

（4）海关特殊监管区域收发货人填报该货物的实际经营单位或海关特殊监管区域内经营企业。

（5）免税品经营单位经营出口退税国产商品的，填报免税品经营单位名称。

4. 进境关别

根据货物实际进境的口岸海关，填报海关规定的《关区代码表》中相应口岸海关的名称及代码。

特殊情况填报要求如下：

进口转关运输货物填报货物进境地海关名称及代码。按转关运输方式监管的跨关区深加工结转货物，进口报关单填报转入地海关名称及代码。

在不同海关特殊监管区域或保税监管场所之间调拨、转让的货物，填报对方海关特殊监管区域或保税监管场所所在的海关名称及代码。

其他无实际进出境的货物，填报接受申报的海关名称及代码。

5. 进口日期

进口日期填报运载进口货物的运输工具申报进境的日期。无实际进境的货物，填报海关接受申报的日期。

进口日期为8位数字，顺序为年（4位）、月（2位）、日（2位）。

6. 申报日期

申报日期指海关接受进口货物收发货人、受委托的报关企业申报数据的日期。以电子数据报关单方式申报的，申报日期为海关计算机系统接受申报数据时记录的日期。以纸质报关单方式申报的，申报日期为海关接受纸质报关单并对报关单进行登记处理的日期。本栏目在申报时免予填报。

申报日期为8位数字，顺序为年（4位）、月（2位）、日（2位）。

7. 备案号

填报进口货物收货人、消费使用单位、生产销售单位在海关办理加工贸易合同备案或征、减、免税审核确认等手续时，海关核发的《加工贸易手册》、海关特殊监管区域和保税监管场所保税账册、《征免税证明》或其他备案审批文件的编号。一份报关单只允许填报一个备案号。

8. 境外发货人

境外发货人通常指签订并执行进口贸易合同中的卖方。

填报境外发货人的名称及编码。名称一般填报英文名称，检验检疫要求填报其他外文名称的，在英文名称后填报，以半角括号分隔；对于AEO互认国家（地区）企业的，编码填报AEO编码，填报样式为："国别（地区）代码＋海关企业编码"，例如：新加坡AEO企业SG123456789012（新加坡国别代码＋12位企业编码）；非互认国家（地区）AEO企业等其他情形，编码免予填报。

特殊情况下无境外发货人的，名称及编码填报"NO"。

9. 运输方式

运输方式包括实际运输方式和海关规定的特殊运输方式。前者指货物实际进境或入境的运输方式，按进境或入境所使用的运输工具分类；后者指货物无实际进境或入境的运输方式，按货物在境内的流向分类。

根据货物实际进境或入境的运输方式或货物在境内流向的类别，按照海关规定的《运输方式代码表》选择填报相应的运输方式。

10. 运输工具名称及航次号

填报载运货物进出境的运输工具名称或编号及航次号。填报内容应与运输部门向海关申报的舱单（载货清单）所列相应内容一致。

（1）运输工具名称具体填报要求如下：

1）直接在进境地或采用全国通关一体化通关模式办理报关手续的报关单填报要求如下：

a. 水路运输：填报船舶编号（来往港澳小型船舶为监管簿编号）或者船舶英文名称。

b. 公路运输：启用公路舱单前，填报该跨境运输车辆的国内行驶车牌号，深圳提前报关模式的报关单填报国内行驶车牌号＋"/"＋"提前报关"。启用公路舱单后，免予填报。

c. 铁路运输：填报车厢编号或交接单号。

d. 航空运输：填报航班号。

e. 邮件运输：填报邮政包裹单号。

f. 其他运输：填报具体运输方式名称，例如：管道、驮畜等。

2）转关运输货物的进口报关单填报要求如下：

a. 水路运输：直转、提前报关填报"@"＋16位转关申报单预录入号（或13位载货清单号）；中转填报进境英文船名。

b. 铁路运输：直转、提前报关填报"@"＋16位转关申报单预录入号；中转填报车厢编号。

c. 航空运输：直转、提前报关填报“@”＋16位转关申报单预录入号（或13位载货清单号）；中转填报“@”。

d. 公路及其他运输：填报“@”＋16位转关申报单预录入号（或13位载货清单号）。

e. 以上各种运输方式使用广东地区载货清单转关的提前报关货物填报“@”＋13位载货清单号。

3）采用“集中申报”通关方式办理报关手续的，报关单填报“集中申报”。

4）免税品经营单位经营出口退税国产商品的，免予填报。

5）无实际进境的货物，免予填报。

（2）航次号具体填报要求如下：

1）直接在进境地或采用全国通关一体化通关模式办理报关手续的报关单：

a. 水路运输：填报船舶的航次号。

b. 公路运输：启用公路舱单前，填报运输车辆的8位进境日期［顺序为年（4位）、月（2位）、日（2位），下同］。启用公路舱单后，填报货物运输批次号。

c. 铁路运输：填报列车的进境日期。

d. 航空运输：免予填报。

e. 邮件运输：填报运输工具的进境日期。

f. 其他运输方式：免予填报。

2）转关运输货物的进口报关单：

a. 水路运输：中转转关方式填报“@”＋进境干线船舶航次。直转、提前报关免予填报。

b. 公路运输：免予填报。

c. 铁路运输：“@”＋8位进境日期。

d. 航空运输：免予填报。

e. 其他运输方式：免予填报。

3）免税品经营单位经营出口退税国产商品的，免予填报。

4）无实际进出境的货物，免予填报。

11. 提运单号

填报进口货物提单或运单的编号。一份报关单只允许填报一个提单或运单号，一票货物对应多个提单或运单时，应分单填报。

具体填报要求如下：

（1）直接在进境地或采用全国通关一体化通关模式办理报关手续的。

1）水路运输：填报进口提单号。如有分提单的，填报进口提单号＋“*”＋分提单号。

2）公路运输：启用公路舱单前，免予填报；启用公路舱单后，填报进口总运单号。

3）铁路运输：填报运单号。

4）航空运输：填报总运单号＋“_”＋分运单号，无分运单的填报总运单号。

5）邮件运输：填报邮运包裹单号。

（2）转关运输货物的进口报关单。

1）水路运输：直转、中转填报提单号。提前报关免予填报。

2）铁路运输：直转、中转填报铁路运单号。提前报关免予填报。

3）航空运输：直转、中转货物填报总运单号＋“_”＋分运单号。提前报关免予填报。

4）其他运输方式：免予填报。

5）以上运输方式进境货物，在广东省内用公路运输转关的，填报车牌号。

（3）采用“集中申报”通关方式办理报关手续的，报关单填报归并的集中申报清单的进出口起止日期［按年（4位）月（2位）日（2位）年（4位）月（2位）日（2位）］。

（4）无实际进出境的货物，免予填报。

12. 货物存放地点

填报货物进境后存放的场所或地点，包括海关监管作业场所、分拨仓库、定点加工厂、隔离检疫场、企业自有仓库等。

13. 消费使用单位

消费使用单位填报已知的进口货物在境内的最终消费、使用单位的名称（包括自行进口货物的单位或者委托进出口企业进口货物的单位）以及填报18位法人和其他组织统一社会信用代码（无18位统一社会信用代码的，填报“NO”）。

14. 监管方式

监管方式是以国际贸易中进口货物的交易方式为基础，结合海关对进口货物的征税、统计及监管条件综合设定的海关对进口货物的管理方式。其代码由4位数字构成，前两位是按照海关监管要求和计算机管理需要划分的分类代码，后两位是参照国际标准编制的贸易方式代码。

根据实际对外贸易情况按海关规定的《监管方式代码表》选择填报相应的监管方式简称及代码。一份报关单只允许填报一种监管方式。

15. 征免性质

根据实际情况按海关规定的《征免性质代码表》选择填报相应的征免性质简称及代码，持有海关核发的《征免税证明》的，按照《征免税证明》中批注的征免性质填报。一份报关单只允许填报一种征免性质。

加工贸易货物报关单按照海关核发的《加工贸易手册》中批注的征免性质简称及代码填报。特殊情况填报要求如下：

（1）加工贸易转内销货物，按实际情况填报（如一般征税、科教用品、其他法定等）。

（2）加工贸易结转货物，免予填报。

（3）免税品经营单位经营出口退税国产商品的，填报“其他法定”。

16. 许可证号

填报进口许可证、两用物项和技术进口许可证的编号。

一份报关单只允许填报一个许可证号。

17. 启运港

填报进口货物在运抵我国关境前的第一个境外装运港。

根据实际情况，按海关规定的《港口代码表》填报相应的港口名称及代码，未在《港口代码表》列明的，填报相应的国家名称及代码。货物从海关特殊监管区域或保税监管场所运至境内区外的，填报《港口代码表》中相应海关特殊监管区域或保税监管场所的名称及代码，未在《港口代码表》中列明的，填报“未列出的特殊监管区”及代码。

其他无实际进境的货物，填报“中国境内”及代码。

18. 合同协议号

填报进口货物合同（包括协议或订单）编号。未发生商业性交易的免予填报。

免税品经营单位经营出口退税国产商品的，免予填报。

19. 贸易国（地区）

发生商业性交易的进口填报购自国（地区），未发生商业性交易的填报货物所有权拥有者所属的国家（地区）。

按海关规定的《国别（地区）代码表》选择填报相应的贸易国（地区）中文名称及代码。

20. 启运国（地区）

启运国（地区）填报进口货物启始发出直接运抵我国或者在运输中转国（地）未发生任何商业性交易的情况下运抵我国的国家（地区）。

不经过第三国（地区）转运的直接运输进口货物，以进口货物的装货港所在国（地区）为启运国（地区）；经过第三国（地区）转运的进出口货物，如在中转国（地区）发生商业性交易，则以中转国（地区）作为启运国（地区）。

按海关规定的《国别（地区）代码表》选择填报相应的启运国（地区）或运抵国（地区）中文名称及代码。

无实际进出境的货物，填报“中国”及代码。

21. 经停港

经停港填报进口货物在运抵我国关境前的最后一个境外装运港。

根据实际情况，按海关规定的《港口代码表》选择填报相应的港口名称及代码。经停港/指运港在《港口代码表》中无港口名称及代码的，可选择填报相应的国家名称及代码。

无实际进出境的货物，填报“中国境内”及代码。

22. 入境口岸

入境口岸填报进境货物从跨境运输工具卸离的第一个境内口岸的中文名称及代码；采取多式联运跨境运输的，填报多式联运货物最终卸离的境内口岸中文名称及代码；过境货物填报货物进入境内的第一个口岸的中文名称及代码；从海关特殊监管区域或保税监管场所进境的，填报海关特殊监管区域或保税监管场所的中文名称及代码。其他无实际进境的货物，填报货物所在地的城市名称及代码。

入境口岸类型包括港口、码头、机场、机场货运通道、边境口岸、火车站、车辆装卸点、车检场、陆路港、坐落在口岸的海关特殊监管区域等。按海关规定的《国内口岸编码表》选择填报相应的境内口岸名称及代码。

23. 包装种类

填报进口货物的所有包装材料，包括运输包装和其他包装，按海关规定的《包装种类代码表》选择填报相应的包装种类名称及代码。运输包装指提运单所列货物件数单位对应的包装，其他包装包括货物的各类包装，以及植物性铺垫材料等。

24. 件数

填报进口货物运输包装的件数（按运输包装计）。特殊情况填报要求如下：

（1）舱单件数为集装箱的，填报集装箱个数。

（2）舱单件数为托盘的，填报托盘数。

不得填报为零，裸装货物填报为“1”。

25. 毛重（千克）

填报进口货物及其包装材料的重量之和，计量单位为千克，不足一千克的填报为“1”。

26. 净重（千克）

填报进口货物的毛重减去外包装材料后的重量，即货物本身的实际重量，计量单位为千克，不足一千克的填报为“1”。

27. 成交方式

根据进口货物实际成交价格条款，按海关规定的《成交方式代码表》选择填报相应的成交方式代码。无实际进境的货物，进口填报 CIF。

28. 运费

填报进口货物运抵我国境内输入地点起卸前的运输费用。运费可按运费单价、总价或运费率三种方式之一填报，注明运费标记（运费标记“1”表示运费率，“2”表示每吨货物的运费单价，“3”表示运费总价），并按海关规定的《货币代码表》选择填报相应的币种代码。

29. 保费

填报进口货物运抵我国境内输入地点起卸前的保险费用。保费可按保险费总价或保险费率两种方式之一填报，注明保险费标记（保险费标记“1”表示保险费率，“3”表示保险费总价），并按海关规定的《货币代码表》选择填报相应的币种代码。

30. 杂费

填报成交价格以外的，按照《中华人民共和国进出口关税条例》相关规定应计入完税价格或应从完税价格中扣除的费用。可按杂费总价或杂费率两种方式之一填报，注明杂费标记（杂费标记“1”表示杂费率，“3”表示杂费总价），并按海关规定的《货币代码表》选择填报相应的币种代码。

应计入完税价格的杂费填报为正值或正率，应从完税价格中扣除的杂费填报为负值或负率。

31. 随附单证及编号

根据海关规定的《监管证件代码表》和《随附单据代码表》选择填报除本规范第十六条规定的许可证件以外的其他进出口许可证件或监管证件、随附单据代码及编号。

本栏目分为随附单证代码和随附单证编号两栏，其中代码栏按海关规定的《监管证件代码表》和《随附单据代码表》选择填报相应证件代码；随附单证编号栏填报证件编号。

（1）加工贸易内销征税报关单（使用金关二期加贸管理系统的除外），随附单证代码栏填报“c”，随附单证编号栏填报海关审核通过的内销征税联系单号。

（2）一般贸易进口货物，只能使用原产地证书申请享受协定税率或者特惠税率（以下统称优惠税率）的（无原产地声明模式），“随附单证代码”栏填报原产地证书代码“Y”，在“随附单证编号”栏填报“＜优惠贸易协定代码＞”和“原产地证书编号”。可以使用原产地证书或者原产地声明申请享受优惠税率的（有原产地声明模式），“随附单证代码”栏填写“Y”，“随附单证编号”栏填报“＜优惠贸易协定代码＞”、“C”（凭原产地证书申报）或“D”（凭原产地声明申报），以及“原产地证书编号（或者原产地声明序列号）”。一份报关单对应一份原产地证书或原产地声明。各优惠贸易协定代码如下：

“01”为“亚太贸易协定”；

“02”为“中国-东盟自贸协定”；

“03”为“内地与香港紧密经贸关系安排”（香港 CEPA）；

“04”为“内地与澳门紧密经贸关系安排”（澳门 CEPA）；

“06”为“台湾农产品零关税措施”；

“07”为“中国-巴基斯坦自贸协定”；

“08”为“中国-智利自贸协定”；

“10”为“中国-新西兰自贸协定”；

“11”为“中国-新加坡自贸协定”；

“12”为“中国-秘鲁自贸协定”；

“13”为“最不发达国家特别优惠关税待遇”；

“14”为“海峡两岸经济合作框架协议（ECFA）”；

“15”为“中国-哥斯达黎加自贸协定”；

“16”为“中国-冰岛自贸协定”；

“17”为“中国-瑞士自贸协定”；

“18”为“中国-澳大利亚自贸协定”；

“19”为“中国-韩国自贸协定”；

“20”为“中国-格鲁吉亚自贸协定”。

海关特殊监管区域和保税监管场所内销货物申请适用优惠税率的，有关货物进出海关特殊监管区域和保税监管场所以及内销时，已通过原产地电子信息交换系统实现电子联网的优惠贸易协定项下货物报关单，按照上述一般贸易要求填报；未实现电子联网的优惠贸易协定项下货物报关单，“随附单证代码”栏填报“Y”，“随附单证编号”栏填报“〈优惠贸易协定代码〉”和“原产地证据文件备案号”。“原产地证据文件备案号”为进口货物的收货人或者其代理人录入原产地证据文件电子信息后，系统自动生成的号码。

“单证对应关系表”中填报报关单上的申报商品项与原产地证书（原产地声明）上的商品项之间的对应关系。报关单上的商品序号与原产地证书（原产地声明）上的项目编号应一一对应，不要求顺序对应。同一批次进口货物可以在同一报关单中申报，不享受优惠税率的货物序号不填报在“单证对应关系表”中。

各优惠贸易协定项下，免提交原产地证据文件的小金额进口货物“随附单证代码”栏填报“Y”，“随附单证编号”栏填报“〈优惠贸易协定代码〉XJE00000”，“单证对应关系表”享惠报关单项号按实际填报，对应单证项号与享惠报关单项号相同。

32. 标记唛码及备注

填报要求如下：

（1）标记唛码中除图形以外的文字、数字，无标记唛码的填报 N/M。

（2）受外商投资企业委托代理其进口投资设备、物品的进出口企业名称。

（3）与本报关单有关联关系的，同时在业务管理规范方面又要求填报的备案号，填报在电子数据报关单中“关联备案”栏。

保税间流转货物、加工贸易结转货物及凭《征免税证明》转内销货物，其对应的备案号填报在“关联备案”栏。

减免税货物结转进口（转入），“关联备案”栏填报本次减免税货物结转所申请的《中华人民共和国海关进口减免税货物结转联系函》的编号。

减免税货物结转出口（转出），“关联备案”栏填报与其相对应的进口（转入）报关单“备案号”栏中《征免税证明》的编号。

（4）与本报关单有关联关系的，同时在业务管理规范方面又要求填报的报关单号，填报在电子数据报关单中“关联报关单”栏。

保税间流转、加工贸易结转类的报关单，应先办理进口报关，并将进口报关单号填入出口报关单的“关联报关单”栏。

办理进口货物直接退运手续的，除另有规定外，应先填制出口报关单，再填制进口报关单，并将出口报关单号填报在进口报关单的“关联报关单”栏。

减免税货物结转出口（转出），应先办理进口报关，并将进口（转入）报关单号填入出口（转出）报关单的“关联报关单”栏。

(5) 办理进口货物直接退运手续的，填报“＜ZT”＋“海关审核联系单号或者《海关责令进口货物直接退运通知书》编号”＋“＞”。办理固体废物直接退运手续的，填报“固体废物，直接退运表××号/责令直接退运通知书××号”。

(6) 保税监管场所进出货物，在“保税/监管场所”栏填报本保税监管场所编码（保税物流中心（B型）填报本中心的国内地区代码），其中涉及货物在保税监管场所间流转的，在本栏填报对方保税监管场所代码。

(7) 涉及加工贸易货物销毁处置的，填报海关加工贸易货物销毁处置申报表编号。

(8) 当监管方式为“暂时进出货物”（代码2600）和“展览品”（代码2700）时，填报要求如下：

1）根据《中华人民共和国海关暂时进出境货物管理办法》（海关总署令第233号，以下简称《管理办法》）第三条第一款所列项目，填报暂时进出境货物类别，如：暂进六，暂出九；

2）根据《管理办法》第十条规定，填报复运出境或者复运进境日期，期限应在货物进出境之日起6个月内，如：20180815前复运进境，20181020前复运出境；

3）根据《管理办法》第七条，向海关申请对有关货物是否属于暂时进出境货物进行审核确认的，填报《中华人民共和国××海关暂时进出境货物审核确认书》编号，如：〈ZS海关审核确认书编号〉，其中英文为大写字母；无此项目的，无须填报。

上述内容依次填报，项目间用“/”分隔，前后均不加空格。

4）收发货人或其代理人申报货物复运进境或者复运出境的：

货物办理过延期的，根据《管理办法》填报《货物暂时进/出境延期办理单》的海关回执编号，如〈ZS海关回执编号〉，其中英文为大写字母；无此项目的，无须填报。

(9) 跨境电子商务进口货物，填报“跨境电子商务”。

(10) 加工贸易副产品内销，填报“加工贸易副产品内销”。

(11) 服务外包货物进口，填报“国际服务外包进口货物”。

(12) 公式定价进口货物填报公式定价备案号，格式为：“公式定价”＋备案编号＋“@”。对于同一报关单下有多项商品的，如某项或某几项商品为公式定价备案的，则备注栏内填报为：“公式定价”＋备案编号＋“#”＋商品序号＋“@”。

(13) 进出口与《预裁定决定书》列明情形相同的货物时，按照《预裁定决定书》填报，格式为：“预裁定＋《预裁定决定书》编号”（例如：某份预裁定决定书编号为R-2-0100-2018-0001，则填报为“预裁定R-2-0100-2018-0001”）。

(14) 含归类行政裁定报关单，填报归类行政裁定编号，格式为：“c”＋四位数字编号，例如c0001。

（15）已经在进入特殊监管区时完成检验的货物，在出区入境申报时，填报“预检验”字样，同时在“关联报检单”栏填报实施预检验的报关单号。

（16）进口直接退运的货物，填报“直接退运”字样。

（17）企业提供 ATA 单证册的货物，填报“ATA 单证册”字样。

（18）不含动物源性低风险生物制品，填报“不含动物源性”字样。

（19）货物自境外进入境内特殊监管区或者保税仓库的，填报“保税入库”或者“境外入区”字样。

（20）海关特殊监管区域与境内区外之间采用分送集报方式进出的货物，填报“分送集报”字样。

（21）军事装备出入境的，填报“军品”或“军事装备”字样。

（22）申报 HS 为 3821000000、3002300000 的，属于下列情况的，填报要求为：属于培养基的，填报“培养基”字样；属于化学试剂的，填报“化学试剂”字样；不含动物源性成分的，填报“不含动物源性”字样。

（23）属于修理物品的，填报“修理物品”字样。

（24）属于下列情况的，填报“压力容器”“成套设备”“食品添加剂”“成品退换”“旧机电产品”等字样。

（25）申报 HS 为 2903890020（入境六溴环十二烷），用途为“其他（99）”的，填报具体用途。

（26）集装箱体信息填报集装箱号（在集装箱箱体上标示的全球唯一编号）、集装箱规格、集装箱商品项号关系（单个集装箱对应的商品项号，半角逗号分隔）、集装箱货重（集装箱箱体自重＋装载货物重量，千克）。

（27）申报 HS 为 3006300000、3504009000、3507909010、3507909090、3822001000、3822009000，不属于“特殊物品”的，填报“非特殊物品”字样。“特殊物品”定义见《出入境特殊物品卫生检疫管理规定》（国家质量监督检验检疫总局令第 160 号公布，根据国家质量监督检验检疫总局令第 184 号、海关总署令第 238 号、第 240 号、第 243 号修改）。

（28）进口列入目录的进口商品及法律、行政法规规定须经出入境检验检疫机构检验的其他进出口商品实施检验的，填报“应检商品”字样。

（29）申报时其他必须说明的事项。

33. 项号

分两行填报。第一行填报报关单中的商品顺序编号；第二行填报备案序号，专用于加工贸易及保税、减免税等已备案、审批的货物，填报该项货物在《加工贸易手册》或《征免税证明》等备案、审批单证中的顺序编号。有关优惠贸易协定项下报关单填制要求按照海关总署相关规定执行。其中第二行特殊情况填报要求如下：

（1）深加工结转货物，分别按照《加工贸易手册》中的进口料件项号和出口成品项号填报。

（2）料件结转货物（包括料件、制成品和未完成品折料）；进口报关单按照转进《加工贸易手册》中进口料件的项号填报。

（3）料件复出货物（包括料件、边角料），出口报关单按照《加工贸易手册》中进口料件的项号填报；如边角料对应一个以上料件项号时，填报主要料件项号。料件退换货物（包括料件、不包括未完成品），进出口报关单按照《加工贸易手册》中进口料件的项号填报。

（4）成品退换货物，退运进境报关单和复运出境报关单按照《加工贸易手册》原出口成品的项号填报。

（5）加工贸易料件转内销货物（以及按料件办理进口手续的转内销制成品、残次品、未完成品）填制进口报关单，填报《加工贸易手册》进口料件的项号；加工贸易边角料、副产品内销，填报《加工贸易手册》中对应的进口料件项号。如边角料或副产品对应一个以上料件项号时，填报主要料件项号。

（6）加工贸易成品凭《征免税证明》转为减免税货物进口的，应先办理进口报关手续。进口报关单填报《征免税证明》中的项号，出口报关单填报《加工贸易手册》原出口成品项号，进、出口报关单货物数量应一致。

（7）加工贸易货物销毁，填报《加工贸易手册》中相应的进口料件项号。

（8）经海关批准实行加工贸易联网监管的企业，按海关联网监管要求，企业需申报报关清单的，应在向海关申报进出口（包括形式进出口）报关单前，向海关申报“清单”。一份报关清单对应一份报关单，报关单上的商品由报关清单归并而得。加工贸易电子账册报关单中项号、品名、规格等栏目的填制规范比照《加工贸易手册》。

34. 商品编号

填报由10位数字组成的商品编号。前8位为《中华人民共和国进出口税则》和《中华人民共和国海关统计商品目录》确定的编码；9、10位为监管附加编号。

35. 商品名称及规格型号

分两行填报。第一行填报进口货物规范的中文商品名称，第二行填报规格型号。具体填报要求如下：

（1）商品名称及规格型号应据实填报，并与进口货物收货人或受委托的报关企业所提交的合同、发票等相关单证相符。

（2）商品名称应当规范，规格型号应当足够详细，以能满足海关归类、审价及许可证件管理要求为准，可参照《中华人民共和国海关进出口商品规范申报目录》中对商品名称、规格型号的要求进行填报。

（3）已备案的加工贸易及保税货物，填报的内容必须与备案登记中同项号下货物的商品名称一致。

（4）对需要海关签发《货物进口证明书》的车辆，商品名称栏填报“车辆品牌＋排气量（注明 cc）＋车型（如越野车、小轿车等）"。进口汽车底盘不填报排气量。车辆品牌按照《进口机动车辆制造厂名称和车辆品牌中英文对照表》中"签注名称"一栏的要求填报。规格型号栏可填报"汽油型"等。

（5）由同一运输工具同时运抵同一口岸并且属于同一收货人、使用同一提单的多种进口货物，按照商品归类规则应当归入同一商品编号的，应当将有关商品一并归入该商品编号。商品名称填报一并归类后的商品名称；规格型号填报一并归类后商品的规格型号。

（6）加工贸易边角料和副产品内销，边角料复出口，填报其报验状态的名称和规格型号。

（7）进口货物收货人以一般贸易方式申报进口属于《需要详细列名申报的汽车零部件清单》（海关总署 2006 年第 64 号公告）范围内的汽车生产件的，按以下要求填报：

1）商品名称填报进口汽车零部件的详细中文商品名称和品牌，中文商品名称与品牌之间用"/"相隔，必要时加注英文商业名称；进口的成套散件或者毛坯件应在品牌后加注"成套散件""毛坯"等字样，并与品牌之间用"/"相隔。

2）规格型号填报汽车零部件的完整编号。在零部件编号前应当加注"S"字样，并与零部件编号之间用"/"相隔，零部件编号之后应当依次加注该零部件适用的汽车品牌和车型。汽车零部件属于可以适用于多种汽车车型的通用零部件的，零部件编号后应当加注"TY"字样，并用"/"与零部件编号相隔。与进口汽车零部件规格型号相关的其他需要申报的要素，或者海关规定的其他需要申报的要素，如"功率""排气量"等，应当在车型或"TY"之后填报，并用"/"与之相隔。汽车零部件报验状态是成套散件的，应当在"标记唛码及备注"栏内填报该成套散件装配后的最终完整品的零部件编号。

（8）进口货物收货人以一般贸易方式申报进口属于《需要详细列名申报的汽车零部件清单》（海关总署 2006 年第 64 号公告）范围内的汽车维修件的，填报规格型号时，应当在零部件编号前加注"W"，并与零部件编号之间用"/"相隔；进口维修件的品牌与该零部件适用的整车厂牌不一致的，应当在零部件编号前加注"WF"，并与零部件编号之间用"/"相隔。其余申报要求同上条执行。

（9）品牌类型。品牌类型为必填项目。可选择"无品牌"（代码 0）、"境内自主品牌"（代码 1）、"境内收购品牌"（代码 2）、"境外品牌（贴牌生产）"（代码 3）、"境外品牌（其他）"（代码 4）如实填报。其中，"境内自主品牌"是指由境内企业自主开发、拥有自主知识产权的品牌；"境内收购品牌"是指境内企业收购的原境外品牌；"境外品牌（贴牌生产）"是指境内企业代工贴牌生产中使用的境外品牌；"境外品牌（其他）"是指除代工贴牌生产以外使用的境外品牌。上述品牌类型中，除"境外品牌（贴牌生产）"仅用于出口外，其他类型均可用于进口和出口。

进口货物报关单不填报该申报项。

（10）申报进口已获 3C 认证的机动车辆时，填报以下信息：

1）提运单日期。填报该项货物的提运单签发日期。

2）质量保质期。填报机动车的质量保证期。

3）发动机号或电机号。填报机动车的发动机号或电机号，应与机动车上打刻的发动机号或电机号相符。纯电动汽车、插电式混合动力汽车、燃料电池汽车为电机号，其他机动车为发动机号。

4）车辆识别代码（VIN）。填报机动车车辆识别代码，须符合国家强制性标准《道路车辆 车辆识别代号（VIN）》（GB 16735）的要求。该项目一般与机动车的底盘（车架号）相同。

5）发票所列数量。填报对应发票中所列进口机动车的数量。

6）品名（中文名称）。填报机动车中文品名，按《进口机动车辆制造厂名称和车辆品牌中英文对照表》（原质检总局2004年52号公告）的要求填报。

7）品名（英文名称）。填报机动车英文品名，按《进口机动车辆制造厂名称和车辆品牌中英文对照表》（原质检总局2004年52号公告）的要求填报。

8）型号（英文）。填报机动车型号，与机动车产品标牌上整车型号一栏相符。

（11）进口货物收货人申报进口属于实施反倾销反补贴措施货物的，填报“原厂商中文名称”“原厂商英文名称”“反倾销税率”“反补贴税率”和“是否符合价格承诺”等计税必要信息。

格式要求为：“|〈〉〈〉〈〉〈〉〈〉”。“|”“〈”和“〉”均为英文半角符号。第一个“|”为在规格型号栏目中已填报的最后一个申报要素后系统自动生成或人工录入的分割符（若相关商品税号无规范申报填报要求，则需要手工录入“|”），“|”后面5个“〈〉”内容依次为“原厂商中文名称”“原厂商英文名称（如无原厂商英文名称，可填报以原厂商所在国或地区文字标注的名称，具体可参照商务部实施贸易救济措施相关公告中对有关原厂商的外文名称写法）”“反倾销税率”“反补贴税率”“是否符合价格承诺”。其中，“反倾销税率”和“反补贴税率”填写实际值，如税率为30%，填写“0.3”。“是否符合价格承诺”填写“1”或者“0”，“1”代表“是”，“0”代表“否”。填报时，5个“〈〉”不可缺项，如第3、4、5项“〈〉”中无申报事项，相应的“〈〉”中内容可以为空，但“〈〉”需要保留。

36. 数量及单位

分三行填报。

（1）第一行按进口货物的法定第一计量单位填报数量及单位，法定计量单位以《中华人民共和国海关统计商品目录》中的计量单位为准。

（2）凡列明有法定第二计量单位的，在第二行按照法定第二计量单位填报数量及单位。无法定第二计量单位的，第二行为空。

（3）成交计量单位及数量填报在第三行。

（4）法定计量单位为“千克”的数量填报，特殊情况下填报要求如下：

1）装入可重复使用的包装容器的货物，按货物扣除包装容器后的重量填报，如罐装同位素、罐装氧气及类似品等。

2）使用不可分割包装材料和包装容器的货物，按货物的净重填报（即包括内层直接包装的净重重量），如采用供零售包装的罐头、药品及类似品等。

3）按照商业惯例以公量重计价的商品，按公量重填报，如未脱脂羊毛、羊毛条等。

4）采用以毛重作为净重计价的货物，可按毛重填报，如粮食、饲料等大宗散装货物。

5）采用零售包装的酒类、饮料、化妆品，按照液体/乳状/膏状/粉状部分的重量填报。

（5）成套设备、减免税货物如需分批进口，货物实际进口时，按照实际报验状态确定数量。

（6）具有完整品或制成品基本特征的不完整品、未制成品，根据《商品名称及编码协调制度》归类规则按完整品归类的，按照构成完整品的实际数量填报。

（7）已备案的加工贸易及保税货物，成交计量单位必须与《加工贸易手册》中同项号下货物的计量单位一致，加工贸易边角料和副产品内销、边角料复出口，填报其报验状态的计量单位。

（8）优惠贸易协定项下进出口商品的成交计量单位必须与原产地证书上对应商品的计量单位一致。

（9）法定计量单位为立方米的气体货物，折算成标准状况（即摄氏零度及1个标准大气压）下的体积进行填报。

37. 单价

填报同一项号下进口货物实际成交的商品单位价格。无实际成交价格的，填报单位货值。

38. 总价

填报同一项号下进口货物实际成交的商品总价格。无实际成交价格的，填报货值。

39. 币制

按海关规定的《货币代码表》选择相应的货币名称及代码填报，如《货币代码表》中无实际成交币种，需将实际成交货币按申报日外汇折算率折算成《货币代码表》列明的货币填报。

40. 原产国（地区）

原产国（地区）依据《中华人民共和国进出口货物原产地条例》《中华人民共和国海关关于执行〈非优惠原产地规则中实质性改变标准〉的规定》以及海关总署关于各项优惠贸易协定原产地管理规章规定的原产地确定标准填报。同一批进口货物的原产地不同的，分别填报原产国（地区）。进口货物原产国（地区）无法确定的，填报“国别不详”。

按海关规定的《国别（地区）代码表》选择填报相应的国家（地区）名称及代码。

41. 最终目的国（地区）

最终目的国（地区）填报已知的进口货物的最终实际消费、使用或进一步加工制造国家（地区）。不经过第三国（地区）转运的直接运输货物，以运抵国（地区）为最终目的国（地区）；经过第三国（地区）转运的货物，以最后运往国（地区）为最终目的国（地区）。同一批进口货物的最终目的国（地区）不同的，分别填报最终目的国（地区）。进出口货物不能确定最终目的国（地区）时，以尽可能预知的最后运往国（地区）为最终目的国（地区）。

按海关规定的《国别（地区）代码表》选择填报相应的国家（地区）名称及代码。

42. 境内目的地

境内目的地填报已知的进口货物在国内的消费、使用地或最终运抵地，其中最终运抵地为最终使用单位所在的地区。最终使用单位难以确定的，填报货物进口时预知的最终收货单位所在地。

海关特殊监管区域、保税物流中心（B型）与境外之间的进出境货物，境内目的地填报本海关特殊监管区域、保税物流中心（B型）所对应的国内地区。

按海关规定的《国内地区代码表》选择填报相应的国内地区名称及代码。境内目的地还需根据《中华人民共和国行政区划代码》选择填报其对应的县级行政区名称及代码。无下属区县级行政区的，可选择填报地市级行政区。

43. 征免

按照海关核发的《征免税证明》或有关政策规定，对报关单所列每项商品选择海关规定的《征减免税方式代码表》中相应的征减免税方式填报。

加工贸易货物报关单根据《加工贸易手册》中备案的征免规定填报；《加工贸易手册》中备案的征免规定为“保金”或“保函”的，填报“全免”。

44. 特殊关系确认

根据《中华人民共和国海关审定进出口货物完税价格办法》（以下简称《审价办法》）第十六条，填报确认进口行为中买卖双方是否存在特殊关系，有下列情形之一的，应当认为买卖双方存在特殊关系，应填报“是”，反之则填报“否”：

（1）买卖双方为同一家族成员的。

（2）买卖双方互为商业上的高级职员或者董事的。

（3）一方直接或者间接地受另一方控制的。

（4）买卖双方都直接或者间接地受第三方控制的。

（5）买卖双方共同直接或者间接地控制第三方的。

（6）一方直接或者间接地拥有、控制或者持有对方5%以上（含5%）公开发行的有表决权的股票或者股份的。

（7）一方是另一方的雇员、高级职员或者董事的。

（8）买卖双方是同一合伙的成员的。

买卖双方在经营上相互有联系，一方是另一方的独家代理、独家经销或者独家受让人，如果符合前款的规定，也应当视为存在特殊关系。

45. 价格影响确认

根据《审价办法》第十七条，填报确认纳税义务人是否可以证明特殊关系未对进口货物的成交价格产生影响，纳税义务人能证明其成交价格与同时或者大约同时发生的下列任何一款价格相近的，应视为特殊关系未对成交价格产生影响，填报“否”，反之则填报“是”：

(1) 向境内无特殊关系的买方出售的相同或者类似进口货物的成交价格。

(2) 按照《审价办法》第二十三条的规定所确定的相同或者类似进口货物的完税价格。

(3) 按照《审价办法》第二十五条的规定所确定的相同或者类似进口货物的完税价格。

出口货物免予填报，加工贸易及保税监管货物（内销保税货物除外）免予填报。

46. 支付特许权使用费确认

根据《审价办法》第十一条和第十三条，填报确认买方是否存在向卖方或者有关方直接或者间接支付与进口货物有关的特许权使用费，且未包括在进口货物的实付、应付价格中。

买方存在需向卖方或者有关方直接或者间接支付特许权使用费，且未包含在进口货物实付、应付价格中，并且符合《审价办法》第十三条的，在“支付特许权使用费确认”栏目填报“是”。

买方存在需向卖方或者有关方直接或者间接支付特许权使用费，且未包含在进口货物实付、应付价格中，但纳税义务人无法确认是否符合《审价办法》第十三条的，填报“是”。

买方存在需向卖方或者有关方直接或者间接支付特许权使用费且未包含在实付、应付价格中，纳税义务人根据《审价办法》第十三条，可以确认需支付的特许权使用费与进口货物无关的，填报“否”。

买方不存在向卖方或者有关方直接或者间接支付特许权使用费的，或者特许权使用费已经包含在进口货物实付、应付价格中的，填报“否”。

出口货物免予填报，加工贸易及保税监管货物（内销保税货物除外）免予填报。

47. 自报自缴

进口企业、单位采用“自主申报、自行缴税”（自报自缴）模式向海关申报时，填报“是”；反之则填报“否”。

48. 申报单位

自理报关的，填报进口企业的名称及编码；委托代理报关的，填报报关企业名称及编码。编码填报 18 位法人和其他组织统一社会信用代码。

报关人员填报在海关备案的姓名、编码、电话，并加盖申报单位印章。

49. 海关批注及签章

供海关作业时签注。

二、换取提货单

货物到港后，进口商能够凭借正本提单或副本提单加换单保函或凭电放提单和电放保函至船代处换取提货单，其操作程序为：

（1）进口商首先到船代公司财务缴清相关费用，并提供缴费凭证。

（2）向船公司提供客户代码，若为新客户，需申请新客户代码（填写客户代码申请表，并加盖公章确认）。

（3）备齐换单材料办理换单手续。

1）正本提单换提货单：客户凭背书齐全的正本提单换取提货单。

2）银行担保换提货单：如船公司同意收货人凭银行担保提货，且出具保函的银行在船代有相关备案，客户凭无正本提单提货保函和提单副本换提货单。收货人应在收到正本提单后及时将正本提单归还船公司以换回无正本提单提货保函。

3）电放形式换单：如船公司同意收货人以电放形式提货，客户凭电放提单和电放保函换提货单。

4）特殊业务：参照船公司具体指示。

三、提货

进口商办完换单、进口报检、报关手续，进口货物被海关准予放行后，进口商可自行或委托货代至港口现场提箱、提货。

（一）件杂货的提货操作

码头仓库收到海关的电子放行信息后，凭进口商或货运代理人出具的船公司的提货单放货；进口商或货运代理人安排车队，结清港口相关费用，提取货物；进口商或货运代理人将货物提回至进口商仓库。

（二）整箱货的提货操作

进口商或其货运代理人安排车队，落实货物出港事宜；进口商或其货运代理人办理提箱事宜，办理汽车运输、理货、放箱等手续；进口商或其货运代理人办妥相关手续后，凭船公司签发的提货单至码头堆场提箱，交由选定的车队将货物运至进口商指定地点；整箱货拆箱，将空箱返还空箱堆场，整箱进口业务流程结束。

操作示范

[第1步] 填写代理报关委托书，委托货代公司办理进口报关手续。

2021年3月11日，张丽填写代理报关委托书，委托青岛环球国际货运代理有限公司办理货物的报关手续。青岛环球国际货运代理有限公司填写进口货物报关单（见表5-20），于2021年3月20日申请报关。

表 5 - 20　中华人民共和国海关进口货物报关单

预录入编号：　　　　　　海关编号：　　　　　　页码/页数：

<table>
<tr><td>境内收货人（913100003702964839）
青岛运豪经济发展有限公司</td><td colspan="2">进境关别（4258）
前湾口岸</td><td colspan="2">进口日期
20210319</td><td colspan="2">申报日期
20210320</td><td colspan="2">备案号</td></tr>
<tr><td>境外发货人
YONGSHENG（HK）INTERNATIONAL CO. LTD</td><td colspan="2">运输方式（2）
水路运输</td><td colspan="2">运输工具名称及航次号
APL BALBOA 286</td><td colspan="2">提运单号
APLU800920068</td><td colspan="2">货物存放地点
润海库</td></tr>
<tr><td>消费使用单位（913100003702964839）
青岛运豪经济发展有限公司</td><td colspan="2">监管方式（0110）
一般贸易</td><td colspan="2">征免性质（101）
一般征税</td><td colspan="2">许可证号</td><td colspan="2">启运港
梅尔辛（土耳其）</td></tr>
<tr><td>合同协议号
MS-1042</td><td colspan="2">贸易国（地区）（TUR）
土耳其</td><td colspan="2">启运国（地区）（TUR）
土耳其</td><td colspan="2">经停港
梅尔辛（土耳其）</td><td colspan="2">入境口岸（370201）
黄岛</td></tr>
<tr><td>包装种类
麻袋</td><td>件数
45</td><td>毛重（千克）
17 527.70</td><td>净重（千克）
17 415.20</td><td>成交方式（3）
FOB</td><td>运费
502/2 250/3</td><td colspan="2">保费
502/483.82/3</td><td>杂费</td></tr>
<tr><td colspan="9">随附单证及编号
随附单证：发票；装箱单；合同；提/运单；代理报关委托协议（电子）</td></tr>
<tr><td colspan="9">标记唛码及备注
备注：N/M　集装箱标箱数及号码：2；APHU631378-1</td></tr>
<tr><td colspan="9">项号　商品编号　商品名称及规格型号　数量及单位　单价/总价/币制　原产国（地区）　最终目的国（地区）　境内目的地　征免
1　520512　棉纱　17 415.20 千克　2.87/49 981.62/美元　土库曼斯坦　中国（37029/370214）（CHN）　青岛其他（37201）　照章征税（1）</td></tr>
<tr><td colspan="9">特殊关系确认：否　　价格影响确认：否　　支付特许权使用费确认：否　　自报自缴：是</td></tr>
<tr><td colspan="7">报关人员　　报关人员证号 42103352　　电话　　兹申明对以上内容承担如实申报、依法纳税之法律责任

申报单位（913100003702964839）青岛运豪经济发展有限公司　　申报单位（签章）</td><td colspan="2">海关批注及签章</td></tr>
</table>

［**第 2 步**］凭提单获取提货单（见表 5－21），并办理提货手续。

表 5－21　提货单

青 岛 环 球 国 际 货 运 代 理 有 限 公 司

QINGDAO UNINTED INTERNATIONAL SHIPPING AGENCY LTD.

提　货　单

NO. 202148847

DELIVERY ORDER

2021 年 3 月 20 日

收货人/通知方：TO ORDER

下列货物已办妥手续，运费结清，请予交付收货人。

船名 APL BALBOA	航次 286	启运港 MERSIN，TU	目的地 QINGDAO
提单号 APLU800920068	交付条款 CY/CY	到付海运费	合同号
卸货地点　招商局码头	到达日期 2021-03-19	进库场日期 2021-03-20	第一程运输
货名	100% COTTON YARN NE 16/1 CARDED WEAVEN FOR TOWEL	集装箱号/铅封号	

集装箱数	1×40′	APHU631378-1 APE0322722 40HC	
件数	45		
重量	17 527.70		
体积	61		
标志			
押箱地点：振华 86900832 回空地点：			

请核对放货

青岛环球国际货运代理有限公司（签章）

凡属于法定检验、检疫的商品，必须向有关监督机构申报。　　年　月　日

收货人章 1	海关章 2	3	4
5	6	7	8

问题探究

进口机电产品或者进口化工、冶炼、制药、印染、造纸、皮革、能源等高风险、高污染、高能耗的旧设备，报检时需要提交哪些单据及资料？

思考练习

根据青岛运豪经济发展有限公司的业务员张丽与日本 ABC CORPORATION 签订的进口两台数控机床的购货合同等资料，填写空白的进口货物报关单，办理报关手续。

任务五 进口业务善后

任务导入

青岛运豪经济发展有限公司提货后经过检验，发现货物的品质和数量与合同不符，向卖方提出索赔要求。

任务分解

1. 向出口商发送索赔函；
2. 办理外汇监测系统网上申报。

一、进口索赔

进口商常常会因为货物的品质、数量、包装等不符合合同的规定，而需要向有关方面提出索赔。根据造成损失原因的不同，进口索赔的对象主要有三个：

（一）向卖方索赔

凡属下列情况者，均可向卖方索赔：原装数量不足，货物的品质、规格与合同规定不符，包装不良致使货物受损，未按期交货或拒不交货等。向卖方索赔的依据主要有：合同、公证报告、检验证书、破损证明、提单、装箱单、发票、银行通知等。

（二）向轮船公司或承运人索赔

凡属下列情况者，均可向轮船公司或承运人索赔：原装数量少于提单所载数量；提单是清洁提单，而货物有残缺情况，且属于船方过失所致；货物所受的损失，根据租船合约有关条款应由船方负责；等等。向承运人索赔的依据主要有：公证报告、破损证明或相关机构会签证明、提货单/提单/运输合同、商业发票、商检证书、承运人要求的其他证明文件等。

（三）向保险公司索赔

凡属下列情况者，均可向保险公司索赔：由于自然灾害、意外事故或运输中其他事故的发生致使货物受损，并且属于承保险别范围以内的；凡轮船公司不予赔偿或赔偿金额不足抵补损失的部分，并且属于承保范围内的。向保险公司索赔的依据主要有：保险单或保险凭证正本、提单正本、托运人开立的发票、装箱单、重量证明书、公证报告、轮船公司签发的事故证明或破损证明书、磅码单、修理费用及其估价单、海难报告等。

有些货物损失是不能向船公司和保险公司索赔的，如肉食腐坏、布匹发霉、包装过于单薄、纸屑过湿等，这样的损失应由出口商负责。遇到这种情形，进口商应立即将实际情况告知对方，并征求其意见，共同指定验货公证人对商品实施检验，采用协商的方法共同解决问题。

二、办理外汇监测系统网上申报

企业登录国家外汇管理局应用服务平台（http://zwfw.safe.gov.cn/asone），输入企业的机构代码、用户代码、用户密码及验证码进入货物贸易外汇监测系统（企业版）进行网上申报。外汇管理局对于A类企业的货物贸易外汇支出，适用便利化的管理措施。对B、C类企业的货物贸易外汇收支，在单证审核、业务类型及办理程序、结算方式等方面实施审慎监管。

操作示范

［**第1步**］向出口商发送索赔函（见表5－22）。

表5－22　索赔函

RE: Claim
Contract No. MS-1402

Dear Sirs,

The enclosed Inspection Certificate will serve to inform you that the captioned machine is incapable of giving normal performance required in the contract.

Please let us know whether you agree to replace this faulty machine with a good one, or to reimburse us its FOB cost by remittance. In either case, the inspection fee of USD 200 is to be borne by you.

We are looking forward to your reply.

Yours Faithfully,
Zhang Li

［**第2步**］办理货物的进口核销。

公司财务人员按照规定完成总量核销。

思考练习

根据青岛运豪经济发展有限公司的业务员张丽与日本ABC CORPORATION签订的

进口两台数控机床的购货合同等资料，制作进口善后函。

素养
园地

疫情下的外贸企业 妥善化解风险是关键

据世界卫生组织统计，截至2022年3月，全球新冠肺炎确诊病例累计逾4.8亿例。面对复杂的国际环境，我国外贸企业面临多重考验。

在出口方面，企业主要面临三种风险：一是国外进口方援引不可抗力免责条款的风险，当境外客户援引不可抗力条款免除国际商事合同的违约责任时，将会造成国内企业的资金损失；二是境外客户拒收货物或拒付货款的风险，若境外客户在疫情期间经营不良，在未付款的情况下拒收到港货物，国内企业面临无法收回款项的风险；三是贸易管制风险，即外国对华采取进口管制等措施，甚至关闭边境口岸。

在进口方面，企业面前也有三座大山：一是违约风险，即由于境外企业供货能力降低，国内企业也有可能被境外供货企业以各种缘由取消订单；二是跨国索赔成本风险增加，在当前疫情形势下，各国均对入境人员、货物制定了严格的防疫规定，当跨国纠纷发生时，境外取证以及参加境外诉讼或仲裁的难度将会增加；三是货物通关风险，为防止境外病毒输入，我国对境外货物的入关制定了严格的防疫政策，这在无形中增加货物通关成本。

如何妥善应对未知的法律风险变得尤为重要。

一是面对违约风险时，不能笼统地以新冠肺炎疫情为由而免除所有商业合同的违约责任。若境外客户援引不可抗力条款，国内出口企业可以要求境外客户提供其所在国家有资质的机构出具的不可抗力事件证明文件。国内企业收到此类证明文件后，应当参照合同约定的内容以及准据法，具体分析境外疫情是否符合不可抗力的情形。若认为该境外客户主张不符合不可抗力的构成要件，则企业有权不认可境外客户提供的证明文件。企业应主要考量境外疫情与客户履约不能间的实际关系，只有当二者存在直接因果关系时，该部分履约才能通过不可抗力条款予以免责。同时，国内企业应密切关注境外客户是否及时履行了以邮件或书面方式的告知义务，是否采取了必要的措施降低损害。若境外客户未履行上述义务，则应承担因其消极不作为而导致损失扩大的责任，且损失扩大的部分不能适用不可抗力条款予以免责。此外，建议国内企业妥善留存双方沟通记录，为可能发生的诉讼保留证据。

二是若遭遇拒收货款或跨国索赔难题，应完善程序，及时制定预案。例如：我国企业应积极考虑退运，通过货物转卖的方式减少可能发生的损失，同时，主动收集境外客户的相关违约证据，做好跨国索赔的准备。此外，在纠纷尚未发生时，国内企业也要密切关注境外客户的履约能力，及时制定应对预案。若有新的进口订单，尽量不要采用对外赊销的模式，而是采用银行信用证或预付款＋PD的付款方式。当然，也要在合同中明确约定对方的违约责任，对不可抗力的相关认定及处理做详细规定。在条件允许的情况下，可以将争议解决的机构约定在我国或第三国，避免参加境外诉讼，降低跨国索赔的难度。

三是针对货物通关和贸易管制的风险，应尽快建立兼顾防疫要求与外贸便捷的出入关流程政策，积极推动与其他国家的协商和谈判。首先，我国企业应及时提醒外方关注我国海关对进口货物防疫的最新政策，要求外方对进口货物（特别是海产品）消毒并提供相关消毒证明文件，提高入关货物防疫流程的效率；其次，完善海关报关政策，对没有病毒传播风险的货物尽快放行，以提高货物在我国入关的效率；最后，密切关注其他国家对我国贸易管制的最新情况，商务部和贸促会等相关政府机构应适时提醒国内企业注意防范相关风险，积极推动与其他国家的协商与谈判，寻找合作共赢模式，最大限度地降低贸易管制对我国外贸企业的不利影响。

参考文献

1. 邹建华，王燕萍. 国际贸易实务 [M]. 2版. 北京：高等教育出版社，2020.

2. 黎孝先，王健. 国际贸易实务 [M]. 7版. 北京：对外经济贸易大学出版社，2020.

3. 鲁丹萍，国际贸易理论与实务 [M]. 2版. 北京：高等教育出版社，2019.

4. 章安平. 进出口业务操作 [M]. 3版. 北京：高等教育出版社，2019.

5. 姚大伟. 出口业务操作 [M]. 2版. 北京：高等教育出版社，2014.

6. 刘珉. 国际贸易实务模拟操作教程 [M]. 北京：对外经济贸易大学出版社，2019.

7. 国际商会. 国际贸易术语解释通则® 2020 [M]. 北京：对外经济贸易大学出版社，2019.

8. 国际商会. 跟单信用证统一惯例（国际商会第600号出版物）[M]. 北京：中国民主法制出版社，2007.

9. 中华人民共和国商务部中国自由贸易区服务网 http：//fta. mofcom. gov. cn/

10. 国际商报网 http://www. shangbao. net. cn

11. 中华人民共和国商务部商务培训网 http://training. mofcom. gov. cn

12. 世界贸易组织网站 http://www. wto. org

13. 国际商会网站 https://iccwbo. org

图书在版编目（CIP）数据

国际贸易实务 / 刘珉主编．-- 3 版．-- 北京：中国人民大学出版社，2022.5
ISBN 978-7-300-30541-7

Ⅰ．①国… Ⅱ．①刘… Ⅲ．①国际贸易－贸易实务－教材 Ⅳ．①F740.4

中国版本图书馆 CIP 数据核字（2022）第 062003 号

"十二五"职业教育国家规划教材
"十四五"职业教育省级规划教材
校企"双元"合作开发教材
国际贸易实务（第 3 版）
主　编　刘　珉
副主编　张雪梅　陈　虹　张宗英　程炜杰
Guoji Maoyi Shiwu

出版发行	中国人民大学出版社		
社　　址	北京中关村大街 31 号	邮政编码	100080
电　　话	010－62511242（总编室）		010－62511770（质管部）
	010－82501766（邮购部）		010－62514148（门市部）
	010－62515195（发行公司）		010－62515275（盗版举报）
网　　址	http://www.crup.com.cn		
经　　销	新华书店		
印　　刷	北京密兴印刷有限公司	版　　次	2014 年 7 月第 1 版
开　　本	787 mm×1092 mm　1/16		2022 年 5 月第 3 版
印　　张	17.75 插页 1	印　　次	2025 年 8 月第 9 次印刷
字　　数	380 000	定　　价	46.00 元